O Judiciário do nosso tempo

Maria Tereza Sadek
Pierpaolo Bottini
Raquel Khichfy
Sérgio Renault
(Organização)

O Judiciário do nosso tempo

Grandes nomes escrevem sobre o desafio de fazer justiça no Brasil

GLOBO LIVROS

Texto fixado conforme as regras do Acordo Ortográfico da Língua Portuguesa
(Decreto Legislativo nº 54, de 1995).

Toda a renda obtida com a venda deste livro será destinada ao Instituto Helena Florisbal, que promove assistência social gratuita a crianças e idosos.

Editora responsável: Amanda Orlando
Assistente editorial: Isis Batista
Revisão: Aline Canejo e Thamiris Leiroza
Diagramação: Abreu's System
Capa: Douglas K. Watanabe

1ª edição, 2021

CIP-BRASIL. CATALOGAÇÃO NA PUBLICAÇÃO
SINDICATO NACIONAL DOS EDITORES DE LIVROS, RJ

J85

O judiciário do nosso tempo: grandes nomes escrevem sobre o desafio de fazer justiça no Brasil / organização Maria Tereza Sadek... [et al.]. – 1. ed. – Rio de Janeiro: Globo Livros, 2021.
352 p. ; 23 cm.

ISBN 978-65-5987-031-8

1. Poder judiciário - Brasil. I. Sadek, Maria Tereza.

21-74341 CDU: 347.9(81)

Leandra Felix da Cruz Candido – Bibliotecária – CRB-7/6135

Direitos de edição em língua portuguesa para o Brasil
adquiridos por Editora Globo S.A.
Rua Marquês de Pombal, 25 — 20230-240 — Rio de Janeiro — RJ
www.globolivros.com.br

Sumário

Parte II – A pauta da Justiça no Brasil

Parte III – A Justiça como protagonista

Apresentação

Maria Tereza Sadek
Pierpaolo Bottini
Raquel Khichfy
Sérgio Rabello Tamm Renault

Nosso desafio era organizar uma obra que retratasse os principais movimentos que ocorreram no sistema de Justiça nos últimos vinte anos, período especialmente rico para seu desenvolvimento, quando tal poder se tornou protagonista dos principais acontecimentos nacionais. Não há registro em nossa história de época em que o sistema de Justiça nacional tivesse sido tão demandado. Nesse período, o Judiciário passou a ser, também por ausência de respostas dos outros poderes, depositário das esperanças dos cidadãos por um país mais justo e inclusivo. Houve avanços e retrocessos, mas hoje é inegável a constatação de que o Judiciário passou a fazer parte da vida das pessoas. É essa realidade que pretendemos registrar neste livro.

Nossas experiências e convivências profissionais tornaram-nos observadores privilegiados do processo que levou a Justiça a ser o que é hoje. Sentimos que poderíamos contribuir para que essa observação pudesse ser compartilhada com quem se interessa pelo que ocorre no país e por seu futuro.

Procuramos identificar os temas que nos parecem relevantes na trajetória do Judiciário nesses vinte anos. Optamos por classificá-los em três partes: sistema de Justiça brasileiro, pauta da Justiça no Brasil e a Justiça como protagonista. Era necessário descrever a forma de organização do sistema judicial para permitir uma compreensão, ainda que superficial, de como ele funciona e em que medida essa organização contribui para que ele cumpra ou não seu papel. Na segunda parte, o livro reúne artigos que tratam dos principais temas que foram objeto de atuação do Judiciário no mesmo período, a pauta dos julgamentos. É interessante observar que os temas refletem o que interessa ao país e a seu cotidiano na atualidade. Na terceira parte, estão reunidos textos que justificam o protagonismo do Judiciário e demonstram como ele passou a fazer parte dos acontecimentos que movimentam a economia, a sociedade e a política do país.

Convidamos alguns dos maiores especialistas em assuntos relacionados ao sistema de Justiça para que apresentassem a reflexão que já fazem em suas atividades profissionais. Convidamos também observadores da realidade do Judiciário que, de formas diversas, estiveram atentos ao que ocorreu nesse período. O resultado é um livro multidisciplinar, que reúne um conjunto relevante de profissionais de diversas áreas tratando dos temas mais caros à Justiça. Juízes, juristas, advogados, professores, promotores, defensores públicos, economistas, cientistas sociais, empresários e jornalistas de altíssima respeitabilidade honraram-nos com sua contribuição, oferecendo ao leitor textos muito interessantes que, juntos, retratam o Judiciário de nosso tempo.

Este não é um livro técnico. É um retrato do Judiciário. Nosso interesse é que ele seja lido por todos, movidos pelo interesse em conhecer nosso sistema de Justiça. Os autores fizeram um esforço para que a linguagem fosse a mais acessível possível. Há, contudo, temas que, por sua natureza, originaram textos mais técnicos que enriquecem o conjunto do trabalho e traduzem a complexidade que o próprio sistema de Justiça possui. A responsabilidade pelo conteúdo dos textos é de cada autor, cabendo a nós, como organizadores, a seleção dos temas e a satisfação de reunir autores tão ilustres.

Parte I

O sistema de Justiça brasileiro

Conselho Nacional de Justiça e seus indicadores: um debate interminável

Nelson Jobim

A discussão de algum tipo de controle administrativo e disciplinar sobre as atividades do Poder Judiciário não era nova quando da EC nº 45/2004, que promoveu importantes alterações na Constituição Federal de 1988, incluindo diversos dispositivos, que configuraram os primeiros passos rumo à esperada Reforma do Judiciário.

Na Constituinte realizada entre 1987 e 1988, o tema aflorou e nada foi aprovado. Tal discussão surgiu com o próprio desenvolvimento do processo democrático brasileiro.

Eram e são inegáveis os pedidos dos cidadãos por instrumentos eficazes de fiscalização e controle na condução dos negócios públicos, aí incluída a regularidade na prestação jurisdicional. O Estado Democrático de Direito não contempla o poder sem controle.

Em nenhum outro Poder, a necessidade de controle era e é tão pronunciada quanto no Judiciário. O processo de seleção de seus membros (mediante concurso público) assegura a isonomia[1] no acesso aos cargos públicos e a excelência tecnojurídica de seus membros. Tal fórmula inviabiliza, entretanto, a legitimação democrática semelhante à dos demais Poderes. Pergunta-se, então, por que não se caracterizar o juiz como representante político do povo. Tal fato, aliado ao caráter marcadamente técnico da atividade jurisdicional, reserva ao Poder Judiciário uma legitimidade em tudo peculiar. Este Poder, como o Legislativo e o Executivo, deve estar sujeito a algum tipo de fiscalização. A institucionalização de tal controle se deu pela Emenda Constitucional[2] nº 45/2004.

Quando da discussão da EC, deparamo-nos com o pano de fundo do princípio da separação dos Poderes, elevado entre nós à categoria de "*cláusula pétrea*". Sustentavam os adversários da ideia de qualquer tipo de controle do Judiciário que a necessária autonomia decorrente do princípio da tripartição dos poderes estaria ameaçada pela possibilidade de submissão de seus membros ao julgamento de órgão não integrante do próprio Poder.

De outra parte, os defensores da necessidade de que o controle do Judiciário se fizesse por um órgão não integrante de sua própria estrutura invocavam a mesma teoria da separação dos Poderes para lembrar que esta jamais teve um sentido absoluto, estando sempre associada ao sistema de "*checks and balances*", no qual os Poderes se controlam mutuamente. Esse sistema, também conhecido como sistema de freios e contrapesos, prevê a autonomia dos Poderes Executivo, Legislativo e Judiciário, como um pressuposto de validade para o Estado Democrático de Direito.

Vamos à história.

A Revolução Francesa

Durante o período absolutista, todos os poderes do Estado se concentravam na figura do monarca, que detinha a soberania judicial e a faculdade de dizer o direito. Nessa situação, a magistratura não podia se imaginar independente.

Com a Revolução, a classe social que utilizava as instituições judiciais diante do poder acabou por conquistá-lo. A partir daí, os "*Parlements*" — os tribunais finais de apelação da França, a última instância — não podiam senão prejudicar os desígnios dessa classe e servir, outra vez, de reduto de resistência aristocrática, constituindo, a partir daí, um perigo para o poder revolucionário.

Em 3 de novembro de 1789, a Assembleia declarava os "*Parlements*" em férias indefinidas e, em 22 de dezembro do mesmo ano, suprimia-os da França revolucionária.

Burocratização da magistratura

A Lei nº 16, de 24 de agosto de 1790, reorganizou o sistema judicial francês. Dispôs que "os Tribunais não poderão fazer regulamentos e se dirigirão ao corpo legislativo sempre que seja necessário interpretar uma lei ou fazer uma nova".

A Revolução implicara na mudança de titularidade no poder, que passava a ser exercido pela burguesia por meio da instituição parlamentar, ou seja, por meio de leis.

Passou-se a um poder judicial praticamente nulo, no qual o juiz não era senão "a boa lei": limitava-se à aplicação rigorosa da norma, sendo-lhe vedado qualquer tipo de trabalho criativo. Era o modelo burocrático de magistratura, com características próprias.

A principal consequência deste modelo foi a preponderância da responsabilidade disciplinar sobre a civil, como mecanismo de sujeição do juiz ao Poder Executivo em alguns países e como mecanismo de incorporação do juiz ao aparelho do Estado.

Em decorrência, tinha-se a irresponsabilidade dos atos do juiz perante as partes: primazia dos controles internos (dentro do aparato do Estado) sobre os externos (frente às partes do processo). Não é o caso brasileiro.

Crescimento do Poder Judiciário

As condições históricas que deram lugar ao juiz burocrata e civilmente irresponsável desapareceram e foram substituídas por outras, que impuseram a atualização dos mecanismos de responsabilização e controle da magistratura. Tudo decorre da extraordinária revalorização da função judicial nos últimos cinquenta anos, tendo em vista seu crescimento na sociedade moderna de tipo liberal-democrático ou não autoritário.

São causas desse crescimento:

- a expansão da competência dos Poderes Executivo e Legislativo, que determinou a expansão dos controles pelo Poder Judiciário;
- a imprecisão e a ambiguidade dos textos legislativos, decorrentes de compromissos retardatários entre forças políticas opostas. Há uma proliferação de legislação aberta, propiciando o aumento da dependência de decisões realizadas por autoridades judiciais e o desenvolvimento de uma nova concepção sobre o trabalho interpretativo do juiz — uma espécie de "poder legislativo supletivo";
- a natureza "promocional" dos direitos sociais, ou seja, o que importa em decidir se determinada atividade estatal, ou sua inércia, está alinhada com os programas prescritos de forma vaga na legislação social;
- a massificação das demandas judiciais;
- a autonomia em relação ao Poder Legislativo, decorrente do estabelecimento de uma supralegalidade constitucional e da crise da lei, como fonte primária do ordenamento jurídico. A magistratura não mais se limita à interpretação e à aplicação da lei, mas realiza, também, sua fiscalização, seja de forma difusa e em concreto[3] (Estados Unidos e Brasil), seja de forma concentrada e em abstrato[4] (Brasil, Alemanha, Áustria);
- o autogoverno da magistratura, com autonomia em relação ao Poder Executivo e independência do juiz;
- a politização de alguns setores da magistratura;
- a ampliação dos poderes de direção processual do juiz;
- a crise da Justiça (falta de meios, atrasos inimagináveis, carência de formação, necessidade de especialização).

Essa expansão da magistratura e dos poderes processuais substanciais dos juízes veio aguçar dois temas. O primeiro deles é a responsabilidade da magistratura perante o corpo social (ou seja, seu dever de prestar contas) e a demanda por eficiência do sistema.

Conselho Nacional de Justiça (CNJ)

O Conselho Nacional de Justiça surge para atender a dois temas. É o órgão de controle integrante da própria estrutura do Poder Judiciário, embora não seja composto exclusivamente de magistrados.

Em sua composição, o CNJ reflete todas as vertentes do Poder Judiciário por meio da inclusão de representantes de seus órgãos de cúpula. De outra parte, como forma de afastar, definitivamente, qualquer risco de tendência corporativista proveniente da monopolização do controle pelos próprios membros da magistratura, a EC nº 45 incluiu representantes do Congresso Nacional, do Ministério Público e da Ordem dos Advogados do Brasil (OAB), embora pareça que o Conselho Nacional do Ministério Público não se livrou do corporativismo. Assim, a questão da "separação dos poderes" desapareceu, pois o novo órgão integra o mesmo poder.

Sistema Judiciário Nacional: indicadores estatísticos

Como presidente do CNJ entre 2005 e 2006, passei a discutir com os colegas do Conselho a necessidade de termos indicadores do comportamento do Poder Judiciário. Não se tratava do conteúdo decisório dos diversos órgãos que compõem o sistema judiciário, mas de indicadores estatísticos[5] da infraestrutura de bens e pessoal do sistema e de seu desempenho, tudo isso decorrente das informações que todos os Tribunais tinham que prestar ao CNJ.

Vários colegas colaboram nessa tarefa, porém ressalto aqui o professor Joaquim Falcão e o então juiz federal Flávio Dino.

Em 2005, o CNJ editou a Resolução nº 4,[6] que instituiu o Sistema de Estatística do Poder Judiciário. Como esse Sistema não havia sido regulamentado, a resolução atribuiu à Secretaria do Supremo Tribunal Federal "a disciplina de coleta e de consolidação dos dados a serem encaminhados pelos Tribunais do país".

Bem antes da edição da Resolução nº 4, fiz reuniões com presidentes e corregedores dos Tribunais. Lembro-me de uma reunião realizada no Salão Branco do STF em que fiz uma explanação/demonstração dos Indicadores Estatísticos. Não foi uma tarefa fácil. Primeiro, devido à dificuldade na compreensão dos índices propostos. Segundo, por causa da reação à aceitação do sistema de estatística. As objeções, entretanto, não eram fruto de más intenções. A reação decorreu da surpresa dos dados pretendidos e de alguma suspeição do que seria feito com eles.

Houve problemas anteriores que aguçavam a incompreensão.

O CNJ foi criado pela EC nº 45, de 2004, e instalado em 14 de junho de 2005. Antes mesmo da publicação da EC nº 45, a Associação dos Magistrados Brasileiros ajuizou, perante o STF, uma ação direta de inconstitucionalidade[7] (ADI 3.367). O STF, porém, julgou, por maioria, a ação como totalmente improcedente.

Quando da instalação do Conselho, como presidente do STF à época, procurei ouvir a AMB sobre indicações dos magistrados estaduais (desembargadores[8] e juízes de primeiro grau[9]), cuja competência é do STF.[10] A AMB, contudo, não aceitou qualquer diálogo, conduta não adotada pelas duas outras associações.

De outra parte, instalado o Conselho, uma das primeiras medidas foi enfrentar o nepotismo no Poder Judiciário (Resolução nº 7, de 18 de outubro de 2005[11]). A reação foi virulenta, em especial pelas cúpulas dos Tribunais Estaduais.

Lembro-me de uma reunião em São Luís (MA), com membros dos Tribunais Estaduais (presidentes, corregedores...). O clima foi de conflito aberto!

Expressivo do comportamento e da fratura na magistratura de então foi o fato de a AMB ter ajuizado uma ação declaratória de constitucionalidade[12] (ADC 12) em relação a essa resolução. Isso porque os Tribunais reagiam à implantação da proibição nepotismo.

É bom ter presente que somente os Tribunais podiam e podem fazer nomeações, o que não ocorria e não ocorre com a magistratura de primeiro grau que, à época, controlava a AMB. Assim, a ADC fora produto de conflito de interesses e posições entre os juízes de primeiro grau (não nomeadores de cargos de confiança) e os Tribunais (formado pelos desembargadores que podem nomear pessoas para cargos de confiança).

O mesmo ocorreu com a discussão da Resolução nº 13, de 21 de março de 2006, "sobre a aplicação do teto remuneratório constitucional e do subsídio mensal dos membros da magistratura".

Os Tribunais, por atos próprios, tinham criado uma série de vantagens pecuniárias não autorizadas pela Lei Orgânica da Magistratura. Essa medida do CNJ deu origem, também, a uma violenta reação, inclusive com ataques pessoais.

Aliás, o Tribunal de Justiça de Minas Gerais fez circular, em 17 de março de 2006, um manifesto denominado "Denúncia e conclamação", que teria sido aprovado em sessão extraordinária em 16 de março daquele ano. Nessa sessão ficou decidido "por unanimidade, que na próxima segunda-feira, dia 20, os seus desembargadores farão uma paralisação total dos trabalhos numa manifestação de advertência". Nesse manifesto, os desembargadores mineiros chegaram a afirmar:

> O Conselho Nacional de Justiça, órgão concebido e instituído por um parlamento debilitado pela corrupção, capitaneado pelo Sr. Nelson Jobim com poderes ilimitados, com um comportamento ditatorial a serviço do reino, que, irresponsavelmente, legisla por meio de resoluções, quebra o pacto federativo.

O CNJ não considerou esses ataques e prosseguiu no exercício de suas tarefas. O objetivo dos indicadores era o conhecimento da desconhecida participação nacional do Poder Judiciário não só quanto à sua participação no gasto público da União e dos estados, mas se visou também à colheita de dados quanto à eficiência individual dos Tribunais e seus respectivos primeiros graus de jurisdição, como também do sistema global. A visão global do sistema seria dada pela consolidação dos dados de suas diversas unidades (Tribunais).

Gostaria de chamar a atenção para três indicadores: as taxas de congestionamento, recorribilidade e provimento de recursos. O exame atento desses indicadores fornece conclusões importantes. Eles podem nos informar sobre a compatibilidade ou não do Primeiro Grau de Jurisdição com o Segundo Grau. Quanto maior a taxa de provimento de recursos, maiores a taxa de recorribilidade e a taxa de congestionamento. Esses dados, assim como os demais, são elementos relevantes para a gestão do sistema judiciário.

A questão, porém, é a capacidade e o interesse dos Tribunais na questão de gestão. Além do mais, o viés corporativo presente nesse meio lembra que esse tipo de debate é recorrente na institucionalização do federalismo brasileiro.

As elites dos estados federados — no caso, os Poderes Judiciários Estaduais — debatem-se para impedir que seus pretendidos *espaços* (correicional, disciplinar e administrativo) sejam objetos de exame por um órgão com visibilidade nacional. Hoje talvez isso ocorra menos, mas, quando do início dos Indicadores, o desprezo denunciava as objeções aos mecanismos de transparência do Judiciário e a preservação de seus espaços.

Tais espaços, contudo, não são da magistratura. São de todos. São da nação a que, todos nós, estamos submetidos, sem exceção.

Transparência e Poder Judiciário

Cármen Lúcia Antunes Rocha
Maria Tereza Aina Sadek

Pública no nome adotado pelo Estado brasileiro, a sociedade brasileira viveu — e, em grande parte ainda vive, uma administração na qual o patrimônio de todos tem gestão próxima do modelo de coisas particulares. O Brasil é uma República de poucos repúblicos. Em uma República, exige-se, juridicamente, que a administração do que é de todos seja acessível a todos e informado a todos. Essa é a fórmula que separa o espaço e os bens particulares do espaço e dos bens do povo. O interesse público sobrepõe-se ao particular. Somente assim se poderá chegar à igualdade jurídica dos cidadãos e à certeza de um sistema de direito no qual o interesse de cada um e de todos será atendido com justiça.

A pandemia do coronavírus mostrou que todos podem estar em uma mesma tempestade. Mas a mesma tormenta não encontra todos no mesmo barco ou, pelo menos, não na mesma cabine.

Algo parece certo: na aventura da vida comum, se o interesse de todos não é atendido, também não o é o de alguém em particular. Achar-se a salvo de infortúnios em uma sociedade em que a maioria não tem seus direitos fundamentais respeitados é ilusão.

A República tem, em sua essência, algo que é próprio do humano: a dependência que não permite que alguém se desapegue completamente do todo. Para tanto, teria de ser tão santo que não precisasse do outro ou tão corrupto que não suportasse o outro. Apenas com humanos, nem anjos nem demônios em essência natural, é como se constrói um espaço de convivência no qual os melhores anseios se encontram e os interesses comuns se realizam.

A cidadania iluminou a democracia. Estendeu-a para além das instituições estatais. Conduziu-a às praças. Assentou-se ela à mesa das famílias e partilhou o prato faminto dos que não têm mesa, às vezes esquecidos até mesmo de suas próprias famílias. A cidadania vestiu-se de chita. Deixou de ser seleta apenas para rendas e ternos em academias. Transformou-se de ideia esclarecida de uns poucos em experiência compartilhada por muitos.

A construção democrática foi possível pela luz lançada sobre as instituições estatais. O que era sombra e projeto coloriu-se e pôs-se à construção. O que foi murmúrio e conferência virou prosa no bar. Sem se mostrar e sem ter ciência das coisas da cidade, o cidadão era o sujeito ausente. Falava-se dele, mas não era ainda sua a voz que se ouvia no exercício do poder. Ele se fazia representar. A praça fervilhava em comícios, mas permanecia silenciosa após a posse dos representantes. Estes eram quase substitutos.

A informação pública possibilita tornar-se efetivo o que é enunciado: o acesso do cidadão às instâncias e à atuação no poder estatal e o controle da atuação do Estado.

Há de se garantir ao cidadão o direito e o dever correlato de participar da gestão pública, da coisa de todos. Qualquer forma de participação exige compromisso e ciência do objeto ou do interesse com o que se compromete. Sem ciência, não há chão para se plantar o que será o fruto democrático a ser colhido como alimento da convivência livre.

Por isso, a República traz em seu nome a lembrança permanente de que a coisa da cidade é de todos sem ser de alguém com exclusividade. Egoísmo não rima com República. Avareza cívica é para soberbos em tempos de ideais e de prática de soberania de todos. O exercício do Poder estatal democrático dá-se em público porque a única fonte de sua legitimidade é o cidadão-povo.

República e Poder Judiciário

O atendimento ao princípio republicano no Poder Judiciário mostrou-se, contudo, mais dificultoso e menos patente. A República judicial fez-se acanhada em sua formação e lerda em sua institucionalização. Provavelmente, a "republicanização" do Poder Judiciário tenha sido mais vagarosa por terem os juízes desempenho mais distante do processo eleitoral-representativo direto dos cidadãos. Também porque a ele acessa parcela relativamente pequena da população em demanda sobre direitos ameaçados ou lesados. Ademais, em perspectiva histórica, o juiz era uma autoridade distante do cidadão, tendo figuração social quase aristocrática, ou seja, mais afastada do embate social e político e, por isso, também mais separado do povo.

Talvez as circunstâncias históricas tenham facilitado a formação de uma cultura na qual a publicidade dos atos judiciais, os motivos e a natureza das decisões jurídicas e, em especial, a prestação de contas ao cidadão/jurisdicionado não se fizessem tão expressivos quanto nos poderes políticos.

A formação técnica e vinculada e o sistema recursal permitiram fazer parecer e prevalecer — e assim foi durante um longo período — que o direito do cidadão, relativamente ao Poder Judiciário, era atendido apenas pela prestação jurisdicional no processo de interesse de cada qual. O controle de constitucionalidade[1] de leis — que atendia interesse de forma abstrata e para todos — foi, nos primórdios da República brasileira, parcimonioso, adotando-se exclusivamente seu modelo concreto, vale dizer, detendo competência o juiz para afastar, no caso em análise, normas consideradas contrárias à Constituição. Isso também limitava o alcance dos julgados e tornava restrito o interesse por este Poder e o dele por dar a público sua atuação.

Uma observação necessária advém de característica específica do direito. Conhecimento técnico e a que se dedicavam aqueles que dispunham de condições de estudo e cujos cargos elevava-os na escala do reconhecimento social e das possibilidades políticas, o direito guardou reserva até mesmo linguística. Afastou-se do perfeito e fácil entendimento dos cidadãos e deixou, grandemente, de comunicar-se. O resguardo da linguagem jurídica pôs também o juiz em situação de recato e discrição, não sem alguma altivez, por vezes próxima do orgulho. A magistratura brasileira estruturou-se no período imperial como uma quase casta. Com cargos específicos, trajes próprios, linguagem exclusiva, comportamentos e reverências peculiares distanciando-se da prática mais comum da convivência cívica. O advento da República mudou, em algum tom, os títulos dos órgãos e dos cargos, mas não as práticas nem os modelos dos cargos. Por exemplo, o Supremo Tribunal de Justiça — órgão de cúpula do Poder Judiciário brasileiro no Império — tornou-se o Supremo Tribunal Federal, na forma republicana de governo adotada desde 1889. Os ministros (com igual título) mantiveram-se; os trajes, idem, assim como a linguagem adotada; e mesmo as leis processuais somente foram sendo substituídas ao longo dos anos subsequentes.

Não se republicaniza uma estrutura monárquica sem a transformação cultural de uma sociedade. A lei não promove o milagre de transformar súditos de uma monarquia em republicanos de uma hora para outra. Exemplo disso é que palacetes continuaram a denominar as habitações dos poderosos em cargos ou dinheiro até a década de 1950. Contudo, os sem-teto e sem-lar não deixaram de se multiplicar.

O modelo de política da primeira fase da República — denominado coronelismo — evidenciou a continuidade da confusão entre o patrimônio público e o particular que persistiu a dominar as instituições estatais. Em sua obra *Coronelismo, enxada e voto*, Victor Nunes Leal afirma:

> O patrimonialismo das estruturas locais sobreviveu e manifesta-se de maneira curiosa. Se uma pessoa vem a ocupar um posto de comando na organização político-administrativa, não é raro presenciar-se a ascensão de grande número de pessoas da "terra dele". Não só parentes de todos os graus, mas também amigos de infância, antigos colegas de trabalho, vizinhos, parentes e amigos desses vizinhos e amigos ocupam cargos "de responsabilidade" ou "de confiança" em torno do novo potentado. O chamado familiarismo e outras formas de nepotismo podem ser classificados como aspectos do patrimonialismo. Já que este se baseia em relações de lealdade e confiança pessoal, é óbvia a vantagem que traz a preferência dispensada a parentes, amigos e conhecidos, expostos ao controle da mesma estrutura local.[2]

O cidadão permanecia longe da administração pública. Lembrado no período pré-eleitoral, mas não na etapa de exercício efetivo do poder, o eleito ao cargo público queria manter-se distante. Sem informação sobre seus direitos, sobre as práticas político-administrativas, sobre a forma de desempenho do poder estatal o cidadão também não sabia reivindicar. Não foi pouco lembrada a fala antirrepublicana de um personagem frequente nas hostes políticas brasileiras das décadas de 1950 e de 1960: "Povo é muito bom visto do palanque".

República e transparência

O primeiro dado imprescindível para se construir uma república é a garantia ao cidadão de ter acesso a todas as informações sobre a coisa pública, de que ele é o titular soberano. Ferida superlativamente pelos crimes praticados durante a Segunda Guerra mundial, ressentiu-se humanidade da falta de liberdade. E, para seu exercício pleno, há de se buscar e obter conhecimentos, sem o que a miopia cívica persiste. Assim, fez-se estampar, na *Declaração de direitos do homem e do cidadão*, de 1948, o artigo 19, segundo o qual:

> Todo indivíduo tem direito à liberdade de opinião e de expressão, o que implica o direito de não ser inquietado pelas suas opiniões e o de procurar, receber e difundir, sem consideração de fronteiras, informações e ideias por qualquer meio de expressão.

Homens sem palavras acanham ideias, intimidam ações, limitam ligações humanas que podem transformar a humanidade. Sem informações, palavras são infecundas porque são semeadas sem núcleo. Não se tem opinião sobre o que não se sabe; não se emite parecer sobre o que não se conhece; não se lê o que não está escrito.

A informação é a base sobre a qual se afirma o conhecimento a permitir a liberdade de expressão, de opinião, de crítica, para a multiplicação do saber. Restringir a divulgação de dados, ideias e conhecimentos é forma de limitar a libertação que floresce pelos saberes multiplicados. Por isso, as ditaduras amordaçam, silenciam, banem. Ideia é subversão, a mais poderosa. Espalhada é transformadora. Nada é mais transgressor que o pensamento livre do ser humano informado.

Na evolução política e constitucional da República brasileira, a Constituição de 1988 listou, entre os direitos fundamentais do indivíduo, aquele referente à informação.[3] Não se reivindica direito que não se conhece. Sem informação, não há ciência, nem consciência, nem ação responsável no espaço cívico.

Paralelamente ao direito à informação, a Constituição brasileira expressou o direito à liberdade de informar e ser informado,[4] o direito à liberdade de imprensa[5] e o direito de aprender e de ensinar,[6] entre outras formas de manifestação livre de ideias e de transmissão livre e necessária das informações.

Sem essas liberdades, o ser humano não se distingue dos demais animais. Esse é ponto de partida para as transformações que o conhecimento propicia e a partir do qual as ações são definidas. Por isso, a publicidade dos atos, o comportamento e os desatinos dos agentes públicos puseram-se às claras. É a ciência do que se dá, do que se passa.

Segredo é incompatível com República. A publicidade batiza-a com o que é de sua essência: o compartilhamento amplo e solar de todos os dados que se refiram ao atuar no espaço da função pública. O excepcional sigilo que se possa ter de adotar em algum julgamento deve-se à preservação motivada e formalizada de direito fundamental de alguém. Afora isso, prevalece o princípio da publicidade.

A publicidade constitucionalmente estabelecida permite o que ficou conhecido como transparência na administração pública. Ou seja, o que se dá a descoberto para os cidadãos, o que a ele permite saber o que se passa para, então, questionar, reagir, apoiar ou criticar e, principalmente, para controlar o agir administrativo.

Na esteira do princípio constitucional da publicidade, determinante para todos os órgãos da administração pública, foi criada a Lei nº 12.527, de 18 de novembro de 2011, que regula o acesso a informações previsto no inciso XXXIII do artigo 5º, no inciso II do parágrafo 3º do artigo 37 e no parágrafo 2º do artigo 216 da Constituição Federal e lhe dá outras providências.

Dez anos após sua promulgação, a Lei nº 12.527, denominada Lei Geral de Acesso à Informação, representa um instrumento legislativo de inegável importância para a efetividade dos direitos republicanos dos cidadãos.

No modelo patrimonialista de administração pública, que se mantém culturalmente em não poucos espaços da gestão da coisa pública, o administrador público manteve-se senhor absoluto das informações com que trabalha para obter suas finalidades, muitas facilmente explicadas ao se conhecerem suas causas, formas e motivações. A informação é parte importante do poder exercido. Não é nova a constatação: quem detém a informação mantém o poder.

A transferência obrigatória da informação sobre os dados da coisa pública foi tornada incontestável por força de norma legal ao dar cumprimento ao princípio constitucional da cidadania republicana[7] e, expressamente, como seu consectário vinculante, o princípio da publicidade, transformou a face e a forma de desempenho cívico do poder na República.

A ética republicana, constitucionalmente abrigada desde 5 de outubro de 1988, foi instrumentalizada por essa lei. Além de facilitar o controle da ética na gestão da coisa pública, dos recursos, das finalidades buscadas, a eficiência administrativa, introduzida como norma constitucional na alteração promovida pela Emenda nº 19, de 1998 (*caput* do artigo 37), tornou-se objetivamente controlável pelo cidadão.

Alguns atos que possibilitaram a transparência na administração pública tornaram-se obrigatórios em uma prática que se impôs de ofício. Quer dizer, quanto se há de pagar a cada servidor é matéria pública, a ser assegurada ao público independentemente de requerimento. A folha de pagamento há de ser disponível porque o autor do pagamento é o cidadão. A ele cumpre saber, sempre que considerar necessário, quanto paga a quem, a que título e tudo o que respeitar ao dispêndio havido.

Outros atos, nem sempre estampados permanentemente em ambientes públicos — agora mais facilitados pela administração pública eletrônica, o que é possibilitado pelos meios tecnológicos disponíveis mais e mais a todos os órgãos e agentes estatais e aos particulares —, podem ser objetos de requerimento. Formulado o pleito da informação, cumpre ao gestor público sua entrega ao requerente, por ser direito constitucionalmente posto.[8]

O princípio constitucional da publicidade no Poder Judiciário

Se a postura e a atuação republicanas constroem-se parcimoniosamente nestas plagas brasileiras, deve ser anotado que o distanciamento dos cidadãos das práticas estatais permaneceu mais lerdo ainda em relação ao Poder Judiciário. Não apenas no Brasil, mas especialmente aqui. Isso se dá pela peculiar função do julgador, que impõe o afastamento das partes e, nesse sentido, estrutura instituições cujos protocolos os mantêm distantes dos embates populares. Ademais, a administração judicial aferra-se a privilégios e práticas que a levam a não ter de fazer claro ou sequer de esboçar explicitar ao público as informações sobre o que faz, como atua, quanto dispende em sua estrutura e em seus desempenhos. No caso dos Tribunais constitucionais, a função contramajoritária — que contraria a vontade da maioria, embora esteja de acordo com a Constituição — ainda os afasta mais das massas e do poder político de representação.

Quanto aos julgamentos, não há fresta, no ambiente democrático, para segredos. Sequer os julgamentos nos quais se rotulem com sigilo os nomes dos interessados se dão em sessões secretas. Zela-se, é certo, pelo direito à intimidade da parte pela supressão do nome por extenso nas publicações. E tanto somente é determinado quando, como posto na norma constitucional, for superior esse interesse sobre o do público.

Está expresso na Constituição Brasileira de 1988:

> Todos os julgamentos dos órgãos do Poder Judiciário serão públicos, e fundamentadas todas as decisões, sob pena de nulidade, podendo a lei limitar a presença, em determinados atos, às próprias partes e a seus advogados, ou somente a estes, em casos nos quais a preservação do direito à intimidade do interessado no sigilo não prejudique o interesse público à informação.[9]

É preciso notar que a parte final da norma, dirigida ao legislador, enaltece a obrigatoriedade do acatamento ao princípio da publicidade. A razão da lei é simples e objetiva: o que não se conhece não se legitima, não se questiona, não se controla. Sendo do povo o poder democrático, não há como afastar do cidadão o conhecimento do que se passa em sua dinâmica.

Nesse sentido, por exemplo, foi julgado em 2006, pelo Supremo Tribunal Federal, o recurso em mandado de segurança nº 23.036, cuja ementa esclareceu a impossibilidade sequer de se manter em segredo sessões de julgamentos ocorridos na década de 1970, quando estava em vigor o regime ditatorial e os tribunais dispunham de discricionariedade — ou seja, não tinham restrições ou impedimentos para julgar secretamente — para permitir julgamentos secretos.

Insistiu-se, ainda, em negar cumprimento àquela decisão do Plenário do Supremo Tribunal Federal, o que voltou a ser objeto de julgamento em decisão que reiterou o princípio determinante da publicidade e da necessidade de se garantir ao cidadão o direito de informar-se sobre o que naquelas sessões secretas do Superior Tribunal Militar se tinha passado.

É certo, contudo, que a Constituição brasileira de 1988 escancarou o que nunca poderia ter sido escondido, como é o julgamento de processos pelo Poder Judiciário, tendo tido, desde o início de sua vigência, cumprimento integral o princípio da publicidade. A mesma diligência não pode ser encontrada na gestão administrativa dos órgãos do Poder Judiciário.

Passadas mais de três décadas do início de vigência da Constituição da República e quase duas décadas da Emenda Constitucional nº 45/2004 (artigo 103B), pela qual se instituiu o Conselho Nacional de Justiça, órgão de controle administrativo do Poder Judiciário, há ainda longo caminho a trilhar no sentido do aperfeiçoamento e da transparência da gestão administrativa dos juízos e tribunais brasileiros.

A Constituição Brasileira de 1988 fez constar o que aos desavisados poderia parecer excesso considerando seu artigo 1º: o princípio da publicidade, de observância obrigatória para a administração pública de qualquer um dos poderes, da União, dos Estados, do Distrito Federal e dos Municípios.

Princípio como é, não se pode tê-lo como objeto de concessão ou de descumprimento. Está na base e na finalidade de cada comportamento, cada decisão administrativa dos órgãos estatais, incluídos os que compõem o Poder Judiciário.

Tardou a imposição de seu acatamento, considerando-se o mais que secular princípio republicano a fundamentar os provimentos administrativos com os quais se dá cobro aos objetivos a serem cumpridos no serviço público. Não há como se ter o controle pelo cidadão da eficiência daquela atividade sem que lhe seja assegurado o acesso às informações para a correta defesa da coisa pública.

Note-se que, no Brasil, já a Constituição de 1934 trazia o princípio da publicidade, nessa condição de natureza obrigatório, e o correlato dever de informação para "esclarecimento dos cidadãos acerca dos negócios públicos, ressalvados, quanto às últimas, os casos em que o interesse público imponha segredo, ou reserva".[10] Essa norma foi reintroduzida, com modificações mais de forma que de essência, no parágrafo 36 do artigo 141 da Constituição de 1946. Mais importante, fez-se a norma estampando direito político assegurado ao cidadão brasileiro de exigir não apenas informação sobre a coisa pública, mas, ainda, de poder exigir, judicialmente, em ação popular, a "anulação ou a declaração de nulidade de atos lesivos do patrimônio público da União, dos Estados, dos Municípios, das entidades autárquicas e das sociedades de economia mista".

Comentando a norma constitucional definidora da ação popular como direito político do cidadão, anotava Seabra Fagundes que:

> A fiscalização das atividades relacionadas com os interesses patrimoniais das pessoas jurídicas públicas exprime interferência no exercício do Poder Público, o que constitui uma das características dos direitos políticos. Se essa interferência não é fundamental, como a que tem lugar por meio do voto, nem por isso perde o seu sentido peculiar da forma de participação do cidadão no exercício do poder. Será, como diz Esmein, a propósito do direito de petição, uma participação secundária no exercício do Poder Executivo, mas sempre uma participação.[11]

A Lei nº 4.717, de 29 de junho de1965, regulamentou a ação popular e reforçou a ação do cidadão em defesa da coisa pública, introduzindo o processo que também modificava a estrutura do desempenho administrativo. Naquela ação, alguns atos, como a nomeação de servidores sem concurso público ou a contratação sem prévio processo licitatório, invertiam a presunção de validade do ato administrativo, cabendo à autoridade apontada na ação a comprovação da legitimidade do comportamento.

As normas constitucionais que fortaleceram os direitos e os deveres dos cidadãos no sistema constitucional de 1988, a eles assegurando o direito à informação, o direito de petição, o direito de exigir publicidade, o dever de observar à administração pública o princípio da publicidade, completam-se para colocar o cidadão no centro da responsabilidade pela eficiente gestão da coisa pública e no controle da gestão coerente com os princípios republicano e democrático.

Como antes mencionado, nem o cidadão brasileiro parecia se mostrar interessado pelas coisas do Poder Judiciário, nem este se propôs a cumprir, com rigor pleno, a exigência de publicidade e de dotar de transparência o que se passa administrativamente nos órgãos judiciais. O interesse do cidadão pelo Poder Judiciário mudou significativamente desde 1988.

É preciso saber se a estrutura judicial respondeu positivamente e com eficácia à previsão constitucional determinante de transparência para os fins de permitir aquela presença na gestão administrativa do Poder. E as providências permanentes a se adotarem para o aperfeiçoamento das instituições no sentido de cumprir a exigência constitucional de dotar de transparência a administração de qualquer dos poderes estatais.

Desde a vigência da Constituição de 1988, por exemplo, os valores dos vencimentos e, agora, dos subsídios dos juízes, que deveriam estar em um portal denominado "da transparência", permanecem de difícil acesso em grande parte dos órgãos judiciais brasileiros. Os gastos com servidores, contratos, aluguéis de imóveis para o desempenho das funções próprias, as aquisições, as viagens dos agentes que compõem seus quadros, os custos de realização de eventos, enfim, tudo o que se dispende de recursos públicos judiciais, ainda não se põem com a clareza que a Constituição exige.

Os critérios e as votações para remoções e promoções de juízes, antes decididos em sessões secretas, têm de ser feitos em público, como todas as sessões administrativas, mas o subjetivismo e, principalmente, a influência de alguns órgãos, segundo interesses pessoais e fora de padrões de interesse público, continuam a prevalecer em alguns casos.

A ocorrência, ou não, de nepotismo cruzado — ou seja, a contratação de parentes não no próprio gabinete, mas este parente ser contratado em outro, e, vice-versa, o comissionamento necessário ou não no provimento de cargos públicos, a atuação impessoal dos gestores da coisa pública no desempenho de cargos judiciais, mas em funções administrativas —, ainda não tem a clareza que constitucionalmente se exige.

Há de ser anotado que os valores do Poder Judiciário são muito menores que os dos demais poderes, nos planos federal ou estadual. Também se deve relevar que os magistrados não eram, tradicionalmente, formados para administrar. Os dirigentes dos órgãos judiciais, no desempenho de funções administrativas, como gestão de foro, tribunais e escolas judiciais, entre outras, foram sendo preparados segundo a necessidade. Apenas mais recentemente se passou a atentar para a formação específica de gestores administrativos e financeiros nos órgãos judiciais.

Esse improviso administrativo dificultou inicialmente a transformação exigida pela publicidade, que atualmente se vale de modelo judicial eletrônico, pelo uso de tecnologias de informática que apenas uma pequena parte do corpo judicial domina com alcance pleno.

Dificuldade não é problema: é apenas desafio. E a transparência do Poder Judiciário não é alternativa; é um dever constitucional. Mais grave porque, como é guarda da Constituição, compete atuar segundo seus ditames até mesmo como exemplo para os demais agentes públicos.

A criação de portais de acesso da informação pelo cidadão (Central da Cidadania) e de órgãos de ouvidoria judicial além dos portais de transparência, nos quais ficam disponíveis a todos os dados relativos aos recursos humanos (apresentação de quem trabalha e o cargo de cada agente público) e aos recursos financeiros e administrativos de cada órgão, é seguro e necessário passo para a publicidade eficaz para a competência e o controle dos órgãos judiciais.

Instrumentos de "transparência" no Poder Judiciário brasileiro

A criação do Conselho Nacional de Justiça pela Emenda Constitucional nº 45/2004 decorreu, em parte, da ineficiência dos órgãos correicionais dos subsistemas de justiça. Essa inoperância contribuiu para a falta de confiança dos cidadãos no subsistema judicial, questionando-se, com indesejável frequência, sobre o que não se conhecia do Poder Judiciário.

Nem seria diferente, considerando-se o princípio constitucional da publicidade. O cidadão quer ter acesso à informação, o jornalista quer exercer seu direito de informar, o professor quer o direito de ensinar e todos querem poder exercer corretamente seu dever de participar e de controlar. A participação cívica pode se dar pela apresentação de sugestões, a partir do que se conheça como os órgãos e serviços estão sendo geridos e prestados, e de críticas que conduzam à correção de procedimentos ou ao aperfeiçoamento daqueles que possam ser melhorados.

É preciso salientar que os órgãos judiciais, em especial aqueles incumbidos de funções de correição[11] nos braços estaduais e federais do Poder Judiciário, não se esvaziaram pela institucionalização do Conselho Nacional de Justiça.

Como decidido pelo Supremo Tribunal Federal, na ação direta de inconstitucionalidade nº 4.638, repetida na jurisprudência[12] centenas de vezes, aquele Conselho não se substituiu nem esvaziou as funções dos órgãos judiciais estaduais e federais. Não houve substituição destes para os fins de correição dos juízos, nem para os de controle sobre o cumprimento obrigatório dos princípios constitucionais da administração pública, como reiterado, aí incluído o da publicidade.

Porém, como mencionamos anteriormente neste texto, sombras amolecem os instintos de luz. A transparência impõe-se para que a administração pública não se acomode. E, na sequência de seus deveres constitucionais, dote de eficácia jurídica e social a função do Conselho Nacional de Justiça.

Três atuações do Conselho Nacional de Justiça devem ser realçadas no sentido de responder às exigências de transparência: as publicações "Justiça em números", "Supremo em ação" e "Relatório sobre o CNJ". O "Justiça em números" é publicado desde 2006, apresentando dados sobre a atuação do Poder Judiciário, com informações sobre despesas, receitas, acesso à Justiça e desempenho dos 27 Tribunais de Justiça Estaduais, dos cinco Tribunais Regionais Federais, dos 24 Tribunais Regionais do Trabalho, dos 27 Tribunais Regionais Eleitorais, dos três Tribunais de Justiça Militar Estaduais, do

Superior Tribunal de Justiça, do Tribunal Superior do Trabalho, do Tribunal Superior Eleitoral e do Superior Tribunal Militar. Desde 2017, os dados relativos ao Supremo Tribunal Federal e ao Conselho Nacional de Justiça também foram tornados públicos.

Não temos uma República completamente amadurecida democraticamente. Temos, contudo, uma Constituição democrática, que expressa o direito e o dever de o cidadão fortalecer sua condição de centralidade no exercício do Poder estatal. A República projeta-se e determina, em essência, sobre o Poder estatal, independentemente do ramo a que se queira referir.

Os problemas de transparência do Poder Judiciário, cujos órgãos atuam na solidão de decisões que impõem afastamento em sua conduta de julgador, não podem se sobrepor às exigências da República democrática. Nesta, o cidadão é que está no centro das relações de poder. Ele exige — por ser seu direito fundamental como membro da sociedade — informações que lhe permitam atuar com desenvoltura para apoiar, criticar ou buscar anular desperdícios, condutas ou má gestão dos recursos públicos entregues à administração judicial.

A transformação no sentido de se ter a cultura republicana democrática é uma construção comum, permanente e talvez para sempre inacabada. Há de se acreditar que muitos passos foram trilhados. Mas o caminho mostra um longo trecho ainda a ser traçado.

Talvez Gonzaguinha tenha razão ao alertar ser preciso redescobrir o que sempre esteve em nós. Fomos República antes de sermos repúblicos. Mas, se o pretérito monárquico não foi perfeito, o caminho vem sendo percorrido, direitos fundamentais sendo conquistados e mesmo aqueles que não podem exercer ainda os que foram reconhecidos passaram a ter notícia deles e a lutar para fazê-los valer em seu dia a dia. O direito à informação e a exigência da transparência dos órgãos públicos reforçam a eficácia do direito de participar, postular e controlar o exercício do Poder estatal. Não se reivindica direito de que não se conhece. Mas a permanência do ideal democrático e republicano, ao assegurar a liberdade fundamental para todos, conduz o processo do grão ao ato. Afinal:

Vai o bicho homem fruto da semente
renascer da própria força, própria luz e fé
Entender que tudo é nosso, sempre esteve em nós,
Somos a semente, ato, mente e voz
Não tenha medo, meu menino povo
Tudo principia na própria pessoa.[13]

Muitos deram o primeiro passo por nós e para nós. Cabe-nos honrá-los para sermos lembrados com respeito pelos que vierem depois. Não é escolha. É necessidade. Tudo é nosso, sempre esteve em nós, como cantava o poeta.

A Justiça especializada e a experiência da Justiça do Trabalho

Ives Gandra da Silva Martins Filho

Neste ano de 2021, em que comemoramos os oitenta anos da Justiça do Trabalho (JT), escrever sobre ela se faz com júbilo contido, quer pela pandemia, que impediu celebrações presenciais, tornando-as virtuais, quer pela necessidade do realismo histórico, avesso a discursos meramente elogiosos.

Dos oitenta anos da Justiça do Trabalho, vivenciamos praticamente a metade, a partir do ingresso, em 1983, como servidor do TST, depois assessor de ministro, procurador do trabalho e finalmente integrante da Corte Suprema Laboral desde 1999, sendo seu presidente no biênio 2016-2018, e, agora, seu decano. De observador privilegiado a protagonista das transformações que ela sofreu nestes últimos quarenta anos, a perspectiva do tempo e a experiência adquirida ajudam a fazer um balanço do papel efetivo desse ramo especializado do Judiciário brasileiro na pacificação dos conflitos sociais e o que se pode esperar dele para o futuro.

Naturalmente, não é possível escapar completamente ao subjetivismo da avaliação, inclusive quanto aos eventos a serem destacados, quer pela limitação de um artigo curto, quer por ser natural à historiografia a seleção dos fatos mais relevantes do passado. Assim, o objetivo deste texto é mostrar a experiência bem-sucedida da Justiça do Trabalho como justiça especializada, por meio de um singelo esboço histórico, que destaca suas virtudes e seus feitos, sem mascarar suas deficiências. Para tanto, reporto-me a dois trabalhos que publiquei, um denominado *Sistema legal e Judiciário brasileiro*[1] e o outro, *História do trabalho, do Direito do Trabalho e da Justiça do Trabalho*.[2]

As Justiças especializadas

A ideia de especialização no sistema judiciário é antiga e condiz com o objetivo de um melhor atendimento às necessidades sociais, com magistrados que conheçam mais profundamente determinadas matérias, a par dos procedimentos nesses ramos judiciários serem estruturados de modo a facilitar o enfrentamento dessas questões mais específicas e complexas. Não é por menos que o mais antigo juízo "especializado" do mundo é o Tribunal do Júri Popular, para os crimes dolosos contra a vida, em que o acusado é julgado por seus pares, ainda que presididos por um magistrado técnico.

Nesse diapasão, o máximo que o Brasil-colônia conheceu, em seus primórdios, em termos de especialização de seus juízes foi, de acordo com as matrizes portuguesas, a distinção entre ouvidores do cível e ouvidores do crime, sendo a Relação da Bahia o primeiro Tribunal brasileiro, criado em 1587.

Com a vinda da família real para o Brasil, em 1808, veio a estrutura judicial portuguesa, com suas jurisdições especializadas sobre militares, religiosos, estrangeiros e empresários: o Conselho Supremo Militar, a Mesa do Desembargo do Paço e da Consciência e Ordens, o juiz conservador da nação britânica, o intendente-geral de polícia e a Real Junta do Comércio, Agricultura, Fábricas, Navegação do Estado e Domínios Ultramarinos.

A estrutura judiciária imperial brasileira, com os juízes de paz e de direito na base, com os Tribunais de Relação provinciais como instância recursal, culminada pelo Supremo Tribunal de Justiça, admitiu os juízes e Tribunais do comércio a partir da promulgação do Código Comercial de 1850, mas que tiveram vida curta, em face de sua transformação em órgãos administrativos a partir de 1873.

A evolução da estrutura judiciária brasileira, a partir da proclamação da República, veio a contar primeiramente com os juízes federais na Constituição de 1891, com a Justiça Eleitoral e Militar na Constituição de 1934 e, finalmente, com a Justiça do Trabalho na Constituição de 1946. Assim, a par da Justiça Comum — Estadual e Federal — o Poder Judiciário brasileiro é composto de três ramos especializados de Justiça: Eleitoral, Militar e do Trabalho.

A criação da Justiça do Trabalho

No período imperial, as primeiras experiências de especialização em demandas trabalhistas tinham em conta os trabalhadores rurais de um Brasil fundamentalmente agrícola. Porém, a criação de uma Justiça do Trabalho propriamente dita é obra de Getúlio Vargas que, no dia 1º de maio de 1941, em cerimônia no estádio do Vasco da Gama, instalava-a em um Brasil que ingressava na era industrial, cujo novo governo criava leis protetivas dos trabalhadores e uma estrutura sindical a ele atrelada.

A importância das questões trabalhistas já despontava nos primórdios da República, após a relativamente recente abolição da escravatura, culminando com a criação, em 1923, do Conselho Nacional do Trabalho (CNT), ligado ao Ministério da Agricultura, Indústria e Comércio, núcleo do futuro Tribunal Superior do Trabalho. O CNT atuava como um órgão de consultoria e, posteriormente, foi assumindo atividades administrativas. Seu primeiro presidente foi Augusto Viveiros de Castro.

Com a Revolução de 1930, Getúlio Vargas assumiu o poder com um forte apelo ao operariado nacional, instituindo já em 1932 dois órgãos para compor conflitos trabalhistas: as Comissões Mistas de Conciliação para os conflitos coletivos e as Juntas de Conciliação e Julgamento para os conflitos individuais.

A característica básica e diferenciadora desses órgãos e da própria Justiça do Trabalho, em suas origens administrativas, era a "representação classista" em todas as suas instâncias (Juntas, Conselhos Regionais e CNT): órgãos tripartidários, com juízes técnicos e juízes classistas representantes das categorias profissional e econômica.

Tanto a representação classista quanto a existência de um poder normativo da Justiça do Trabalho para solucionar os conflitos coletivos de trabalho, criando novas normas e condições de trabalho, foram amplamente discutidas por ocasião da regulamentação da Constituição de 1934. Tornaram-se célebres os debates entre os professores Oliveira Viana, sociólogo e corporativista, defensor dos classistas e do poder normativo na JT, e Waldemar Ferreira, jurista e liberal, contrário a ambas as características, defendendo uma Justiça mais técnica e menos apegada à criação de leis.

A posição de Oliveira Viana prevaleceu por um longo tempo nas Constituições de 1937, 1946, 1967 e 1988 até os ventos das ideias de Waldemar Ferreira vingarem com as emendas constitucionais que aboliriam a representação classista e levaram à redução do poder normativo da Justiça do Trabalho.

A Justiça do Trabalho dentro do Poder Judiciário

A Justiça do Trabalho, desde sua criação até a Constituição de 1946, teve feição administrativa. Ou seja, fazia parte do Poder Executivo, e o cumprimento de suas decisões só poderia ser exigido perante um juiz de Direito.

Com a transformação de administrativa em judicial, a Justiça do Trabalho teve seus órgãos renomeados: o CNT tornou-se o Tribunal Superior do Trabalho, e os oito Conselhos Regionais passaram a Tribunais Regionais do Trabalho, com sedes em Rio de Janeiro, São Paulo, Belo Horizonte, Porto Alegre, Salvador, Recife, Fortaleza e Belém. Só as Juntas de Conciliação permaneceram com a mesma denominação, integradas por um juiz do trabalho e dois juízes classistas, um representante dos empregados e outro dos empregadores.

Passando a integrar o Poder Judiciário em 1946, a Justiça do Trabalho já operava desde 1943 com um processo judicial próprio, disciplinado na parte processual da recém-promulgada "Consolidação das Leis do Trabalho", a CLT, que se caracterizava por sua maior simplicidade e sua maior celeridade, prevalecendo nele a oralidade, a concentração de atos, a conciliação e a instrumentalidade das formas.

A vocação conciliatória da Justiça do Trabalho acabou espraiando-se mais recentemente por todos os ramos do Poder Judiciário, especialmente a partir do novo Código de Processo Civil, de 2015. Sua experiência nas pequenas causas trabalhistas deu origem aos Juizados Especiais de Pequenas Causas, tanto estaduais quanto federais. Ou seja, desde sua integração ao Poder Judiciário, a Justiça do Trabalho foi vanguardista quanto a procedimentos que dão maior eficácia e maior rapidez à Justiça.

O crescimento das demandas trabalhistas, com a industrialização e o desenvolvimento regional, expandindo-se igualmente o setor de serviços, levou ao concomitante aumento na estrutura da Justiça do Trabalho, capilarizando-a cada vez mais. Nesse sentido, foram criados novos TRTs, pelo desmembramento das regiões originais, dando-se origem aos Tribunais de Paraná, Brasília, Amazonas, Santa Catarina, Paraíba, Rondônia, Campinas e Maranhão. E o TST foi dividido em Turmas, para dar conta do volume sempre crescente de recursos.

A Justiça do Trabalho na Constituição de 1988

Três características marcantes da Constituição de 1988 em relação à seara trabalhista podem ser destacadas: ampliação do rol de direitos trabalhistas, praticamente "constitucionalizando" a CLT; ampliação da competência da Justiça do Trabalho para solver conflitos não apenas de empregados, mas de trabalhadores em geral, inclusive da administração pública; e previsão de um TRT por estado (artigo 112).

Quanto a este último aspecto, graças ao empenho do ministro Guimarães Falcão, foram criados, entre 1989 e 1992, mais oito TRTs: Espírito Santo, Goiás, Alagoas, Sergipe, Rio Grande do Norte, Piauí, Mato Grosso e Mato Grosso do Sul.

Apenas os estados de Acre, Amapá, Roraima e Tocantins não conseguiram ser contemplados com seu próprio TRT antes que, pela reforma do Judiciário de 2004, fosse mudada a política vigente, admitindo-se câmaras regionais para estados cuja demanda judicial não justificava um TRT próprio.

Quanto à ampliação da competência da JT, esta, na prática, acabou, com o tempo, sendo paulatinamente reduzida em face de sucessivos posicionamentos do Supremo Tribunal Federal que a via como excessivamente protecionista. Assim, os servidores públicos foram tidos como de relação administrativa e não contratual; os prestadores de serviço como de relação de consumidor e não trabalhista; e as questões relativas à complementação de aposentadoria como previdenciárias e não laborais.

Quanto à ampliação dos direitos trabalhistas, a maior judicialização dos conflitos foi um de seus resultados, levando o TST a novas especializações, em seções de dissídios individuais e coletivos, bem como à ampliação do número de suas Turmas, até chegar à atual composição de oito.

O pipocar de greves, com o fim do regime militar, mostrou a importância da Justiça do Trabalho na composição de conflitos coletivos de trabalho, evitando muitos deles pela mediação e solucionando os demais com o exercício de seu Poder Normativo, ou seja, o poder de criar novas condições de trabalho além das previstas em lei. Este é um serviço muitas vezes silencioso que a JT presta à sociedade, evitando que o desatendimento às necessidades inadiáveis da população ocorra em uma eventual paralisação de serviços essenciais.

A extinção da representação classista e a reforma do Judiciário

Os anos de 1999 e 2004 implicaram uma transformação radical na Justiça do Trabalho, com a extinção da representação classista e na redução substancial do poder normativo da JT, tornando-o, na prática, um juízo arbitral, pela necessidade do comum acordo entre sindicato e empresa para a instauração de dissídio coletivo econômico.

A justificativa que se dava à representação classista era a ajuda que os classistas prestavam às partes, na primeira instância[3] diante da ausência de necessidade de advogados na JT e na contribuição que davam nas demais instâncias[4], trazendo a experiência das condições de trabalho nos diversos ramos produtivos. No entanto, seu custo elevado, somado ao desconhecimento das questões processuais, levou à sua extinção, tornando a JT uma Justiça mais técnica e barata.

A chamada "reforma do Judiciário", que teve sua origem na "CPI do Judiciário", na qual se apuraram denúncias de corrupção no âmbito desse Poder, resultou na criação de um órgão de controle externo do Judiciário, o Conselho Nacional de Justiça, e, para a JT, na criação de dois órgãos que, ligados ao Tribunal Superior do Trabalho, ajudariam a prevenir desvios e supervisionar e coordenar Tribunais. Esses dois órgãos são a Escola Nacional de Formação e Aperfeiçoamento de Magistrados do Trabalho e o Conselho Superior da Justiça do Trabalho (CSJT).

A rigor, a crise de confiabilidade no Poder Judiciário já havia sido antecipada na JT, com a intervenção do Tribunal Superior do Trabalho nos TRTs da Paraíba (1997) e de Rondônia (2002) e o afastamento de magistrados por desmandos administrativos e nepotismo. A instalação do CSJT representou a transformação, segundo o ministro da JT, Rider Nogueira de Brito, de um arquipélago em um continente. E a Enamat, que tivemos a honra de instalar e dirigir, passou a ser um elemento essencial de formação de magistrados, conjugando excelência técnica com excelência ética, pela aquisição e pelo exercício das virtudes judiciais.

A Justiça do Trabalho e a Reforma Trabalhista

A maior reforma da CLT já promovida desde sua edição em 1943 foi a levada a cabo pelo governo Temer em 2017. Representou uma busca do equilíbrio diante do excessivo protecionismo da JT, estampado emblematicamente nas denominadas "Semanas do TST" de 2011 e 2012, nas quais dezenas de súmulas da Corte foram modificadas, para conceder novos direitos aos trabalhadores, sem precedentes e sem o julgamento de casos concretos. A reforma veio a assentar tais direitos em bases menos generosas e instituir especialmente o princípio da "prevalência do negociado sobre o legislado", elencando o que poderia ou não ser flexibilizado em negociação coletiva.

A reforma deu ênfase à responsabilização processual, estabelecendo que os honorários advocatícios seriam pagos também pelo empregado caso ele perdesse a causa, o que fez cair a demanda judicial em 30%, e à racionalização judicial, pelo estabelecimento de um filtro seletor de recursos que seriam apreciados pelo TST. Dessa forma, o duplo grau de jurisdição (ou seja, a sentença de um juiz ser revista por Tribunal) seria a garantia do cidadão, enquanto o acesso ao TST seria um direito da cidadania, ou seja, do estado federado ter seu direito interpretado uniformemente em todo o território nacional, selecionando para isso os melhores processos para fixar teses jurídicas e deixando de julgar os demais.

A Justiça do Trabalho na era digital

Com a passagem do processo físico para o eletrônico e a promoção, pelo Conselho Nacional de Justiça, de uma plataforma única comum a todo o Poder Judiciário, tivemos a JT novamente como vanguardista, abraçando desde o primeiro momento o projeto graças ao empenho do ministro João Oreste Dalazen, o que garantiu o completo ingresso da Justiça do Trabalho no Processo Judicial Eletrônico. Com isso, pode-se ingressar e acompanhar reclamações trabalhistas e recursos desde qualquer parte do Brasil e do mundo.

A pandemia de covid-19 veio a mostrar como esse mergulho completo da JT na era digital foi providencial, uma vez que, em regime de confinamento, de teletrabalho e telejulgamentos, o Judiciário Trabalhista encontrava-se totalmente aparelhado, o que não se deu nos demais ramos do Poder Judiciário.

Assim, o plenário virtual, com os votos sendo disponibilizados e discutidos em sessões semanais de votação eletrônica, somada à confecção de votos e despachos em processos integralmente digitalizados, faz da JT o mais célere ramo da Justiça brasileira.

Em suma, muitos foram os desafios e vicissitudes da prestação jurisdicional na esfera da Justiça do Trabalho nesses seus oitenta anos de existência.

Desde 2016, com o ajuste fiscal do teto de gastos, teve seu orçamento drástica e diferenciadamente reduzido em relação a outros ramos do Judiciário por motivos políticos, necessitando se adaptar com redução de pessoal e serviços para os próximos vinte anos.

No entanto, a experiência exitosa desse ramo especializado da Justiça demonstra, ao contrário das tentativas de extingui-lo, que a JT presta um relevantíssimo serviço de pacificação dos conflitos sociais pela harmonização das relações trabalhistas, recebendo cerca de 3 milhões de ações por ano, que tenta resolver da forma mais correta possível.

Para isso, tem como norte para seus magistrados o artigo 766 da CLT, segundo o qual, para promover a Justiça Social, deve-se garantir salários justos aos trabalhadores e uma retribuição igualmente justa às empresas na interpretação e na aplicação da legislação trabalhista. Assim, o dístico da bandeira do TST, retirado de uma fala bíblica do profeta Isaías, vai se tornando uma realidade: *Opus justitiae pax* — "A obra da Justiça é a paz".

Conselho Nacional de Justiça: um papel determinante

José Antonio Dias Toffoli

O sistema de Justiça concebido pela Constituição de 1988, que conferiu *status* constitucional às funções essenciais à Justiça, conta desde 2005, no âmbito do Judiciário, com um grande reforço e com um importante instrumento de coordenação nacional: o Conselho Nacional de Justiça. Criado em 2004 e instalado no ano seguinte, o CNJ vem exercendo, desde tal momento, um papel essencial na coordenação e na formulação de políticas, projetos e programas voltados à desburocratização da Justiça e à eficiência do trabalho realizado pelos 18 mil juízes dos diferentes ramos da Justiça no Brasil — estadual, federal, eleitoral, militar e trabalhista.

Os debates que antecederam a criação do Conselho revelaram resistências de alguns setores ao conceito, por alegado risco de que uma instância como o CNJ representasse uma guinada centralizadora. O componente histórico da formação do Estado brasileiro, que tem como uma de suas marcas os movimentos pendulares entre centralização e descentralização, não deve ser subestimado na análise dessas reticências iniciais contrárias à criação do órgão. A disputa de espaços e controles institucionais entre elites locais e o poder central é elemento constante na trajetória histórica do país, com reflexos na ordem constitucional.

Os fatos de o Estado ter nascido antes da organização da sociedade civil e de não haver uma elite nacional geraram no Brasil um movimento pendular entre a centralização e a descentralização do poder — em alguns momentos, esse se dispersa entre as elites e as figuras locais e, em outros, se concentra nas mãos do governo central. O amadurecimento da República brasileira foi forjado nesse movimento pendular, marcado por tensões federativas e alternâncias entre experiências democráticas e autoritárias, sobretudo ao longo do século XX.

O deslocamento de poder representado pela criação do Conselho ocorreu dentro dessa moldura institucional de tensões históricas, que dificultavam uma implementação suave, em especial no que diz respeito às atividades correcionais. Nesse campo, a entrada em funcionamento do CNJ representou uma ruptura com a inércia, com a falta de estrutura e com outras limitações das corregedorias dos Tribunais. Prevaleceu, ainda que com resistências iniciais, o elemento republicano sobre o federalista, no que diz respeito à eficiência em matéria de moralidade administrativa dos órgãos da magistratura e das elites judiciárias locais. O controle dessa dimensão sensível foi deslocado do plano local para uma instância nacional, descomprometida com as particularidades regionais, no que diz respeito à solução de desequilíbrios de poder e ao uso do direito por grupos de interesse específicos. Atendeu também à necessidade de promoção da transparência, tão demandada pela sociedade em relação aos três Poderes e em especial ao Poder Judiciário, em todos os níveis.

Ao trazer para o cenário institucional o conceito de um Judiciário nacional, o CNJ incorporou ao debate, e posteriormente à prática, a necessidade de se reunirem dados e boas práticas de todo o país e de se criar um sistema único capaz de promover o diálogo e a coordenação entre todos os Tribunais. Tudo isso sem perder de vista a autonomia administrativa das Cortes, conferida pela Constituição. Em um país federal com a dimensão e a complexidade do Brasil, é natural que o Poder Judiciário conte com um órgão coordenador capaz de organizar, planejar, indicar caminhos, intercambiar programas e boas práticas e trabalhar com metas para o aperfeiçoamento da gestão dos recursos públicos, com ênfase na eficiência e na efetividade do Poder Judiciário no cumprimento de sua missão constitucional.

Nas palavras do ministro Cezar Peluso, "somente um órgão de dimensão nacional e de competências centralizadas pode, sob tais aspectos, responder aos desafios da modernidade e às deficiências oriundas de visões e práticas fragmentárias na administração do Poder".

As resistências iniciais foram gradualmente superadas, à medida que o CNJ entregava seus primeiros resultados, tanto na coordenação e na difusão de boas práticas quanto no planejamento estratégico e na condução de processos disciplinares contra integrantes do Poder Judiciário, inclusive a partir de reclamações da sociedade. O Conselho, presidido pelo presidente do Supremo Tribunal Federal, tem ido muito além de zelar pela autonomia do Poder Judiciário e pelo cumprimento do Estatuto da Magistratura, propondo a implementação de programas e projetos voltados à desburocratização, à rapidez e à eficiência da prestação jurisdicional, bem como à atenção à infância e aos sistemas prisional e socioeducativo, nos quais o Brasil tem acumulado, historicamente, problemas em matéria de direitos e garantias fundamentais. Reverter o legado de precariedade e de superlotação nesses sistemas tem sido uma tarefa prioritária para o órgão.

Tive o privilégio de presidir o Conselho, concomitantemente com o STF de setembro de 2018 a setembro de 2020. Tenho genuína admiração pelo trabalho desenvolvido ali e não exagero ao dizer que o Conselho Nacional de Justiça se consolidou como órgão central na estrutura do Poder Judiciário no Brasil, com poderes efetivos de orientação, controle e fiscalização e com competência em matéria disciplinar.

Ao longo da gestão, pude contar com os conselheiros e com a equipe do CNJ para dar continuidade ao trabalho de aperfeiçoamento do Judiciário brasileiro e implementar novas iniciativas, inclusive as requeridas pela emergência sanitária da covid-19 em 2020, a qual nos impactou profundamente e exigiu adaptações rápidas para a prestação de serviços pela máquina do Estado.

O trabalho realizado nos dois anos de nossa gestão priorizou alguns programas iniciados em mandatos anteriores e alguns novos projetos voltados para a aproximação da Justiça aos cidadãos e para o reforço da efetividade de seus direitos. O programa *Justiça Presente*, atualmente denominado *Fazendo Justiça*, é um exemplo dessa preocupação e reuniu iniciativas que vão desde a racionalização das entradas dos sistemas prisional e socioeducativo até a qualificação dos reeducandos para seu retorno ao convívio social, com fomento à geração de renda por eles e sua inserção no mercado de trabalho.

Outro avanço relevante envolveu uma ferramenta eletrônica que iniciou, a partir de 2016, a centralização e a uniformização da gestão de processos de execução penal em todo o país. O objetivo central da ferramenta, chamada Sistema Eletrônico de Execução Unificado (SEEU), foi o de eliminar os casos, infelizmente frequentes até então, de condenados que permaneciam na prisão por mais tempo do que aquele determinado em suas sentenças, esquecidos em razão de deficiências de gestão da informação e de comunicação dentro do próprio Estado.

O SEEU, expandido, a partir de 2019, como parte das ações do *Justiça Presente*, já é uma realidade nacional: abrange 26 dos 27 Tribunais de Justiça estaduais e quatro dos cinco Tribunais federais, com um acervo que superava 1,4 milhão de processos ao final de 2020. Além do acesso simultâneo aos processos por diferentes atores do sistema, via internet, o sistema permite o cálculo automático das penas e benefícios e emite um alerta automático aos juízes sobre prazos e benefícios que estão por vencer.

Outras medidas adotadas para a racionalização na gestão contribuíram para enfrentar o problema da superlotação carcerária e para oferecer respostas à questão dos presos provisórios — pessoas encarceradas à espera de julgamento. Dados divulgados em maio de 2021 pelo Monitor da Violência, com base em coleta de dados realizada nos estados, mostram queda no número total de presos no Brasil, a primeira desde o início do levantamento anual, em 2014. Os dados de 2021 indicam uma queda da população carcerária de 709.200 para 682.100 pessoas, em comparação com 2020. Outro dado do levantamento confirma a redução expressiva no percentual de presos provisórios nos últimos dois anos, que passou de 40% do total de encarcerados em 2019 para 31%, em 2020, e 31,9% em 2021. O sistema ainda apresenta um quadro de superlotação da ordem de 54%, mas as diretrizes inovadoras do CNJ em matéria de racionalização administrativa e modernização da gestão claramente já apresentam resultados positivos, em especial na questão angustiante das detenções provisórias prolongadas.

O *Justiça Presente* é também resultado do diálogo institucional com organismos internacionais, que se concretizou por meio de uma parceria inédita entre o CNJ e o Programa das Nações Unidas para o Desenvolvimento, com o apoio do Ministério da Justiça e Segurança Pública.

Outra iniciativa inovadora dessa parceria é a distribuição de equipamentos biométricos para identificar e prover documentação civil a pessoas privadas de liberdade em todo o país, ação implementada a partir de maio de 2021, inicialmente no Distrito Federal.

O Pacto Nacional pela Primeira Infância é outro exemplo de diálogo institucional com impacto social direto, o qual reúne instituições públicas e da sociedade civil, inclusive internacionais, para a proteção dos direitos e interesses das crianças, em especial em seus primeiros seis anos de vida.

A modernização da infraestrutura física e tecnológica e a capacitação de servidores têm sido preocupações centrais ao longo das sucessivas gestões do Conselho, com investimentos em capital humano, automação, inteligência artificial e integração de sistemas e bases de dados judiciais, sem os quais a gestão de iniciativas de alcance nacional não poderia avançar.

O Conselho lançou a Base Nacional de Dados do Poder Judiciário, que reúne todos os dados relevantes relativos aos processos judiciais do país. Outra ferramenta inovadora é a dos Módulos de Automação das Execuções Fiscais. Pelo volume acumulado, as questões fiscais e as execuções constituem, historicamente, os principais vetores da morosidade da Justiça brasileira. Os módulos têm o objetivo de otimizar a tramitação dos respectivos processos, o que impactará positivamente todo o sistema, já que cerca de 40% de todos os processos pendentes no Judiciário brasileiro dizem respeito a questões fiscais, e 73% das execuções pendentes relacionam-se também aos casos fiscais.

Em matéria de infraestrutura, o CNJ e a Rede Nacional de Ensino e Pesquisa firmaram um acordo para ampliar e interiorizar a rede de fibra óptica no Brasil, colaborando com os esforços a favor da inclusão digital, da racionalização dos procedimentos e da expansão do acesso à Justiça.

No campo da coordenação com outras instituições do Estado, em benefício de atores econômicos e do contribuinte, o Conselho liderou o programa *Destrava*, que promoveu a atuação integrada dos órgãos de controle e do Poder Judiciário a fim de permitir a retomada de obras paralisadas no Brasil. A iniciativa teve como ponto de partida projeto-piloto que envolvia obras paralisadas no estado de Goiás, boa parte das quais eram creches, cujos benefícios sociais imediatos são evidentes.

Os resultados desse impulso de modernização, reforçado em 2005 com a entrada em funcionamento do Conselho, são impressionantes: já alcançamos o nível de 89% de digitalização nos processos em tramitação na Justiça brasileira, e no Supremo Tribunal Federal essa cifra chega a 97%, com ganhos em matéria de eficiência e de acesso impossíveis de se atingir com processos em papel. A pandemia evidenciou ainda mais essas vantagens, já que essa base tecnológica e a capacitação dos servidores permitiram uma rápida adaptação ao imperativo de se adotar o teletrabalho como forma de, ao mesmo tempo, proteger a saúde dos atores do sistema e não comprometer o funcionamento normal do sistema de Justiça.

O Judiciário não podia parar justamente no momento em que a sociedade brasileira mais precisava dele para coordenar conflitos e endossar medidas de emergência para o atendimento aos mais vulneráveis, como ocorreu, no caso do Supremo Tribunal Federal, em julgamentos de grande alcance. O Supremo deliberou, entre outros casos a ele levados, sobre o funcionamento do Congresso por meio virtual; a adoção do programa do auxílio emergencial; as competências da União, dos estados e dos municípios no enfrentamento à pandemia; e a flexibilização temporária de regras trabalhistas.

Ao contrário do que ocorreu em outros países, que demoraram meses para se adaptar e para prover os serviços públicos, no Supremo Tribunal Federal do Brasil o trabalho continuou sem qualquer interrupção após a declaração de pandemia pela Organização Mundial da Saúde. O Tribunal não parou um dia sequer, tendo rapidamente ampliado o alcance do plenário virtual e substituído as sessões colegiadas presenciais por sessões por videoconferência. A mudança na rotina dos servidores baseou-se na ampliação do regime de teletrabalho, que já tinha sua eficiência comprovada na Corte.

Ao Conselho Nacional de Justiça, com base em experiências exitosas como as do STF e de outros tribunais, coube o papel de estabelecer e disseminar diretrizes para que esse ajuste ocorresse também sem sobressaltos no conjunto do Poder Judiciário, respeitadas a autonomia e as peculiaridades locais e de cada ramo da Justiça. Nenhum outro órgão teria esse alcance, tendo em vista o universo de 18 mil juízes em atividade no país e a situação extrema que o mundo passou a enfrentar. O CNJ cumpriu, fiel e eficazmente, seu papel de orientador do sistema de Justiça.

Além disso, o Conselho mostrou-se atento e veloz no enfrentamento da pandemia em áreas de responsabilidade do Estado que envolveram grupos sociais vulneráveis, como nos casos dos sistemas prisional e socioeducativo, diante do risco concreto de disseminação da covid-19. Ainda em 17 de março de 2020, poucos dias depois da declaração de pandemia pela OMS, o CNJ emitiu a todos os Tribunais e magistrados do Brasil diretrizes para a adoção de medidas de prevenção voltadas a proteger a saúde das pessoas privadas de liberdade e a dos servidores do sistema. As medidas sugeridas, a serem avaliadas pelos magistrados à luz do contexto local, visaram à garantia da saúde coletiva e da segurança pública, sendo presente a necessidade de se promover a segurança jurídica na matéria e de se diminuir a incidência de decisões divergentes. O CNJ levou em conta também o potencial risco de disseminação rápida do novo coronavírus entre as pessoas encarceradas, dados a própria situação de confinamento e o quadro de superlotação carcerária no país.

A recomendação do CNJ recebeu apoio maciço de entidades do Brasil e do exterior, tendo sido referendada por organizações como o Alto Comissariado das Nações Unidas para os Direitos Humanos e a Comissão Interamericana de Direitos Humanos. O projeto foi escolhido como um dos trinta finalistas do prêmio internacional Desafio da Justiça Global 2021, entre 425 iniciativas inscritas, de 114 países.

Seu papel em matéria de gestão e de uniformização de dados e práticas tornou o CNJ indispensável na estrutura do Poder Judiciário brasileiro. Também foi determinante para que esse Poder fosse o primeiro no mundo a aderir à Agenda 2030 das Nações Unidas para o Desenvolvimento Sustentável e a iniciar a institucionalização desses objetivos em seus diferentes âmbitos.

Esse esforço de modernização e de sistematização incluiu um produto de grande utilidade: o "Justiça em números", levantamento anual disponível a todos na internet que oferece um detalhado retrato estatístico, além de elementos de diagnóstico sobre o desempenho do Judiciário em todos os seus ramos de atuação e instâncias. A edição de 2020 aponta resultados animadores em matéria de gestão.

De acordo com o "Justiça em números", o Judiciário brasileiro concluiu o ano de 2019 com 77,1 milhões de processos em tramitação, balanço que já inclui os cerca de 30 milhões de processos iniciados naquele ano. A boa notícia é que essa cifra representa uma redução no estoque de processos de, aproximadamente, 1,5 milhão de processos em relação a 2018. Trata-se da maior queda desde que o CNJ iniciou a série histórica, em 2009. A elevação da produtividade média dos magistrados foi de 13%, também o maior valor da série histórica, com média de 2.107 processos baixados por magistrado.

É importante notar que a redução ocorreu em todos os ramos da Justiça e em todas as instâncias. Sem a coordenação do CNJ, esses dados provavelmente estariam dispersos, o que comprometeria qualquer diagnóstico ou esforço de planejamento. Na ausência do CNJ, não haveria uma política judiciária nacional capaz de promover maior eficiência, transparência e responsabilidade à atividade judicante, em sintonia com a autonomia administrativa dos Tribunais, consagrada pela Constituição.

O equilíbrio entre o elemento republicano, presente na constituição e na atuação de um órgão nacional como o CNJ, e o elemento federalista tem resultados de grande impacto para o país. Nesse contexto, o CNJ oferece aos gestores ferramentas, canais de cooperação e uma bússola, sem as quais o Judiciário não teria sido capaz de oferecer boas e novas soluções para problemas acumulados e sensíveis relativos ao funcionamento cotidiano da Justiça e à proteção dos direitos individuais consagrados pela Constituição de 1988.

O poder investigatório do Ministério Público

José Carlos Cosenzo

O prêmio Innovare é fruto da ideia genial de pessoas comprometidas em reformar o sistema de Justiça brasileiro, visando a torná-lo mais ágil, transparente e de acesso igualitário. A premiação alcançou êxito nacional ao instigar as instituições e seus atores a fugir da rotina procedimental para buscar mecanismos singelos de aplicação em práticas que contribuam para o aprimoramento da Justiça no Brasil, atendam aos anseios da população e possam ser replicadas, possivelmente nos levou, inspirados no espírito fraterno e construtivo ostentado pelas pessoas que o integram. Esse sucesso nos levou a abordar o poder investigatório do Ministério Público com abolição do academicismo, sem identificar e inserir citações doutrinárias.

Um pouco da história. Em 1984, a oposição liderada por Tancredo Neves, que contava com políticos de tradição democrática, venceu a eleição indireta para escolha do presidente da república, encerrando o ciclo de vinte anos do regime militar.

A sociedade que almejava uma nova e legítima ordem jurídica ao Brasil, por um lado assistiu comovida à trágica morte do líder eleito, e por outro aplaudiu a convocação da sonhada Assembleia Nacional Constituinte e o surgimento da Constituição Federal de 1988. A Assembleia Constituinte foi um dos momentos mais ricos da história do Brasil, no qual o Congresso Nacional estava aberto aos defensores de todos os interesses revestidos de legitimidade. Seus corredores se transformaram em uma passarela para que todas as raças, cores e religiões se manifestassem, misturando pobres e ricos, patrões e empregados, além de servidores públicos de todos os setores.

Atento ao momento, o Ministério Público teve uma fértil participação nesse episódio democrático. Há anos vinha se organizando internamente e debatendo com inúmeros segmentos da sociedade o modelo mais próximo do ideal de servi-la.

Sem nenhuma dificuldade é possível enxergar que o tratamento conferido ao Ministério Público na Constituição de 1988 não se deu exclusivamente para sua criação formal, mas sim um instrumento fundamental à concretização dos valores nela consagrados. É o órgão público que recebeu a missão de defender o interesse público primário, não secundário, portanto, diverso do interesse patrimonial ou financeiro das entidades estatais. Tal conformação acarretou sua relação sólida com o processo da restauração democrática, perfil que exige progresso contínuo e permanente na construção de uma sociedade justa, livre e solidária, e que não admite o retrocesso de uma instituição elementar ao próprio Estado Democrático de Direito.

O Constituinte de 1988 entregou ao Ministério Público a grave missão de facilitador do acesso e distribuição de justiça, pois estes se ajustam aos fundamentos de dignidade da pessoa humana, soberania, cidadania, e todos os demais necessários para conquista dos direitos sociais e individuais. Assumiu, portanto, o status de instituição permanente, essencial à função jurisdicional do Estado, para defesa da ordem jurídica, do regime democrático e dos interesses sociais e individuais indisponíveis, deixando de ser apenas o órgão incumbido da persecução penal e deduzir em juízo a pretensão punitiva do Estado contra criminosos, ou, no juízo cível incumbido da defesa de certas instituições ou de determinadas pessoas, passando a ser, principalmente, fiscalizador e defensor da correta aplicação das leis e da Constituição.

Nesse campo, ocorreu um considerável aumento nas suas atribuições, sendo-lhe destinados o inquérito civil e a ação civil pública, para a tutela de interesses difusos,[1] coletivos ou individuais homogêneos, em áreas de relevância social como meio ambiente; cidadania; controle da administração pública; direitos do consumidor, de pessoas portadoras de deficiência e de idosos; infância e juventude; habitação e urbanismo; entre outros.

No âmbito do processo penal foi o despertar do sistema acusatório em contraposição à persecução criminal outrora privada, que deixava o Estado desinteressado no resultado. Essa situação se modificou com a evolução cultural e lhe impôs a obrigação de combater o crime, que passou a ser considerado questão de ordem pública, exclusiva do órgão oficial.

Isso implicou na criação de um órgão imparcial, o Ministério Público, que no Brasil sempre esteve associado a um pensamento de representação do Estado em juízo, inclusive na indicação do chefe do parquet[2] sem a participação de seus membros, até que a Constituição de 1988 provocou esse rompimento, acolhendo o novo perfil traçado. Infelizmente, essa grave distorção ainda permanece, mas restrita ao procurador-geral da República indicado por vontade do presidente da República, sem a prévia elaboração de uma lista tríplice — sistema democrático de manifestação dos seus membros e autêntico controle político interno. Essa anomalia foi transportada para o Conselho Nacional do Ministério Público, órgão de controle externo da instituição, onde esse mesmo indicado exerce a presidência sem escolha pelo colegiado, e sem estar revestido da legal chefia do parquet nacional.

Esse rompimento secular do Ministério Público que ainda continua em vigor na grande maioria dos países europeus, foi a criação constitucional inédita do mundo, reitere-se, levada aos congressistas pelos membros da instituição e encerrando a vontade da sociedade de um órgão que não integra e muito menos se submete à hierarquia do poder estatal, mas exerce a missão de legítimo fiscal do poder. Saiu da condição de advogado do Estado para defensor da sociedade, refreando a atividade estatal na política de atuação criminal.

É importante realçar que o privilégio da ação penal no Brasil não é uma criação que tem em vista o monopólio do Ministério Público, mas um instrumento de efetividade de direitos fundamentais, ou a maneira de limitar o poder do Estado, pois a função do processo penal não é punir e sim servir de instrumento para concretização das garantias constitucionais. Se o processo é o caminho para a legitimação do poder, por consequência, deve ser instrumento de garantia e segurança para todas as partes. Nessa ordem, sendo o Ministério Público, o guardião da ordem democrática em um Estado Democrático de Direito, lhe é impositivo o desempenho de sua missão constitucional privativa, da maneira mais ampla possível.

Esse mandamento, grafado como privativo no artigo 129, inciso I, da Constituição de 1988, confere à instituição o controle externo da atividade policial, e dali decorre a incumbência de investigar a prática de crime de ação penal pública por meios próprios, buscando os elementos necessários para formar a *opinio delicti*[3] sem se submeter a ingerências. Da simples leitura do citado artigo 129 se extrai que, ao tratar de suas funções institucionais, o constituinte trouxe um rol exemplificativo, posto que o seu inciso IX estabelece, ainda, a competência para exercer outras funções que lhe forem conferidas, desde que compatíveis com sua finalidade.

É oportuno realçar que a interpretação constitucional não pode ser pontual, mas sistemática. Se não é possível concluir que a Carta de 1988 atribuiu expressamente ao Ministério Público a legitimidade investigatória, também não trouxe exclusividade dessa atribuição à Polícia Judiciária.

Portanto, a inicial sustentação do seu poder investigatório tem assento na própria Constituição de 1988, que lhe conferiu o controle externo da atividade policial durante a realização do inquérito que antecede ao exercício da ação penal, e tem por fim único conferir ao seu titular os subsídios para sua propositura, uma vez que é o destinatário imediato.

O inquérito policial instrumentaliza a investigação criminal, mas não é a única possibilidade de fazê-lo, uma vez que o Código de Processo Penal menciona expressamente sua dispensabilidade em vários momentos, haja vista que para principiar a ação penal basta que o órgão da acusação consiga indícios suficientes de autoria e prova da ocorrência de uma infração penal, que podem ser conseguidas nas mais variadas formas, inclusive pelo próprio Ministério Público. Há outras investigações criminais presididas por outras autoridades conforme dispuser a lei, como na Receita Federal, Unidade de Inteligência Financeira (antigo Conselho de Controle de Atividades Financeiras), Controladoria Geral da União e Comissões Parlamentares de Inquérito, o que demonstra que, apesar de prioritária, a investigação não é competência exclusiva da polícia.

Nessa linha vale dizer que ao ser adotado no Brasil o sistema acusatório na atividade jurisdicional, criou-se uma estrutura composta das partes, com a acusação a cargo do Ministério Público e de um órgão imparcial (juiz) garantidor do contraditório e ampla defesa. Todavia, tal sistema não exige uma fase preparatória da ação penal, realizada de forma exclusiva ou privativa por órgão da Polícia Judiciária por meio de inquérito policial. Aliás, como a própria lei o dispensa,[4] a autoridade policial, ao atuar sem compromisso com a imparcialidade na sua elaboração, não integra essa estrutura acusatória, pois se assim o fizesse, não seriam cabíveis, também, as provas trazidas pela defesa em juízo, caso não tivessem sido submetidas à autoridade policial.

Essa reminiscência remete à reflexão da nova postura da instituição no campo criminal, tanto pelo aumento vertiginoso em números, quanto pela complexidade nas modernas práticas ilícitas, exigindo do detentor da ação penal uma estrutura até então inexistente, material e humana.

O surgimento da informática trouxe consigo uma série de fatos criminosos até então inexistentes, ou desconhecidos, cujo combate na era digital exige, além de perícias e investigações, estrutura e inteligência. Ante a necessidade de buscar provas com qualidade para propositura da ação penal, o Ministério Público vem desenvolvendo investigações qualificadas, quando estritamente necessárias, conferindo maior celeridade nessa atividade, utilizando o poder de requisição, quando autorizado por lei, além da vantagem de sua independência em relação aos poderes estatais. Seria absurdo proibir ao órgão que propõe a ação penal pública, que tem a incumbência de denunciar crimes, a possibilidade de investigar diretamente os fatos criminosos, quando se fizer necessário.

Concretamente, o desenvolvimento dessa prática investigativa trouxe vários e incompreensíveis conflitos institucionais com envolvimento de entidades classistas; manifestação de atores externos, principalmente juristas; batalhas judiciais; repercussão na imprensa; sem contar a maior e mais angustiante ameaça, decorrente de iniciativas parlamentares visando modificar textos legais e até reforma constitucional.

Abusando do direito de rememorar fatos históricos, essa peleja na busca da exclusividade na investigação antecedente à propositura da ação penal remonta ao período da reforma constituinte, no qual as entidades representativas de classe buscavam um reconhecimento institucional, na maioria das vezes sonhando com equiparação aos poderes concedidos, até então, ao Poder Judiciário. Mesmo outorgadas em várias Cartas, alguns princípios e garantias já estavam reconhecidos e evidentemente seriam reafirmados, aperfeiçoados e adaptados ao sistema democrático.

Não é desconhecido de ninguém a atuação política intensa no sentido de que fosse conferida à Polícia Judiciária a similaridade em termos de carreira com o Ministério Público. Essa disputa corporativista que havia, e ainda permanece em órgãos de classe policiais, era mais intensa duas décadas atrás, com a polícia querendo a exclusividade e o Ministério Público querendo esse mesmo poder investigatório-criminal.

Entretanto, a proposta de criação constitucional do Ministério Público brasileiro, seja pelo ineditismo da sua inserção em um capítulo próprio e seu conjunto de poderes para atuar na defesa da sociedade, deveria ser dotada de princípios e garantias aos seus membros no sentido de utilizar as ferramentas legais de maneira independente. Isso rechaçou a ideia de equiparação das carreiras. Foi além o constituinte ao inserir uma fiscalização na carreira da polícia por meio de um controle externo, exercido justamente pelo Ministério Público.

Se hoje é impossível imaginar uma instituição sem controle externo, na época a novidade não foi bem acolhida e a reação ficou mais evidente nas entidades de classe do que nos integrantes da carreira policial, fazendo brotar a pertinente luta no sentido de ser reconhecida a exclusividade do poder investigatório por meio de reformas legislativas, ao tempo em que eram apresentadas propostas no sentido de uma equivalência de atuação, e até reflexos salariais. O tema virou febre entre os juristas simpáticos a ambas as carreiras, com debates que perduram até hoje, apesar da decisão do Supremo Tribunal Federal que sepultou definitivamente o sonho exclusivista da investigação criminal.

O órgão de controle externo da instituição, o Conselho Nacional do Ministério Público, antes mesmo de alguma proposta legislativa concreta ou decisão do Supremo Tribunal Federal sobre a constitucionalidade da investigação criminal, editou a Resolução nº 13, em outubro de 2006, disciplinando a forma de atuação dos seus membros na atividade investigatória. Em que pese as críticas pontuais sobre sua inconstitucionalidade, com alegação de afronta ao legislador, pois contém normas de caráter processual, a resolução tem caráter infralegal[5] e trouxe grandes avanços, demarcando a linha de atuação com cautela e impondo responsabilidades no seu exercício.

Voltando à luta classista dos policiais civis muito bem organizada dentro do Congresso Nacional, inclusive com a eleição de vários integrantes da carreira e entusiastas, esta foi recebendo adeptos à vedação da atuação do Ministério Público na investigação criminal, na mesma proporção em que cresciam os números de ações penais com conjunto probatório mais robusto, ajuizadas contra políticos e poderosos, culminando com a apresentação de uma Proposta de Emenda Constitucional (PEC nº 37/2011) que sugeria a inclusão de um novo parágrafo ao artigo 144 da Constituição Federal, que trata da segurança pública. O item adicional traria a seguinte redação: "A apuração das infrações penais de que tratam os §§ 1º e 4º deste artigo, incumbem privativamente às polícias federal e civis dos Estados e do Distrito Federal, respectivamente".

A antipatia às investigações pelo Ministério Público em relação a fatos típicos praticados por parlamentares e pessoas influentes, rotuladas de "colarinho branco" era tão intensa e publicamente declarada por seus adeptos na Câmara dos Deputados que a imprensa contava os poucos votos contrários à rejeição da PEC nº 37/2011. O fato que era praticamente consumado, sua aprovação, sofreu uma reviravolta extraordinária, com o povo indo às ruas protestando contra "a PEC da impunidade" em praticamente todas as cidades do país, culminando com passeatas reunindo milhões de pessoas às vésperas da votação.

Mais uma vez, a parceria do Ministério Público com a população destinatária de sua atuação prevaleceu e no dia 25 de junho de 2013, uma terça-feira posterior à maior concentração de pessoas protestando contra a PEC nº 37/2011 no fim de semana, a proposta foi rejeitada pelo plenário da Câmara dos Deputados, com 430 votos contrários e 9 favoráveis, além de duas abstenções.

A sociedade extirpou essa ameaça, evidentemente contrariando um nicho parlamentar com antigos e sólidos interesses em enfraquecer a atuação do Ministério Público em juízo, mas ainda faltava uma resposta jurídica adequada. E ela veio.

Quase dois anos depois, em 14 de maio de 2015, o plenário do Supremo Tribunal Federal concluiu o julgamento do Recurso Extraordinário 593.727, com repercussão geral, que questionava ofensa à Constituição Federal o recebimento de denúncia cujo procedimento investigatório criminal foi realizado pelo Ministério Público. Por maioria dos votos, os ministros entenderam que a instituição tem competência constitucional para promover investigação de natureza penal, ressalvadas as hipóteses de reserva constitucional de jurisdição e respeitados os direitos e garantias que assistem a qualquer pessoa sob investigação do Estado.

Essa decisão foi a pá de cal nesse entendimento, indicando o caminho mais correto em prol da sociedade no combate à criminalidade: a atuação integrada das instituições.

Aqui termina o passeio à história que nos remete ao repensar como mudar para enfrentar o maior desafio estatal e social contemporâneo: a criminalidade organizada, cujas características principais são a estrutura hierárquica com vários níveis, profissionalismo, divisão de tarefas, diversificação de atividades, restrição de membros, envolvimento de agentes públicos, busca incessante de dinheiro e poder, além do emprego da lavagem do dinheiro criminoso. Esse fenômeno, que não é privilégio do Brasil, se espalhou pelo mundo e nessa tarefa árdua para combatê-lo não podemos nos esquecer da dificuldade intransponível do agente público investigador não dotado de inamovibilidade[6] quando o alvo são pessoas de imensos recursos econômicos ou influentes nos poderes da República.

Em conformação institucional, apesar do Ministério Público brasileiro não encontrar similar, esse poder de investigar e coordenar essa atividade foi recepcionado entre os grandes países reconhecidos no combate à criminalidade, principalmente a organizada. Assim é nos Estados Unidos, onde o Ministério Público conta com a prerrogativa de comandar o andamento das investigações, orientando o trabalho policial, que será realizado de acordo com os interesses do Parquet. No México, desde 2008, também o Ministério Público investiga e conduz.

Na América do Sul o Ministério Público chileno tem três atribuições principais: a direção exclusiva da investigação dos fatos delituosos, o exercício da ação penal pública e a proteção de vítimas e testemunhas. Na Argentina, desde 2014, o novo Código de Processo Penal adotou um modelo com características do sistema acusatório e atribuiu ao Ministério Público a possibilidade de realizar diretamente a investigação preliminar. O Uruguai lhe outorgou a atribuição ao MP de exercitar a ação penal pública e de praticar todas as diligências necessárias ao êxito da investigação, bem como dirigi-las e controlar a ação policial. No Peru, o Código de Processo Penal lhe confere a competência de dirigir investigação dos delitos e promover a ação penal pública.

A maioria dos países da Europa também outorgam ao Ministério Público os poderes de investigar, coordenar e conduzir as investigações criminais. Na França, a responsável é a Polícia Judiciária. Em Portugal a polícia está inserida como seu órgão auxiliar, tal qual na Espanha. Na Alemanha, a polícia fica a seu comando. Na Itália, desde 1988 a polícia trabalha de acordo com a coordenação do Juiz-Promotor, vinculada orgânica e funcionalmente ao Ministério Público. Já na Bélgica, o Ministério Público fiscaliza e dirige o trabalho policial.

É fundamental haver comprometimento da Polícia Judiciária em fornecer os subsídios necessários à ação penal, conforme as indicações do seu titular. A maioria das ações propostas têm como base o inquérito policial, e por isso sua direção e coordenação pelo órgão ministerial não pode ser vista como uma forma de enfraquecimento da polícia. Ao contrário, unidos nesse propósito, com profissionalismo e inteligência, sem hierarquia, de forma harmônica, ao priorizar a produção de provas necessárias para a formação de sua *opinio delicti*, ante a exclusividade para propor a ação penal, o trabalho policial fica mais prestigiado, mais forte e distante de possíveis pressões políticas.

A proteção dos vulneráveis e a Defensoria Pública

Pedro Paulo Lourival Carriello
Renato Campos Pinto De Vitto

A prestação da assistência jurídica aos necessitados por um órgão específico e autônomo como a Defensoria Pública é uma característica do regime constitucional brasileiro que parece desafiar a lógica do mercado. Sobretudo diante das críticas ao custo financeiro do sistema de Justiça que abocanha uma parcela considerável de nosso produto interno bruto, a aposta em uma política pública voltada a coordenar e executar a defesa judicial e extrajudicial do enorme contingente de necessitados no país é, sem dúvida alguma, uma aposta arrojada.

Como explicar que o Brasil tenha um regime jurídico constitucional considerado modelo para a América no que diz respeito à prestação da assistência jurídica? Quais elementos incidiram nesse formato? Como podemos analisar a aposta de fortalecimento da Defensoria Pública no Brasil?

São essas as questões que abordaremos neste artigo. Para tal, iremos nos valer do resgate do desenvolvimento histórico do perfil constitucional da Defensoria Pública no Brasil, enfatizando quais ações e medidas foram impulsionadas, a partir do processo de reforma do Judiciário iniciado no ano de 2003, e de que modo podem ser analisados os esforços de expansão e aprimoramento da instituição.

* * *

Com o desenvolvimento da noção de direitos sociais, consagra-se a ideia de que não basta ao Estado conferir direitos aos cidadãos e determinar um campo de liberdades individuais que não pode ser violado. É também necessário disponibilizar instrumentos para sua garantia. Daí surge a noção dos direitos sociais, ou direitos de igualdade, que complementam as liberdades públicas e buscam o do Estado para que esses direitos sejam efetivamente garantidos a todos.

Neste contexto, o acesso à Justiça firma-se como um direito de primeira grandeza no campo dos direitos fundamentais, um verdadeiro direito a ter direitos. E um dos principais veículos do acesso à Justiça são os serviços de assistência judiciária, que passaram a ser regulados a partir do século XIX na França e se espraiaram pela Europa Ocidental e pelo mundo a partir do século XX. Entre os diversos modelos de prestação da assistência judiciária, destaca-se o modelo privado, pelo qual o Estado remunera advogados privados para atuarem a favor dos necessitados em cada processo específico, mediante remuneração. Este se contrapõe ao modelo público de defensores oficiais que integram um quadro de servidores públicos selecionados, capacitados e dedicados com exclusividade à prestação ao atendimento dos vulneráveis. O modelo público traria a grande vantagem de permitir a especialização de quadros concursados em direitos e questões que afligem seu público-alvo, possibilitando uma atuação extrajudicial e que não se limitaria a cada processo judicial. Tal arranjo geraria uma economia de escala em relação à produtividade, mas, sobretudo, a uma atuação coordenada e mais qualificada que transcenderia a dimensão individual dos problemas levados aos tribunais, garantindo que a instituição passe a desempenhar um papel relevante no debate legislativo e na produção jurisprudencial dos Tribunais.

No Brasil, a Constituição de 1934, que vigorou por apenas três anos, previu a prestação de assistência judiciária a partir de órgãos especialmente criados pelos estados para essa finalidade. Após mais de meio século e duas ditaduras, a Constituição de 1988 retomou o projeto de implantação do modelo público de prestação de assistência jurídica, integral e gratuita para os necessitados.

Até a década de 1980, no Brasil conviviam modelos distintos de instituições já denominadas Defensorias Públicas com estruturas de advogados de ofício e órgãos como as Procuradorias de Assistência Judiciária. De todo modo, em larga parcela do território brasileiro, a atuação em prol da população necessitada era um verdadeiro favor prestado pelos advogados privados que tinham o dever ético de atender a casos envolvendo pessoas pobres que eram processadas. No campo cível e extrajudicial, quem não tivesse condições de custear os honorários de um advogado simplesmente não dispunha de um canal para levar sua demanda ao Poder Judiciário.

A Constituição de 1988, atendendo a uma das emendas populares com maior adesão, estabeleceu o modelo a ser adotado e impulsionou a criação de Defensorias na maior parte do país. No começo dos anos 2000, mesmo com todos os esforços voltados à estruturação da Defensoria, a atuação era, de forma geral, precária; a remuneração dos defensores era extremamente baixa, se comparada com a das demais carreiras de Justiça; e a atuação resumia-se basicamente às capitais. Seis estados da Federação (São Paulo, Paraná, Santa Catarina, Goiás, Rio Grande do Norte e Amapá) ainda resistiam à instalação da Defensoria Pública. Entretanto, a partir do processo de reforma do Judiciário, essa história tomaria um novo rumo.

A reforma do Judiciário no Brasil

No início de 2003, o país respirava esperança. Um projeto político comprometido com a redução das desigualdades sociais assumia o comando do Governo Federal. Economia solidária, reforma agrária, um novo ministério especialmente criado para tratar da reforma urbana e do direito à cidade e o mais ousado projeto de distribuição de renda já experimentado na América Latina tomavam o centro da agenda de reformas. Os espaços de Brasília eram tomados por gente jovem e idealista que contrastava com a sisudez e a dureza do concreto da capital federal. Muito haveria por fazer para se minimizar os efeitos de uma história de profunda desigualdade, ancorada na exploração do trabalho escravo, no patrimonialismo e no oficialismo.

Naquele momento, algo potente verberou nos sinos da Justiça a partir do pronunciamento do presidente Lula que dizia que a caixa-preta do Judiciário deveria ser aberta.[1] O discurso trazia a necessidade de controle externo do Poder Judiciário, pauta vista como central pelo então Ministro da Justiça, Márcio Thomaz Bastos, que instalou, sob protestos de magistrados e do Ministério Público, a Secretaria de Reforma do Judiciário para impulsionar medidas voltadas à construção de uma Justiça mais célere, eficaz, previsível e acessível. O secretário de Reforma do Judiciário, Sérgio Rabello Tamm Renault, que tinha prestado relevante consultoria ao Banco Mundial sobre o Poder Judiciário brasileiro, deu forma ao projeto de modernização e aprimoramento das estruturas de Justiça, que tinha por passo inicial uma reforma constitucional, concebida a partir de proposta que já tramitava no Congresso Nacional desde 1992. Na definição dos pontos prioritários da reforma constitucional, estava a criação do Conselho Nacional de Justiça, a instituição da súmula vinculante — um mecanismo constitucional de uniformização da jurisprudência —, entre outros, que analisava o dispositivo que concedia autonomias funcional, administrativa e orçamentária para as Defensorias Públicas estaduais, como já ocorria no Ministério Público, a fim de alavancar sua estruturação. Somente a presença de um grande advogado criminalista como ministro da Justiça e de um conselheiro e chefe de gabinete com o humanismo de Sérgio Sérvulo da Cunha garantiu a compreensão da relevância da valorização de um projeto ousado de defesa pública em um contexto em que o excesso de autonomias de instituições de Justiça reclamava a formulação de controles. E assim foi feito, consagrando-se a Defensoria como instituição autônoma na Emenda Constitucional nº 45/2004.

Em São Paulo, onde funcionava um serviço semelhante instalado há meio século dentro da Procuradoria do Estado, houve uma grande pressão dos movimentos sociais de defesa dos direitos humanos para a adaptação ao modelo da Constituição, culminando na elaboração de um projeto ousado para a instituição. Este previa um arejamento democrático interno e a abertura à participação e ao controle social, a partir da criação de ouvidorias externas e de um processo de conferências envolvendo a sociedade civil para a definição das prioridades e diretrizes de atuação institucional. As ideias forjadas no movimento pela criação da Defensoria Pública de São Paulo inspiravam-se na crítica ao modelo tradicional das instituições de Justiça. As ideias serviram de base para a revisão da lei orgânica nacional da instituição, encampada pelo jovem secretário Pierpaolo Bottini. Mas, de acordo com o diagnóstico da Defensoria Pública no Brasil, concebido pela pesquisadora e professora Maria Tereza Sadek,[2] muito haveria para se fazer para aprimorar o acesso à Justiça por meio da Defensoria Pública no país.

A nova Defensoria Pública brasileira

A concessão de autonomias à Defensoria Pública no Brasil constituiu um verdadeiro ponto de virada no processo histórico de sua estruturação. Embora ainda careça de recursos humanos em significativa parcela das regiões brasileiras, o sistema de Justiça, historicamente fechado e pautado pelos interesses das elites, passou a contar com um novo ator que tinha por missão vocalizar as demandas dos vulneráveis.

No campo criminal, a Defensoria tem desafiado a máxima de que os Tribunais estão fechados para os pobres, ao obter vitórias expressivas e alavancar mudanças relevantes na jurisprudência, trazendo um enfoque marcado pela constatação de que o encarceramento em massa atinge de forma mais dramática os jovens negros e periféricos.

As principais demandas constitucionais que tratam de temas caros à construção de um processo penal democrático debatidos nos últimos anos no país contaram com a participação da Defensoria, como a audiência de custódia, o juízo de garantia, a questão da descriminalização e da regulação das drogas, o controle sobre a letalidade policial e a humanização do sistema carcerário. Nesse sentido, a reivindicação de banho de sol para os presos e de chuveiro quente nas unidades situadas em regiões frias do país e a proibição da revista vexatória com desnudamento das mulheres visitantes de presídios passaram a disputar espaço na pauta dos ministros com mais vigor a partir do fortalecimento da Defensoria.

No Supremo Tribunal Federal, a Defensoria uniu forças com entidades de defesa dos direitos humanos e com a Ordem dos Advogados do Brasil no recente julgamento da questão da prisão em segundo grau e da presunção de inocência. A Defensoria teve ainda participação ativa no primeiro *habeas corpus* de natureza coletiva a ser concedido pelo STF, impetrado pelo Coletivo de Advocacia em Direitos Humanos para beneficiar as mães, as lactantes e as parturientes privadas de liberdade.

Entre as diversas ações da Defensoria acolhidas no Superior Tribunal de Justiça, vale destacar, com o risco de esquecer outras importantes iniciativas, a ordem de proibição de busca e apreensão coletiva nas comunidades do Rio de Janeiro, a ilicitude da condenação por reconhecimento fotográfico, a proibição de violação de domicílio nas prisões por drogas e a extensão da ordem de substituição da pena privativa de liberdade em casos de tráfico privilegiado.

Essa atuação representa uma verdadeira ruptura com o mito da elitização dos Tribunais Superiores e traz ao debate um elemento novo, revelando o perfil de quem é verdadeiramente atingido pelas grandes decisões atinentes à política criminal no país.

No campo cível, a Defensoria é responsável por centenas de milhares de atendimentos individuais relativos a todas as questões que afligem a população pobre no país, incluindo benefícios previdenciários e assistenciais, direito de família, relações de consumo, direito à cidade e acesso à saúde e à educação.

Vale registrar que a legitimidade da Defensoria para ações coletivas foi questionada em 2010 pela Associação Nacional do Ministério Público, mas garantida na Ação Direta de Inconstitucionalidade nº 3.943-1, a partir de importante voto da ministra Cármen Lúcia. O saldo da atuação coletiva da Defensoria Pública parece, a despeito de equívocos pontuais, ter trazido benefícios sociais extensos e valiosos, garantindo o reconhecimento de direitos extremamente relevantes que envolvem um público que, provavelmente, não seria defendido no plano coletivo, como a população em situação de rua e os catadores de material reciclável, entre outros.

A Defensoria tem se firmado com um papel importante na discussão do direito à moradia, sendo reconhecida inclusive sua legitimação para atuar como *custus vulnerabilis* — um ator processual chamado a atuar em questões de presumida necessidade, como nos despejos coletivos. O órgão tem se credenciado como uma entidade comprometida efetivamente com os direitos humanos, buscando a afirmação da diversidade e combatendo a discriminação racial e de gênero e a defesa das minorias.

Vale mencionar, ainda, que a instituição tem sido laboratório e celeiro de experiências sobre conciliação, mediação e educação em direitos, embora muito ainda necessite ser feito nessa área.

Por fim, a análise de dados sobre sua atuação tem permitido a produção de informações valiosas e subsidiado a incidência do órgão não só no sistema de Justiça, mas também no debate legislativo com um novo ator. Um exemplo disso é o Código de Processo Civil recentemente editado e a resistência institucional, francamente contra majoritária, desempenhada de forma acertada e corajosa pela Defensoria do Rio de Janeiro em relação às chamadas "Dez medidas de combate à corrupção" em pleno ápice do assim chamado lava-jatismo. Dessa forma, a consagração de um novo ator institucional relevante no sistema de Justiça e na arena democrática parece ter oxigenado os Tribunais e outros ambientes de poder no país.

Evidentemente, nem tudo são flores. Com o fortalecimento da instituição e a expansão e a valorização remuneratória de seus membros, a Defensoria passou a viver o risco da captura pelo corporativismo. Em um contexto em que as carreiras jurídicas são a elite do funcionalismo público brasileiro, a luta por uma remuneração digna e equivalente à de magistrados e promotores traz um permanente perigo de cometimento de equívocos espelhados nos procedimentos de outros órgãos do sistema de Justiça. A sub-representação de negros nos quadros da Defensoria também precisa ser alterada, a despeito de esforços para a instalação dos sistemas de cotas na instituição.

A transparência e o aprimoramento dos sistemas de controle de produtividade e de qualidade da atuação, bem como a radical abertura para a participação social na definição de suas diretrizes institucionais, ainda são um desafio de primeira ordem.

A qualificação do diálogo com a OAB, com quem a Defensoria tem uma afinidade de missões, é uma necessidade que não pode ser relegada a segundo plano, assim como o aproveitamento dos estudantes de direito e bacharéis recém-formados na capilarização de um sistema de assistência jurídica que chegue aos rincões mais profundos do país com presteza e excelência.

Enfim, a recente história da instituição que é a irmã mais nova do sistema de Justiça está sendo escrita. Há inegáveis avanços registrados que devem servir de alento para se seguir adiante. Mas eles não podem ofuscar a magnitude do desafio da defesa dos vulneráveis no plano jurídico no país das desigualdades extremas.

O momento que vivemos é especialmente triste. O autoritarismo, o negacionismo científico e a testagem dos limites das instituições, aliados a uma agenda de demonização do serviço público, constituem um catalisador perverso do processo de corrosão dos valores democráticos.

O projeto genocida de nação que está em curso se alimenta de um histórico de violação de direitos e de discriminações que não tolera o que há de essencial na Defensoria Pública. O relevante encargo da defesa criminal, garantia essencial em toda democracia, é reduzido ao reprovável ato de se "defender bandido". Já a defesa dos direitos humanos dos excluídos, carentes de pão, trabalho, moradia e liberdade, é um estorvo para esse projeto.

No atual contexto, se a Defensoria Pública não tivesse sido blindada constitucionalmente com a garantia de independência funcional e autonomias institucionais, a chance de seu sucateamento ou seu amesquinhamento seria enorme. É fundamental, portanto, reconhecer a Defensoria Pública como uma aposta ousada na arquitetura das instituições brasileira. Uma conquista e um direito social do povo brasileiro, expressão e instrumento do regime democrático.

Sua atuação e sua convivência no ambiente das instituições públicas brasileiras parecem conferir um saldo positivo nas últimas duas décadas. E isso representa nada além de um dever da instituição que deve ser lembrado diuturnamente para os titulares da prestação desse serviço público em um país desigual como o Brasil.

A instituição não tem a caneta para julgar tampouco para acusar. Sua legitimidade é diretamente ligada ao nível de comprometimento com sua missão de representar e auxiliar na emancipação (jurídica ao menos) da população vulnerável. Por isso, deve estar aberta aos controles e aprimorar sua atuação, lutando por seu fortalecimento, mas sempre domando a força do dragão insaciável do corporativismo que opera em qualquer instituição pública.

Os desafios são permanentes e a instituição deve provar, sim, a cada dia que o impulso à sua expansão em um país com tantas carências vale a pena. Enfim, as defensoras e os defensores públicos brasileiros devem voltar suas atenções para o refrão que o poeta nos traz, lembrando o sentido da luta e da utopia por um país mais justo e menos desigual: é preciso estar atento e forte.

Advocacia Pública no Brasil

Grace Mendonça

Função essencial à Justiça, a advocacia pública materializa a representação judicial e extrajudicial dos atos emitidos pelos órgãos públicos e por seus agentes no exercício da função. Os interesses do Estado em toda a sua extensão encontram na advocacia pública fonte de orientação e de defesa, em uma engrenagem capaz de propiciar uma advocacia de Estado preventiva e contenciosa, em estrita consonância com os artigos 131 e 132 da Constituição da República de 1988.

A missão confiada pela Constituição à advocacia pública, nesse sentido, revela-se indispensável ao fortalecimento dos eixos estruturantes do Estado Democrático de Direito, na medida em que, por seu intermédio, são assegurados direitos fundamentais. Afinal, a relevância da representação do interesse público transpassa a própria razão da existência do Estado, cuja essência é voltada ao cidadão. Eis o nobre papel desempenhado por advogadas e advogados públicos!

Falar sobre o exercício da advocacia pública, dessa forma, significa discorrer acerca de uma das mais elevadas funções de Estado, cuja essencialidade perpassa o Sistema de Justiça e ampara a manutenção de políticas públicas em benefício de toda a coletividade.

Aspectos históricos

Antes da Constituição de 1988, o Ministério Público era a instituição responsável por promover a representação judicial da União,[1] compondo o conjunto de órgãos do Poder Judiciário em 1967, posteriormente incorporado ao Poder Executivo em 1969.

Se a defesa judicial dos interesses do Ente central ficava a cargo do Ministério Público, a consultoria e o assessoramento jurídicos da União era missão atribuída à Advocacia Consultiva da União, um órgão composto da Consultoria-Geral da República; da Procuradoria-Geral da Fazenda Nacional no Ministério da Fazenda; das Consultorias Jurídicas dos demais Ministérios, do Estado-maior das Forças Armadas, da Secretaria de Planejamento da Presidência da República e da Secretaria de Administração da Presidência da República; das Procuradorias-Gerais ou pelos Departamentos Jurídicos das autarquias; e dos órgãos jurídicos das empresas públicas, sociedades de economia mista, fundações sob supervisão ministerial e demais entidades controladas direta ou indiretamente pela União.[2]

Assim, sobre os pilares dessa da ordem constitucional pretérita, a Advocacia Consultiva da União era encarregada da atividade de consultoria e assessoramento no âmbito da Administração Pública, enquanto o Ministério Público desempenhava a representação dos interesses da União perante o Poder Judiciário.

Tal configuração, quase por decorrência lógica, não raras as vezes causava embaraços na atuação do Ministério Público quando em defesa da União, eis que o exercício de algumas de suas funções — a exemplo da proteção dos interesses difusos e coletivos —, entrava em rota de colisão com o dever, também constitucional que lhe era atribuído, de promover a representação em juízo dos interesses da União. Esse complexo dilema institucional, oriundo da concentração, em uma mesma Instituição de Estado, da competência para prover a defesa de interesses nem sempre coincidentes perante o Poder Judiciário, já revelava uma situação estrutural que necessitava ser equacionada.

Desse modo, o conjunto de atribuições confiadas ao Ministério Público gerava um impasse institucional, especialmente considerando o volume de ações em que os interesses da União não guardavam relação de sintonia com as demais atribuições próprias da Instituição. O cenário de descompasso na promoção da defesa em juízo, sem dúvida, necessitava de um aprimoramento do modelo, de maneira a assegurar a adequada proteção de ambos os interesses, por vezes, antagônicos.

O aperfeiçoamento do arranjo institucional veio com a Constituição de 1988, que inovou ao destacar a representação da União do rol de atribuições do Ministério Público confiando-a a uma nova instituição, criada precisamente para promover a representação judicial e extrajudicial da União, bem como para encarregar-se da consultoria e do assessoramento jurídico do Poder Executivo. Essa foi uma solução arrojada, que inseriu a Advocacia-Geral da União no ordenamento jurídico nacional, dando-lhe estatura constitucional e às Procuradorias dos estados e do Distrito Federal.

A Advocacia Pública na atualidade

O novo modelo adotado pela Constituição de 1988 revelou-se capaz de equilibrar competências e atribuições institucionais, removendo os impasses experimentados pelo Ministério Público decorrentes da duplicidade de papéis até então assumidos. Para eliminar qualquer dúvida em torno de sua escolha, ficou expressamente proibido que o Ministério Público representasse judicialmente e oferecesse consultoria jurídica a entidades públicas, missão agora depositada nas mãos da Advocacia-Geral da União

Instituição relevante para o sistema de Justiça brasileiro, a Advocacia-Geral da União encontra-se prevista no título IV, "Da organização dos poderes", capítulo IV "Das funções essenciais à Justiça", na seção II "Da Advocacia Pública". O enquadramento da Advocacia-Geral da União como função essencial à Justiça, juntamente ao Ministério Público, à Defensoria Pública e à advocacia, revela sua posição destacada frente aos demais Poderes da República.

Compete-lhe, dessa forma, a representação judicial e extrajudicial da União, bem como o exercício de atividades de consultoria e assessoramento jurídico do *Poder Executivo*.[3] Nesse contexto, a Constituição incluiu uma nítida distinção entre as atuações contenciosa e consultiva da entidade, com frentes de trabalho bem definidas: na perspectiva judicial, compete-lhe a defesa da *União* e, por decorrência lógica, dos três Poderes da República — e não somente os interesses do Poder Executivo —, razão pela qual os atos do Poder Legislativo e do Poder Judiciário também encontram na entidade uma estrutura apta a promover-lhes a adequada representação; e, na perspectiva consultiva, cabe-lhe o assessoramento apenas ao *Poder Executivo*, sem avanço nas atividades consultivas próprias dos demais Poderes.

Tal configuração revela a identidade da Advocacia-Geral da União como uma instituição voltada a exercer uma advocacia de Estado e não de governo, na medida em que está encarregada de desempenhar a representação judicial dos três Poderes da República.

Quanto à advocacia pública no âmbito dos Estados e do Distrito Federal, a Constituição igualmente destacou o papel das Procuradorias na promoção da defesa em juízo dos interesses das respectivas unidades federativas. A organização e o funcionamento das Procuradorias dos estados e do Distrito Federal encontram-se previstas nas legislações específicas dos respectivos entes[4] da Federação.

Por sua vez, as Procuradorias dos municípios também detêm a missão de representar os interesses dos correspondentes elementos e unidades naqueles limites municipais que disponham de um procurador. Muito embora as Procuradorias Municipais não constem expressamente da Constituição de 1988 e a jurisprudência do Supremo Tribunal Federal seja firme no sentido de não haver previsão constitucional de *obrigação* aos municípios de criação de órgãos da advocacia pública,[5] o Plenário da Corte Suprema fixou um entendimento de que o artigo 132 se estenderia também aos procuradores dos municípios.[6]

É importante reiterar que as instituições consideradas funções essenciais à Justiça integram a estrutura organizacional do Estado, mas não compõem qualquer um dos Poderes da República. Assim, a advocacia pública não se encontra inserida na estrutura do Poder Executivo e com ele não se confunde.

Advocacia de Estado

No exercício de sua missão de prover a representação judicial e extrajudicial das instituições públicas, merece destaque a essência do trabalho desempenhado pela advocacia pública e que impulsiona cotidianamente seus membros: a defesa de políticas públicas concretizadoras de direitos fundamentais.

Seja na atividade consultiva, com amparo nas quais as políticas públicas são concebidas, seja na atividade contenciosa, mediante um responsável e combativo trabalho nos milhares de processos judiciais em que atua, a advocacia pública apresenta-se verdadeiramente como uma função essencial à Justiça.

O procedimento administrativo de elaboração de políticas públicas pelo Poder Executivo é acompanhado de perto pelos membros da Advocacia Pública, os quais, no desempenho da atividade consultiva, orientam as autoridades administrativas na tomada de decisões de modo a assegurar que a composição, a estrutura e a execução de tais políticas estejam em estrita conformidade com os comandos constitucionais e legais.

Noutro passo, quando tais políticas são objeto de questionamentos judiciais, os advogados públicos engajam-se na melhor defesa a ser apresentada em juízo. São incontáveis os atos, medidas e políticas estatais que avançam no percurso orientado pela Constituição e que são objeto de questionamentos perante o Poder Judiciário brasileiro. Tais demandas vão encontrar no corpo de advogados públicos a robustez técnica necessária para a defesa adequada.

Em âmbito federal, inclusive, a Constituição confere uma posição peculiar na análise de constitucionalidade de lei ou ato normativo ao advogado-geral da União, confiando-lhe a defesa da norma quando for objeto de impugnação. A missão pode ser mitigada apenas se houver precedentes do STF firmados no sentido da incompatibilidade vertical do ato normativo objeto de questionamento com a Constituição.[7]

Ao dar essa roupagem, a Constituição manifesta sua vontade de alçar a advocacia pública a uma advocacia comprometida com o Estado, e não com as oscilações dos governos. Uma atuação sob o estandarte da Constituição não se deixa levar pelas volubilidades dos governos, circunstância que revela o quão é importante para os membros da advocacia pública saber dizer NÃO quando autoridades públicas avançam rumo a direções contrárias aos trilhos fundados pela Constituição.

Aliás, é dever institucional do advogado público apontar as rotas juridicamente sustentáveis, sempre à luz dos alicerces constitucionais. É um valor incomensurável também para o gestor público saber que pode contar com o adequado assessoramento jurídico, não somente para a elaboração de políticas públicas em consonância com a Constituição e às necessidades sociais, como também para elidir eventuais responsabilizações pelos atos praticados.

Comprometer-se com a instituição e com a missão constitucional que lhes foi atribuída implica vigilância contínua e comunicação clara de advogados públicos quando atos, medidas e políticas de governo percorrem caminhos opostos aos dispostos pela lei. Pode aparentar um desafio complexo, porém é pela perseverança no agir segundo sua identidade — de advocacia de Estado e não de governo — que se fortalece uma instituição e que se consolida seu papel, favorecendo o reconhecimento de seu valor por toda a coletividade.

Digna de registro, ainda, é a aptidão da advocacia pública no processo de aprimoramento do sistema de Justiça, mediante a adoção de postura que dialogue não apenas com representantes das demais entidades de Estado, como também com os particulares. Uma atuação colaborativa é capaz de abrandar os níveis elevados de litigiosidade que acometem o Poder Judiciário brasileiro, os quais acabam por comprometer a celeridade na entrega da prestação jurisdicional. Incrementar os mecanismos alternativos de solução de conflitos incorporados no ordenamento jurídico nacional, desenvolvendo habilidades próprias de construção de vias de entendimento, produz impactos positivos para todo o sistema.

As melhores soluções, indiscutivelmente, são aquelas resultantes do diálogo e do entendimento, e a advocacia pública tem a vocação de fazer a diferença nesse contexto, em uma política de atuação conciliatória que reconheça a força dos precedentes e dos entendimentos firmados no âmbito da Suprema Corte e dos Tribunais Superiores. Esse viés de atuação da advocacia pública prestigia a segurança jurídica, eliminando contendas e evitando que novas ações ingressem no sistema de Justiça.

Empenhar-se por um sistema de Justiça ágil é missão de todos os atores nele envolvidos e essência da Constituição ao assegurar a todos, em âmbito judicial e administrativo, a razoável duração do processo e os meios que garantam a celeridade de sua tramitação.[8] A diretriz ganha contornos diferenciados para a Advocacia Pública, por estar envolvida na maior parcela de litígios em curso no Poder Judiciário brasileiro.

Homenagear a vontade expressa na Constituição da República implica fortalecer os eixos estruturantes do Estado Democrático de Direito. É o que se espera de uma advocacia pública conectada com as bases constitucionais.

Advocacia e Justiça no Brasil

Felipe de Santa Cruz Oliveira Scaletsky

A história ensina que a garantia da defesa é o primeiro escudo no combate às arbitrariedades estatais e aos abusos, das mais diversas formas, contra os direitos e a dignidade humana e, por sua posição de elevada centralidade, é um dos fundamentos do Estado de Direito.

Sem defesa, não há justiça; tampouco respeito ao cidadão. O processo legal e a presunção de inocência devem nortear a convivência civilizada em uma sociedade democrática, com a proteção do ser humano contra o uso arbitrário do poder.

O direito de defesa é, pois, o baluarte do Estado Democrático de Direito, a missão do advogado e o horizonte a ser perseguido e tutelado incessantemente para a resolução pacífica dos conflitos e a realização de uma ordem jurídica justa, que promova a dignidade e os direitos dos cidadãos.

Ciente dessa atuação, a Constituição da República Federativa do Brasil de 1988, em seu artigo 133, reconheceu à advocacia o dever público de função indispensável à administração da Justiça, garantindo sua inviolabilidade por atos e manifestações no exercício da profissão.

Por esse motivo, a advocacia privada brasileira tem caminhado sempre em parceria com o Poder Judiciário, que tem sido cada vez mais demandado pela sociedade civil. A crise sanitária causada pela epidemia de covid-19, por exemplo, evidenciou o papel essencial da Suprema Corte para a resolução de conflitos sociais.

Junto a isso, acompanhamos com grande preocupação os ataques sofridos pelas instituições democráticas de nosso país. As ameaças destinadas ao Poder Judiciário resultam de posturas autoritárias que negam o Estado Democrático de Direito e revelam os resquícios de um passado tenebroso que solapou as liberdades públicas e deixou marcas profundas no tecido social brasileiro.

Nesse período difícil da história, a atuação da Ordem dos Advogados do Brasil sempre será "anfíbia": com um pé dentro e um pé para fora de si mesma, isto é, pauta o cotidiano da sociedade civil e suas demandas vitais, bem como defende, sobretudo, as pautas de sua prestigiosa classe, cuja atuação é, de maneira indissociável, dependente do que se passa na vida das pessoas.

A Constituição de 1988 e o papel da advocacia no processo de redemocratização do Brasil

Ao longo de nove décadas, a Ordem dos Advogados do Brasil protagonizou momentos marcantes da história nacional: duas constituintes, o combate à ditadura militar e as Diretas Já, entre outras grandes questões. Demos voz aos anseios da sociedade pela redemocratização e por uma nova Constituição Federal.

A democracia não é um elemento natural da sociedade. Ela é resultado de um processo contínuo de luta pela dignidade humana.[1] Aprendemos a duras penas, com o custo de vidas, que nenhum direito está imune a violações abusivas e a práticas arbitrárias. Por isso, a atuação dos advogados e da OAB será sempre um atributo básico e fundamental em qualquer democracia.

Nesse sentido, faz-se necessário resgatarmos, brevemente, o histórico de atuação da advocacia durante a ditadura militar. É essencial que tenhamos em mente a trajetória de lutas da OAB para que nosso papel na sociedade não seja distorcido; precisamos manter a firmeza dos que nos antecederam e responder à altura contra os arbítrios cometidos por governos autoritários que visam a cercear as liberdades públicas dos cidadãos brasileiros.

Ainda em 1964, diversos advogados tiveram seus direitos políticos cassados pelo governo militar. Em resposta, o Conselho Federal da OAB decidiu que seus filiados poderiam continuar exercendo a profissão, invalidando, assim, as interferências autoritárias.[2]

A contínua repressão aos adversários políticos do governo fez com que a advocacia intensificasse os trabalhos em torno da defesa de seus clientes. Contudo, com a supressão do *habeas corpus* para crimes políticos pelo AI-5, a advocacia usou de criatividade para lidar com os processos. Inúmeras vidas foram salvas por advogados que ousaram utilizar estratégias não previstas em lei.[3]

A partir de 1968, vários advogados foram presos, o que levou a entidade de classe a engajar-se contra o regime. As principais vítimas da ditadura eram os advogados criminalistas, responsáveis pela defesa dos presos políticos. Esses profissionais do direito tinham a difícil missão de fazer uso do próprio aparato jurídico do regime militar nas defesas de seus clientes: "A advocacia-arte, portanto, envolveu o conhecimento dos mecanismos legais empregados pelo regime de exceção para torná-los uma ferramenta de combate à própria arbitrariedade do Estado".[4]

Durante esse período sombrio, o então presidente do Conselho Federal da OAB, Raymundo Faoro, atuou, destemidamente, em favor da redemocratização e do restabelecimento das garantias civilizacionais, como o *habeas corpus*. Sua gestão marca o início efetivo do processo de reabertura política no país.

A OAB passou a exigir o retorno do *habeas corpus*; a reivindicar uma Assembleia Constituinte e a firmar posicionamentos em torno da defesa das liberdades civis e da anistia política. Desse modo, tivemos participação direta no processo que conduziu à elaboração e à promulgação da Constituição da República. De um lado, houve a ação individual ou coordenada de profissionais de advocacia na defesa de presos políticos, por exemplo. De outro, houve a atuação institucional da Ordem.

A criminalização da violação das prerrogativas e o direito de defesa como baluarte do Estado Democrático de Direito

A advocacia é, por sua natureza, combativa. Constitui um serviço público e uma função social ao atuar na defesa dos direitos do cidadão. Seu pleno desempenho é do interesse de toda a sociedade, razão por que a lei assegura aos advogados um amplo conjunto de garantias destinadas à salvaguarda de seu ofício.

Tendo em vista essas premissas fundamentais, constata-se que as prerrogativas asseguradas à advocacia na legislação não foram instituídas para favorecer aqueles que exercem esse honroso ofício, mas, sim, para resguardar a sociedade e o próprio Estado Democrático de Direito.

As prerrogativas do advogado são garantias ao cidadão. Tornam-se imprescindíveis para o amparo de preceitos jurídicos elementares — como a ampla defesa, o contraditório, o devido processo legal e a presunção de inocência —, sem os quais não se pode falar de acesso à Justiça. Ao atuar de acordo com a observância das prerrogativas da advocacia, a OAB age, principalmente, para combater o arbítrio e promover a cidadania e os valores democráticos.

Ao serem regidas pelo interesse público, as funções do advogado constituem elementos imprescindíveis para a concretização dos ditames da Justiça e da Constituição.[5] Relacionam-se diretamente com o fortalecimento da cidadania e do acesso à Justiça, o qual é premissa elementar para a justiça social e constitui requisito fundamental do Estado Democrático de Direito. As prerrogativas do advogado constituem, portanto, meios eficazes de garantia da ampla defesa, do contraditório, do devido processo legal e da presunção de inocência.

Por acesso à Justiça, entende-se como "o sistema pelo qual as pessoas podem reivindicar seus direitos e/ou resolver seus litígios sob os auspícios do Estado".[6] As primeiras noções de acesso à Justiça reforçaram a essencialidade histórica da figura do advogado, o que é previsto no artigo 5º da Constituição Federal de 1988, que diz: "A lei não excluirá da apreciação do Poder Judiciário lesão ou ameaça de direito", o qual caminha de mãos dadas com a função social da advocacia brasileira.

O auxílio de um advogado é essencial para o acesso à Justiça, haja vista a necessidade de "decifrar leis cada vez mais complexas e procedimentos misteriosos, necessários para ajuizar uma causa".[7] Desse modo, toda iniciativa que assegura as prerrogativas profissionais da advocacia é uma conquista da própria cidadania brasileira, cujos direitos fundamentais são resguardados ante arbítrios e ilegalidades.

Segundo Rui Barbosa, "o primeiro advogado foi o primeiro homem que, com a influência da razão e da palavra, defendeu os seus semelhantes contra a injustiça, a violência e a fraude".[8] O jurista reforça o papel da advocacia enquanto instrumento primordial para a proteção dos interesses da sociedade.

Consagrada no artigo 133 da Constituição da República como "indispensável à administração da Justiça", a advocacia representa um dos alicerces do Estado Democrático de Direito. Em sentido semelhante, segundo a Lei nº 8.906/1994, "no seu ministério privado, o advogado presta serviço público e exerce função social".

A história da OAB confunde-se com a própria luta da sociedade pela conquista e pela aplicação de garantias elementares. A existência de uma entidade independente foi imprescindível — e permanece sendo — à defesa de direitos fundamentais. Ao longo de nove décadas, foram inúmeras iniciativas e vitórias no que diz respeito à dignidade profissional no exercício da advocacia.

Uma das manifestações mais evidentes desse compromisso é o incansável trabalho realizado pela Comissão Nacional de Defesa das Prerrogativas e Valorização da Advocacia e da Procuradoria Nacional das Prerrogativas, bem como dos órgãos análogos nos Conselhos Seccionais da Ordem.

Como parte indispensável ao sistema de Justiça, a advocacia brasileira deve manter estreita relação com os cidadãos, a fim de assegurar-lhes o acesso à Justiça. Como nos ensinam os membros honorários vitalícios do Conselho Federal da OAB Cezar Britto e Marcus Vinicius Furtado Coêlho:

> O diploma legal, corolário do direito de defesa e decorrência do Estado de Direito, proclama a liberdade do cidadão de se defender diante do autoritarismo, da arrogância, da perseguição, da má-fé, da incompetência ou do simples erro do Estado. Afirma a prevalência dos direitos humanos em oposição ao discurso da intolerância.[9]

O exercício desimpedido da advocacia é um instrumento primordial para preservar o Estado Democrático de Direito, evitando o abandono deste e, consequentemente, o autoritarismo estatal. A valorização da advocacia implica, necessariamente, o fortalecimento da cidadania de acordo com a Constituição. Por meio do trabalho dos advogados, os cidadãos podem obter auxílio especializado para pleitear seus direitos e contrapor-se a quaisquer ameaças ou violações ao ordenamento jurídico.

Esse é o entendimento corroborado pelas mais altas cortes nacionais, como o Superior Tribunal de Justiça, mas, também, tem sido reforçado pelo Legislativo. A aprovação no Congresso Nacional da Lei de Abuso de Autoridade representou um grande avanço para enfrentar e coibir esse cotidiano de arbitrariedades. A lei anterior datava de 1965 e, evidentemente, necessitava de atualização. A nova lei, na forma aprovada no Congresso, inclui um tema especialmente importante para a advocacia e a garantia do direito de defesa do cidadão: a criminalização da violação das prerrogativas do advogado.

A proposta aprovada pelo Congresso Nacional vale para todas as autoridades, seja do Judiciário, do Executivo ou do Legislativo, e significa a subordinação de todos, inclusive dos mais poderosos, ao império da lei. Trata-se, portanto, de preservar e garantir o direito do cidadão, diante de eventual abuso da força por um agente do Estado.

Em seu artigo 43, a Lei nº 13.869/2019 trata-se de uma conquista histórica para a advocacia. Fruto do trabalho conjunto do Conselho Federal e das 27 Seccionais espalhadas em todo o país, que muito se empenharam para tornar realidade esta demanda histórica da advocacia. De modo geral, essa conquista redirecionou a história do país, pois foi capaz de nomear e criminalizar o "ponto cego" da sociedade brasileira: o autoritarismo estatal, que sempre impôs sofrimento ao povo brasileiro e, até o momento, permanecia inaudível para o direito. Conseguimos dar um passo civilizatório importante em direção à efetiva cidadania brasileira e, finalmente, munimos o povo com um instrumento jurídico eficiente para restituir a Justiça no Brasil.

Para a advocacia, trata-se de uma conquista que revela a concretude do respeito ao preceito constitucional que garante a indispensabilidade do advogado. Devemos sempre lembrar que a motivação de nossa luta pelo fortalecimento da profissão encontra respaldo no fato de sermos a voz constitucional do cidadão. Se o advogado não pode atuar livremente, todos os direitos que defende são postos em risco.

A antipedagogia da Justiça: a advocacia e a defesa do Poder Judiciário brasileiro

No Brasil, o fenômeno da judicialização da política é recente. Com o fim dos governos autoritários e a consolidação das democracias na América Latina, o Poder Judiciário ascendeu institucionalmente e passou a integrar a paisagem política, ao lado do Legislativo e do Executivo.[10]

Para o ministro Roberto Barroso, no caso brasileiro, o controle de constitucionalidade cumpre uma importante função representativa ao abrir um campo novo de imaginação democrático-constitucional. Como consequência, vivemos um contexto político no qual o Judiciário, em geral, e o STF, em particular, cumprem um papel essencial na proteção de direitos e no aprimoramento do caráter deliberativo da democracia brasileira.

Em seu célebre artigo "A razão em voto", o ministro Roberto Barroso apresenta uma síntese brilhante de sua visão sobre os papéis institucionais exercidos pelo STF no arcabouço da democracia brasileira. Sobre o tradicional papel contramajoritário do STF, o autor refere-se ao controle judicial de constitucionalidade dos atos normativos,[11] "inclusive os emanados do Poder Legislativo e da chefia do Poder Executivo".[12]

Além dessa atribuição, o ministro Barroso atribui ainda ao Supremo dois outros papéis menos ortodoxos: o papel representativo, entendido como a função de captar o sentimento ou a vontade popular majoritária negligenciada pelos canais de representação política, traduzindo-a de forma argumentativa; e o papel de vanguarda iluminista, em cujo exercício a Corte assumiria a tarefa de "empurrar a história e impulsionar o progresso social".[13]

Tais papéis desempenhados pela Corte Suprema têm ganhado importância no debate público especialmente em momentos de crise, como o que enfrentamos atualmente. Como veremos no próximo tópico, o STF tem sido convocado para responder aos anseios da sociedade civil, que clama por uma política de governo efetiva contra a pandemia de covid-19. No entanto, a presença de um governo autoritário que conclama os cidadãos a protestarem contra as instituições democráticas nos causa profunda preocupação.

Atravessamos tempos turbulentos, marcados por uma crise de diversas dimensões: de um lado, é econômica — requerendo de todos austeridade e capacidade de gestão —, de outro lado, é política — exigindo diálogo, serenidade e equilíbrio —, mas, acima de tudo, é uma crise ética e moral sem precedentes —, clamando por legalidade e por justiça. Em meio a tudo isso, a crise sanitária tem potencializado todas essas outras dimensões.

Esse cenário caótico põe à prova o funcionamento das instituições. Vivemos hoje um preocupante quadro de intolerância que tem derivado para a violência. Esse é um dado preocupante para o país. O Poder Judiciário, em especial, tem sido alvo de discursos de ódio e ameaças.

Os ataques sofridos pelo STF não se limitam à figura de seus ministros, à divergência em relação a uma ou outra decisão. Discursos de ódio e ameaças de violência são inadmissíveis e constituem uma grave ameaça ao Estado Democrático de Direito do qual essa corte é parte constituinte e indispensável.

Hoje, temos enfrentado verdadeiras milícias digitais que utilizam as *fake news* para corromper a política com ódio, medo e mentira. É uma ignorância corrosiva e de difícil controle e que instaura uma insensibilidade ética na sociedade. Os milicianos do ódio produzem o que nomeio de "antipedagogia da Justiça", pois visam à erosão das instituições democráticas, ao atrofiamento da prática democratizante da Justiça e à destruição de reputações e vínculos entre as pessoas por meio da criação de ficções que distorcem a realidade. Todos esses elementos estão presentes nas recentes ofensivas contra o Poder Judiciário.

O Supremo Tribunal Federal é a instância máxima da Justiça brasileira, garantidor maior dos direitos dos cidadãos, das liberdades de imprensa, de religião e de expressão, sem as quais não se constrói uma grande e civilizada nação. A Suprema Corte é insubstituível para o país e é dever de todos sua defesa, pois, sem ela, nenhum cidadão está protegido.

Acreditamos que o aprimoramento da Justiça passa pelo diálogo íntegro e respeitoso entre as instituições judiciárias e as entidades que representam a sociedade civil, cujos anseios o Poder Público deve sempre buscar ouvir.

Essas reflexões, que destacam a relevância dessa entidade, ressaltam, na mesma medida, a magnitude das responsabilidades atribuídas aos membros que o compõem.

Mais do que nunca, nesses contextos de instabilidade, precisamos depositar nossa confiança na solidez das instituições. Não temos dúvidas de que a saída das crises deve ser encontrada dentro da normalidade institucional, respeitando-se a legalidade democrática, os procedimentos inerentes ao devido processo legal, a Constituição e os direitos fundamentais consagrados. Sobre isso, José Murilo de Carvalho afirma:

> Na ausência de República, desmoralizam-se as instituições representativas, executivas e mesmo judiciárias. Instituições desmoralizadas inviabilizam a médio prazo a própria inclusão democrática. Para o êxito da própria democracia, é necessário que ela seja republicana, assim como a República não se sustenta, nem se sustentará, sem a democracia.[14]

As recentes manifestações de membros do Poder Executivo contra o Legislativo e o Judiciário ferem os princípios da República e desmoralizam as instituições democráticas. De um lado, a pretexto da crise, os saudosos do autoritarismo clamam por intervenção militar; de outro, os que propõem o mesmo retrocesso institucional, supondo poder combater o crime cometendo outro crime — o da profanação do devido processo legal.

Em tempos de radicalização e intolerância, ganham ainda mais relevância a ponderação, o papel moderador exercido muitas vezes pelo Poder Judiciário. Assim, no percurso do árduo caminho por Justiça, não serão poucos ou singelos os desafios.

Nas palavras do ministro Dias Toffoli,[15] o grande desafio dos próximos trinta anos do Poder Judiciário é a manutenção da segurança jurídica. A sociedade civil exige segurança jurídica, previsibilidade e criação de regras inteligíveis, simplificadas, que sejam capazes de fornecer as necessárias condições para liberar as forças empreendedoras, criar oportunidades, protegendo os que realmente precisam com o manto do Estado.

Em nosso país, a consagração jurídica da democracia é recente; e sua manutenção depende da unidade coletiva das instituições para que se desenvolva com mais vigor. Se o desafio, ao tempo de Raymundo Faoro, era o de reconquistar a democracia, o de hoje é bem mais complexo, pois é o de preservá-la — e fortalecê-la. Para isso, precisamos garantir a harmonia e a independência entre os Poderes da República, que são pressupostos da materialização dos desejos de segurança, liberdade, igualdade e prosperidade do povo brasileiro.

Advocacia em tempos de pandemia: novos desafios para o exercício da profissão

A crise sanitária escancarou o abismo da desigualdade social do Brasil que coloca uma maioria exposta às vulnerabilidades impostas pelo novo coronavírus. Trouxe à tona quem merece viver ou morrer de acordo com o posicionamento de governos autoritários que adotam posturas negacionistas para afrontar determinações científicas. Além disso, expôs as fragilidades do nosso regime democrático e os desafios para preservar a democracia.

Vivemos um momento relevante da história do Brasil e do mundo. A maneira como enfrentamos os atuais desafios determinará os rumos que a humanidade tomará para reconstruir um mundo melhor e menos desigual.

Nesse cenário caótico, a advocacia brasileira recebe o chamado da sociedade civil para cumprir sua missão pública de pacificação social e de defesa dos mais oprimidos. Daqueles que não têm condições de obedecer às medidas de isolamento social, que não têm seus rendimentos assegurados, pois não teriam outra forma de pagar o aluguel, comprar comida ou, até mesmo, garantir o mínimo de higiene exigido para o controle do contágio.

Assumindo o dever ético de ser porta-voz da sociedade, a OAB cumpre sua missão institucional. Afinal, o advogado é a voz constitucional do cidadão. Felizmente, em 2019, figuramos como a instituição mais bem avaliada entre empresas e organizações, com um índice de 66% de confiança da sociedade. Este importante saldo reitera o que diz o artigo 133 de nossa Constituição Cidadã, marco jurídico no processo de redemocratização brasileira que assegurou a cidadania em sua plenitude, que consagrou o advogado como figura indispensável à administração da Justiça, sendo, portanto, inviolável por seus atos e manifestações no exercício da profissão.

Somos a maior entidade de classe do país. Isso confere força e legitimidade à nossa voz, mas impõe enormes desafios no que se refere ao atendimento das demandas de profissionais de todo o território nacional. Para isso, precisamos garantir uma entidade forte e vigilante, que se empenhe em garantir condições dignas e seguras para que a advocacia brasileira possa atuar em meio a um contexto de incertezas.

Por ser uma profissão majoritariamente privada, a advocacia depende de crescimento e vida econômica ativa para sobreviver. Sofremos com os impactos das transformações no mundo do trabalho e com a precarização, cada vez mais intensa, das relações de trabalho. Com as restrições impostas pela Organização Mundial da Saúde (OMS) durante a pandemia de covid-19, também estamos submetidos às mesmas privações de todos aqueles que estão em isolamento e sofremos com o impacto da consequente redução de honorários.

Em momentos como esse, nossa classe necessita de que a Ordem estabeleça condições objetivas e subjetivas para que milhares de advogados e advogadas, especialmente a advocacia mais empobrecida, encontrem oportunidades para continuar exercendo seu trabalho com segurança e dignidade.

As primeiras medidas adotadas pela OAB foram a criação do Fundo Emergencial de Apoio à Advocacia, a autorização do adiamento do pagamento da anuidade e a instalação do Comitê de Crise Covid-19 da entidade. Além disso, interpelamos a Presidência da República sobre os termos do Decreto nº 10.292, do dia 25 de março de 2020, que alterou a legislação concernente à definição dos serviços públicos e das atividades essenciais em razão do enfrentamento da emergência de saúde pública. A norma reconheceu apenas as atividades de representação judicial e extrajudicial, assessoria e consultoria jurídicas exercidas pela advocacia pública, relacionadas à prestação regular e tempestiva dos serviços públicos. Nesse sentido, solicitamos a inclusão da advocacia privada no rol de atividades essenciais em respeito ao Estatuto da Advocacia e da OAB, que determina: "no seu ministério privado, o advogado presta serviço público e exerce função social". Afinal, somos essenciais para o atendimento das necessidades inadiáveis da comunidade, no tocante à obtenção da prestação jurisdicional, que, se não alcançada, coloca em perigo a sobrevivência, a saúde e a segurança da população.

O Conselho Federal da OAB também adotou ações para requerer a suspensão de prazos processuais administrativos na esfera da Administração Federal; encaminhou sugestões ao Conselho Nacional de Justiça para o enfrentamento da pandemia pelo Poder Judiciário; e, para assegurar o pagamento das requisições judiciais em benefício dos cidadãos e, consequentemente, dos honorários advocatícios, solicitou aos bancos a manutenção dos pagamentos de requisições de pequeno valor e o levantamento de alvarás durante a crise, assim como a liberação de precatórios e o requerimento ao Banco Nacional de Desenvolvimento Econômico e Social (BNDES) para que o auxílio financeiro do Governo Federal brasileiro chegue aos pequenos escritórios e às sociedades unipessoais de advocacia. Essas e outras medidas visam a minimizar os impactos financeiros que atingiram toda a advocacia brasileira.

É importante ressaltar que a OAB desempenha verdadeira função pública, não só em defesa da advocacia, mas também na proteção da sociedade e de todo o sistema jurídico. Esse cenário tem exigido intensa atuação da instituição para salvaguardar a ordem jurídica constitucional, devido ao caos na saúde pública, à séria instabilidade política e à grave crise econômica que atravessa o país.

A OAB, ciente de sua missão histórica, recorreu ao STF para que o presidente da República, Jair Bolsonaro, cumpra os protocolos da OMS. Entre as medidas de prevenção e contenção da escala de contágio da epidemia, o isolamento social é uma recomendação uníssona entre as autoridades sanitárias nacionais e internacionais e, infelizmente, vem sendo constantemente atacado pelo presidente.

A omissão do Executivo Federal impeliu-nos a requerer à Suprema Corte a garantia da competência dos estados e municípios para decidirem sobre o distanciamento social no combate à pandemia. Felizmente, obtivemos a concessão da liminar que determinou o pagamento imediato dos benefícios sociais que visam a assegurar uma renda mínima aos mais afetados pela pandemia; e, por fim, conquistamos a suspensão da Medida Provisória 928/2020,[16] que restringia a Lei de Acesso à Informação (LAI — Lei nº 12.527/2011), o que impediu a imposição de restrições arbitrárias e desproporcionais ao direito à informação e ao princípio da publicidade.

Ademais, a OAB uniu-se a várias entidades da sociedade civil para lançar o manifesto "Pacto pela vida e pelo Brasil", ressaltando a necessidade de união de todos os cidadãos, governos e poderes da República para enfrentar e garantir a implementação de medidas que mitiguem as consequências da pandemia no campo econômico, sem que isso gere mais mortes. Afinal, o lucro jamais estará acima da vida.

Acreditamos que o pacto pela vida perpassa, necessariamente, pela manutenção e pelo fortalecimento do regime democrático. Em nosso país, a consagração jurídica da democracia é recente, resultado de um processo contínuo de luta pela dignidade humana. Sua manutenção depende da unidade coletiva das instituições. No entanto, infelizmente, essas instituições vêm sofrendo sistemáticos ataques, inclusive por parte do chefe de Estado, o que não se via desde a época do regime ditatorial.

Em uma instituição como a OAB, acomodar-se nunca foi uma opção. Estamos cotidianamente sendo desafiados por novas realidades, cujas demandas devemos responder com eficiência. Não enxergar a complexidade da solução dos problemas que assolam nosso país é contribuir para o esvaziamento de nosso papel de advogados. Por isso, a atuação da OAB e de seus membros será sempre um atributo básico e fundamental em qualquer democracia.

A Ordem tem estrutura política e institucional para proteger direitos e garantias da sociedade civil. A independência em relação aos órgãos estatais garante à instituição o papel de voz do cidadão em postura contramajoritária, estabelecendo o diálogo entre as instituições e a sociedade de forma apartidária, porém não apolítica. Logo, a postura que se espera de qualquer advogado é a de alerta e combate a atos que violem direitos e garantias. Por esse motivo, não admitiremos iniciativas de apoio à ruptura democrática e à intervenção militar ou ataques aos Poderes Legislativo e Judiciário.

Representamos o elo entre sociedade e Estado, servindo como instrumento de efetivação de direitos e transformação social. O exercício dessa tarefa tem como escopo a implementação democrática de um sistema jurídico mais justo, que garanta a difusão igualitária da cidadania e a concretização dos direitos humanos. Cumpriremos um papel essencial no processo de reconstrução do país após a crise; não há dúvidas.

Sairemos fortalecidos e conscientes de que não estamos isolados. Pelo contrário: esse período doloroso nos ensinou que só há saídas coletivas e que a solidariedade e a empatia são essenciais para construirmos uma sociedade cada vez mais justa e igualitária. Aprendemos que a saúde e a ciência são bens públicos que merecem os mais altos investimentos por parte do Estado. Essas são as lições que levaremos adiante

Lamentamos por todas as vidas perdidas. Neste momento, resta-nos prestar toda solidariedade aos familiares que perderam seus entes e agora enfrentam os impactos do pós-crise. Por esse motivo, reafirmo o compromisso ético e político da OAB com a preservação da vida e, sobretudo, com a missão de trabalhar coletivamente para a reconstrução de nosso país. Não será uma tarefa fácil. Ao contrário, abraçamos esse compromisso com a coragem e a ousadia que sempre marcaram nossa trajetória diante dos grandes desafios.

Perspectivas de atuação interinstitucional da OAB e o Poder Judiciário

Como argumentei, fica evidente que nossa democracia ainda enfrenta o grande desafio de arraigar seu fundamento ético-político no cotidiano da população. A natureza das instituições democráticas tem seu motor fundante nessa dimensão em que legitimidade social e confiança política se intercruzam para que possam existir. Por isso, é indispensável que a unidade interinstitucional seja o principal combustível do motor ético que realiza a justiça na vida das pessoas.

Freud traz-nos um conceito fundamental para entender a natureza humana: a pulsão. Na acepção freudiana, *pulsão* significa a força psíquica dos estímulos oriundos do interior de nosso corpo em direção à alma. É a energia psíquica profunda que orienta nossas ações para modificar o mundo externo.

Acrescento a essa categoria a palavra *ética*. Explico: a pulsão ética é justamente a entrega psíquica que orienta o desejo humano por justiça, cuja meta de satisfação é a busca de uma sociedade mais justa, socialmente igualitária e totalmente livre.

O objeto da pulsão ética é a justiça. Isso nos ajuda a compreender a potência na atuação interinstitucional em prol da sociedade e do direito. O fio condutor que orienta o trabalho desempenhado pela OAB e o Poder Judiciário atravessa essa dimensão: exige-nos a defesa permanente dos direitos humanos, das garantias civilizatórias e do Estado Democrático de Direito. Essa unidade, que deve se estender a todas as demais instituições democráticas, deve ter como centro a luta pela efetivação de nossa Constituição, proibindo retrocessos na seara dos direitos fundamentais.

A cautela, o equilíbrio e a sensibilidade jurídica devem ser nossos princípios basilares que certamente irão potencializar as conquistas de direitos no presente e no futuro. Para isso, é fundamental garantir o respeito às prerrogativas da advocacia e da dignidade aos mais de 1,2 milhão de advogados e advogadas brasileiras, os quais deverão sempre ter o direito legítimo de criticar uma decisão da qual discordam. Por isso, vale relembrar aqui as sábias palavras do eterno ministro Celso de Mello ao defender a centralidade das prerrogativas profissionais dos advogados para toda a sociedade:

> Qualquer que seja a instância de poder perante a qual atue, incumbe, ao advogado, neutralizar os abusos, fazer cessar o arbítrio, exigir respeito ao ordenamento jurídico e velar pela integridade das garantias — legais e constitucionais — outorgadas àquele que lhe confiou a proteção de sua liberdade e de seus direitos. O exercício do poder-dever de questionar, de fiscalizar, de criticar e de buscar a correção de abusos cometidos por órgãos públicos e por agentes e autoridades do Estado, inclusive magistrados, reflete prerrogativa indisponível do advogado, que não pode, por isso mesmo, ser injustamente cerceado na prática legítima de atos que visem a neutralizar situações configuradoras de arbítrio estatal ou de desrespeito aos direitos daquele em cujo favor atua. O respeito às prerrogativas profissionais do advogado constitui garantia da própria sociedade e das pessoas em geral, porque o advogado, nesse contexto, desempenha papel essencial na proteção e defesa dos direitos e liberdades fundamentais.[17]

Essas palavras são um marco para todos os advogados e, certamente, para a democracia. O jurista Joaquim Nabuco dizia que "é nos tempos sombrios de sua história que as grandes nações preparam o seu futuro".[18]

A advocacia brasileira, voz indispensável do cidadão e essencial à Justiça, permanecerá à disposição do Judiciário brasileiro para contribuir com a construção de uma sociedade justa, porque é igualitária e fraterna. Também por ser plural, não deve apresentar discriminação. E tudo isso com a efetividade das garantias fundamentais determinadas pela Constituição da República. Hoje e sempre.

As empresas privadas e o Poder Judiciário: por uma nova relação

Pedro Freitas

Fim dos Executivos

Se atualmente tudo está sendo apreciado e decidido pelo STF, *que sejam imediatamente extintos os cargos de presidente da República, governadores e prefeitos. Assim, haverá economia ao Erário Nacional.*

Artur Santos, Rio de Janeiro, "Carta dos leitores", *O Globo*

O desabafo do cidadão traz uma constatação: o recente aumento do protagonismo do Judiciário no cenário político, social e econômico nacional. Notícias, críticas e análises sobre a atuação dos órgãos da Justiça ocupam as manchetes e o horário nobre da imprensa e contam com a imensa presença nas redes sociais e rodas sociais. O poder dos julgadores, especialmente ministros do Supremo Tribunal Federal, do Supremo Tribunal de Justiça e do Tribunal Superior do Trabalho e dos juízes da área criminal, despertou o vivo interesse na população. A sucessão nos Tribunais e nos comandos da Procuradoria deixou de ser um tema de interesse apenas daqueles que atuam na área. Fala-se em "*Lawfare*",[1] no uso da Justiça para o combate, não apenas com fins políticos, mas também no âmbito de disputas empresariais, nas competições nacional e internacional.

Nunca na história do Brasil, o Poder Judiciário teve tanto destaque e por tanto tempo. De certa forma, isso contrasta com os advogados, que, desde a Independência até a radicalização do regime militar, sempre tiveram papel de destaque, atuando como verdadeiros estadistas, mas dentro dos Poderes Executivo e Legislativo.

Os aspectos positivos e negativos têm sido analisados de forma crescente por diversos autores, com observações muito interessantes sobre suas consequências, desvios, conquistas e tudo o que isso pode ter de bom e de ruim.

No século XXI, neste ambiente de grande transformação tecnológica, vem se dando importância cada vez maior para as consequências das ações dos indivíduos, a dignidade humana, os direitos e garantias fundamentais, as diversas questões relacionadas à saúde física e mental, o meio ambiente, as mudanças climáticas e o multiculturalismo. Neste quadro, infelizmente, posições extremas têm tido um destaque imerecido, ocupando o espaço que deveria caber às diversas boas iniciativas.

Crescentemente, a partir da crise financeira de 2008, as atividades empresariais vêm sendo cada vez mais reguladas, com uma exigência por melhor prestação de contas e transparência. Muitas normas e padrões contábeis foram criados; aumentaram a proteção ao consumidor, ao meio ambiente e aos dados pessoais e também a exigência por maior diversidade, inclusão, segurança, saúde, e assim por diante. Aquele ambiente empresarial que antes se assemelhava ao de uma savana africana, com animais valendo-se da força e da astúcia na luta pela sobrevivência, de acordo com a imagem de Niall Ferguson,[2] transformou-se completamente pelo uso da regulação, que se aprofundou e se diversificou.

Aumentou o impacto da fiscalização popular, das cobranças, das denúncias, notadamente pelo uso das redes sociais, e, assim também, as autoridades ficaram mais rigorosas. As empresas criaram a área de Conformidade (ou "*Compliance*") para melhor se adequar ao cumprimento dos inúmeros regulamentos. Além disso, as empresas ainda criaram suas próprias normas internas, seus códigos de conduta para melhor se adequar a essa nova situação, já que as penalidades são imensas e o risco para o negócio se tornou proibitivo, como observamos na Lava Jato, por exemplo, em que diversas empresas gigantes, de diferentes setores, foram gravemente abaladas.

As auditorias interna e externa como instrumentos de fiscalização já não são suficientes. As empresas fazem treinamentos de conformidade com todos os empregados, terceirizados e fornecedores sobre as normas que regulam suas atividades, criaram canais de denúncia e ouvidorias, passaram a fazer regularmente investigações internas e criaram áreas de prevenção e análise de riscos e até mesmo comitês de crises. Investidores, que antes centravam suas análises apenas no mérito do negócio, na atratividade do produto, no potencial de mercado, passaram a se preocupar com o risco de fraudes e desvios de conduta e, também, com o pesado ônus de uma atuação empresarial que não seja ambiental e socialmente aceitável pela sociedade. Não basta ter um bom produto, logística eficiente, custos controlados e canais de venda e propaganda eficientes. Uma crise reputacional pode destruir tudo isso.

As empresas, nos últimos dez anos, passaram a ter ações voluntárias de responsabilidade social, cada vez mais atentas às carências de comunidades vizinhas.

Mas isso não tem se mostrado suficiente, e os grandes investidores passaram a exigir que as empresas investidas observem padrões elevados de ESG ("meio ambiente, sociedade e governança" — *environment, social and governance*, na sigla em inglês). Passou a ser condição para o acesso ao capital, conforme declarações de líderes de fundos de investimentos internacionais e dos maiores conglomerados financeiros no Brasil. A Bolsa de Valores do Brasil modificou a metodologia do Índice de Sustentabilidade Empresarial (ISE), e verifica-se uma proliferação recente de fundos de investidores com foco anunciado em empresas com boas práticas ambientais, sociais e de governança, já sendo pelo menos 26 em 2020.[3]

Se a empresa não adotar boas práticas de ESG, terá acesso mais limitado e, portanto, mais caro aos recursos financeiros. Uma denúncia grave de maus-tratos a empregados, a consumidores (em uma época em que o celular facilita a filmagem e a imediata divulgação), causa um rápido impacto negativo no valor das ações, além de a empresa ser boicotada por consumidores, estar sujeita a diversos processos judiciais e ter sua reputação seriamente abalada. Todo o planejamento e metas para o ano, longamente discutidos, têm de ser imediatamente revistos.

"Não há futuro para negócios ou líderes empresariais sem uma análise dura e honesta sobre os impactos que causamos ao meio ambiente, ao entorno social e sobre qual tipo de governança estamos praticando", declarou Halla Tómasdóttir, no pronunciamento de abertura da 21ª edição do Executivo de Valor, principal premiação de empresários no Brasil.[4]

O presidente do Conselho Administrativo de Defesa Econômica, Alexandre Cordeiro, alerta que:

> nos Estados Unidos e na Europa, os potenciais efeitos das fusões e aquisições sobre o meio ambiente, o mercado de trabalho ou a soberania nacional, por exemplo, têm sido cada vez mais considerados pelos órgãos de defesa da concorrência na hora de se aprovar ou rejeitar um grande negócio.[5]

As empresas têm respondido e se adaptado a essa demanda na avaliação de Rebecca Tavares, presidente da Brazil Foundation, que compreende que o setor privado está "muito avançado" no trabalho relacionado ao ESG pelo entendimento que investir em sustentabilidade, comunidades e lideranças não só cria uma sociedade mais justa, igualitária e culturalmente produtiva, como também promove novos públicos e mercados.[6]

O Poder Judiciário está atento a esse movimento e, "fora de dúvida, exigirá a efetivação dos fatores ESG por meio de suas decisões", no entendimento do desembargador do TRT-2, Marcos César Amador Alves.[7]

Fátima Zorzato, uma das principais profissionais na área de contratação de talentos, observa que os mais jovens, os chamados *millenials*, buscam empresas que defendam práticas em que acreditam, indagam sobre sua visão do futuro, para se assegurar que estejam alinhadas com seus valores, que incluem uma visão mais coletiva e de compartilhamento.[8]

O risco empresarial não se limita mais a receber multas e condenações significativas, mas também perder clientes e consumidores, não poder ser atendido por fornecedores, não ser contratado pela Administração Pública e por clientes privados e não conseguir atrair talentos para seus quadros, além de perder licenças para algumas de suas atividades. E, ainda por cima, tem todo o custo na defesa em juízo, na recuperação de imagem, na limitação de credito, e por aí vai. É grande a lista de empresas que enfrentaram tal situação no Brasil e em outros países.

É curioso, porém, que muitas empresas — especialmente as que ainda não experimentaram uma grande crise — ainda não consideram esse cenário de ativismo socioambiental, de maior regulamentação, de maior protagonismo do Poder Judiciário no cerne de seu planejamento estratégico anual e de longo prazo.

Muitas empresas ainda fazem seu planejamento estratégico baseadas apenas nas análises econômicas e políticas e nas novas tecnologias e tendências dos compradores. Tipicamente, nas discussões estratégicas sobre o "mundo fora da empresa", especula-se sobre o cenário político futuro e as perspectivas econômicas apenas. Além, é claro e, principalmente, no debate sobre seus produtos, melhoras administrativas e de produção, economias, novos investimentos, parcerias, oportunidades, marketing, mercado, resultados financeiros, provisões, obras e outros temas internos importantes da empresa.

Ordinariamente, o departamento jurídico faz somente o reporte sobre litígios emblemáticos em decorrência dos valores envolvidos e as perspectivas de sucesso para fins de provisões contábeis. Não há uma análise sobre riscos jurídicos, o Judiciário e as demandas sociais do momento.

Porém, é no Poder Judiciário que são resolvidos os conflitos da sociedade, esta sociedade em transformação simbolizada pela pauta ESG do momento. Compreendê-lo ajuda a compreender a sociedade em que a empresa está inserida. Conhecer os números e a natureza dos conflitos levados ao Judiciário, ao Ministério Público e à Defensoria Pública nas regiões em que está presente e tem interesse é uma forma de compreender os anseios e incômodos dos *stakeholders*. O que falta para alcançar a harmonia social, a que os chineses, por exemplo, dão tanta importância.

Os órgãos de Justiça têm um dos maiores orçamentos e quadro de pessoal em todos os estados, mas são deficientes na gestão. Já as empresas investem muito na capacidade de gestão, com indicadores, organização e método. As empresas buscam produzir mais por menos, com mais opções e melhor qualidade, sempre preparadas para antever mudanças na demanda. Os órgãos de Justiça não funcionam assim. Conhecer o número, as características e a natureza dos conflitos levados aos órgãos de Justiça na área em que atua pode capacitar a empresa a entender a realidade daquela sociedade e a dos órgãos de Justiça e a identificar oportunidades para contribuir de forma eficaz para políticas públicas, ser um agente positivo transformador, com ganhos de imagem, de atração de mão de obra e maior identidade com aquela sociedade. Pode ser um caminho para evitar crises futuras ou mesmo solucioná-las com maior rapidez e menor custo.

Nesses dezoito anos do Prêmio Innovare, temos testemunhado inúmeras iniciativas dos Tribunais, dos juízes, do Ministério Público, dos defensores, dos advogados públicos e privados, dos procuradores e da sociedade em geral, na categoria dirigida à cidadania, em prol de uma Justiça que cumpra melhor sua função e melhore as condições da nação brasileira.

No entanto, não temos práticas inscritas por empresas privadas. E não é porque elas não existam. Por exemplo, o Grupo Globo apoia o Innovare, que é admirado pela comunidade jurídica nacional, e mesmo a internacional, já tendo sido homenageado no Parlamento Britânico, na África do Sul e em outros países da América Latina. O jornalismo da TV Globo encontrou diversas histórias úteis e inspiradoras nas práticas inscritas no Innovare, que tem inspirado e dado valiosa contribuição para a cidadania. Um bom Judiciário é bom para o país e para quem aqui vive e trabalha.

Muitas outras empresas — grandes, médias e pequenas — certamente têm iniciativas importantes, sejam elas nacionais ou multinacionais.[9] Existem limites que devem ser observados nessa colaboração criativa das empresas com o Judiciário. Todavia, as empresas têm hoje uma forte área de *compliance*/conformidade, que saberá identificar os limites, recomendar os cuidados adequados e zelar para que sejam observados.

Diversas práticas inscritas e premiadas no Innovare podem contar com o apoio da iniciativa privada, como práticas nas áreas de saúde e educação, por exemplo. Existem casos emocionantes de inclusão, particularmente de deficientes, menores, órfãos e exilados. O projeto Mutirão Carcerário poderia contar com a parceria de empresas para oferecer oportunidades de trabalho e reinserção social de pessoas que tiveram sua liberdade privada sem condenação ou por prazo superior à pena. A iniciativa de mediação de conflitos da Advocacia Geral da União pode ser adotada por empresas, com as adaptações, para reduzir seu contencioso. A lista de oportunidades a serem exploradas é grande.

Os departamentos jurídicos podem se capacitar para identificar essas oportunidades e contribuir para a agenda ESG de uma forma adicional e criativa. Foi a partir da década de 1990 que, no Brasil, as empresas passaram a ter departamentos jurídicos mais estruturados e que vêm evoluindo muito neste século. Esse movimento de "internalização" dos serviços jurídicos começou nos EUA e se propagou por Europa, Ásia e América Latina, coincidindo com a derrocada soviética, a queda do muro de Berlim e a maior hegemonia norte-americana.

O "Consenso de Washington"[10] levou à reforma do Estado, com privatizações e diversas formas de parceria pública-privada, transformando o Direito Administrativo, com a criação de diversas agências reguladoras. O aumento da globalização e o crescimento da atividade financeira internacional, a partir dos centros em Nova York e Londres, levaram a uma maior cooperação entre advogados norte-americanos e ingleses, principalmente, e brasileiros, uma vez que os economistas, nas instituições financeiras, importaram modalidades financeiras que transformaram nosso Direito Empresarial. A grande influência europeia em nosso Direito foi sendo parcialmente substituída pela norte-americana, exigindo enorme esforço de adaptação e levando diversos advogados a estudar em universidades dos EUA. Todo esse quadro gerou uma maior demanda por serviços jurídicos no âmbito empresarial, que aumentou ainda mais com a possibilidade de penalização dos administradores por certas atividades empresariais.[11]

E, assim, seguindo a inspiração norte-americana, as empresas foram reforçando seu jurídico interno, por ser mais vantajoso economicamente e pela especialidade nas principais questões jurídicas da empresa. O departamento jurídico passou a administrar a parte do orçamento destinada às despesas jurídicas, terceirizar muito de sua força de trabalho, selecionar e gerir os advogados externos, concentrando a atuação em contratos e outras demandas internas recorrentes.[12] O "cliente interno" demanda a disponibilidade integral do advogado baseado no ambiente da empresa.

As empresas buscaram, assim, alinhar os serviços jurídicos às suas necessidades. A crise financeira de 2008 aumentou a tendência por maior regulamentação, aumentando a importância estratégica do advogado interno e modificando a relação com os advogados externos.[13]

Nesse processo, o departamento jurídico evoluiu do papel de "guardião" dos riscos legais da empresa, mas que fica alheio e distante da atividade empresarial, para o papel de "consultor", em que identifica os riscos jurídicos e de *compliance*, ao mesmo tempo que busca conhecer todos os aspectos da proposta de negócios, identificando uma solução específica que mitigue os riscos, participando das negociações de contratos e compreendendo os aspectos financeiros da proposta comercial. O consultor, diferente do "guardião", participa ocasionalmente de reuniões de diretoria e, mais raramente, de reuniões do conselho administrativo.[14]

No entanto, ao contrário do que se verifica nos EUA e em países europeus mais avançados, ainda são raros os gestores da área jurídica que assumem posição permanente na administração executiva das empresas, ou no conselho administrativo, participando da elaboração do planejamento estratégico e nas decisões empresariais. É raro que assumam a supervisão de outras atividades da empresa, sendo o mais comum que tenha apenas a gestão dos serviços jurídicos e, em alguns casos, de *compliance*. Nos EUA, no entanto, é comum que esse executivo supervisione também outras atividades, como relações institucionais, governamentais, relações públicas, responsabilidade social corporativa e mesmo o departamento de recursos humanos.[15]

Muitos líderes jurídicos gostariam de ter maior participação nas decisões estratégicas de forma regular e lamentam que muitas de suas recomendações não são apresentadas ao conselho administrativo, ou mesmo à diretoria executiva, de forma completa e adequada. O departamento jurídico talvez seja a única área que interage com todas as outras da empresa, propiciando a seu gestor uma visão privilegiada dos riscos, que acaba sendo mal aproveitada por esse limitado acesso aos níveis superiores. Para agravar essa situação, a moderna tendência empresarial disruptiva, com o uso das novas tecnologias, tem levado algumas empresas a optar pela formação de grupos interdisciplinares, acabando com a unidade do departamento jurídico, o que pode aumentar esse distanciamento do ambiente externo da empresa, dos riscos e da liderança empresarial.[16]

A realidade atual de muitas empresas é que, em seu planejamento estratégico, a liderança empresarial apenas dá atenção ao risco jurídico quando "o leite já foi derramado", o "comitê de crises" foi instalado e o custo operacional, financeiro e reputacional se multiplica, enquanto o valor de suas ações se desvaloriza.

Os conselhos administrativos das principais empresas são compostos predominantemente de engenheiros, economistas e administradores. Quando há advogados, costuma ser um sinal de que há conflito entre grupos de acionistas. Eles não estão lá para contribuir para a estratégia da empresa, em uma sociedade em que a Justiça assumiu imenso protagonismo e quando a agenda ESG foi para o centro das atenções. Isso não está em sintonia com a realidade atual e é importante que as empresas façam essa reflexão antes que seja tarde.

O conselho de administração, muitas vezes, é assessorado por comitês para temas específicos, liderados por conselheiros e composto de técnicos. O conselheiro com formação jurídica pode integrar o comitê legal, dando importância estratégica para recomendações do Jurídico da empresa. Pode integrar também comitês de auditoria, governança, *compliance*, riscos, responsabilidade social e socioambiental e relações públicas. Em situações especiais, pode contribuir para o comitê de crises.

Algumas tendências começam a predominar em certas áreas do Direito em resposta às novas tecnologias e demandas sociais. Mas as projeções que consideram conflitos de ideais políticos, personalidades ou valores ainda são deficientes ou mesmo inexistentes, mesmo nesse mundo de modelos estatísticos que tenta decifrar o sentido escondido no comportamento humano.[17]

Anthony Kronman, ex-reitor da Yale Law School, no provocativo livro *The Lost Lawyer*,[18] trata da degradação nos ideais dos profissionais do Direito, incentivando-os a contribuir para uma sociedade melhor, usando as habilidades da prudência, do espírito público e da razão prática como forma de obter uma maior satisfação profissional. Ele prega que o advogado deve ser um estadista, e que esse papel pode ser mais bem exercido no conselho administrativo de grandes empresas, quando pode contribuir para políticas públicas, inclusive.

Conforme ensinou Isabella Saboya, experiente conselheira administrativa que atuou em diversas companhias,

> vemos os membros cederem à pressão de características de pessoas a fazer parte do conselho, sem priorizar o melhor interesse da companhia, sem ver as competências. Está comprovado que grupos que contam com vivências diferentes tomam decisões melhores. Diversidade de pensamento é o que importa.[19]

Nessa linha, algumas empresas integraram ao conselho celebridades, tentando compreender formas de melhor aproveitar a rede de seguidores dessas pessoas.[20] No entanto, raras ainda são aquelas que perceberam a importância da visão jurídica estratégica para seus negócios, diferentemente do que ocorre em mercados mais desenvolvidos.

Historicamente, o Brasil sempre teve um papel de destaque na agenda ambiental mundial. É desejável que resgate essa tradição e volte a exercê-la. Muito pode vir nessa área, seja como risco (litigância climática, por exemplo), seja como oportunidade (o mercado de credito de carbono).

A pandemia de covid-19 agravou muito a situação social brasileira, com forte impacto no aumento da desigualdade, assustador prejuízo educacional, enfraquecimento da cultura e uma situação muito grave na saúde. Chegamos a um ponto em que muitos economistas, que foram responsáveis pela formulação de importantes políticas públicas nas últimas décadas, substituindo os advogados, admitem a existência de um impasse.

Isso tudo nos deixa distantes de uma sociedade harmoniosa, com boa qualidade de vida e mais esperanças. O resultado é visto no ataque às instituições, na agressividade e nos extremismos. Talvez seja chegado o momento de buscar a reconciliação, estudando também o fator humano além dos números.

Afinal, não existe empresa rica, saudável e livre de riscos em tal ambiente. Não há segurança jurídica em um país com instituições fragilizadas e a sociedade dividida.

No mundo globalizado e conectado em que vivemos, é essencial que as empresas estejam atentas às novas tendências no campo do Direito. É recomendável que as empresas incluam o olhar jurídico em suas principais decisões e planejamento. Essa será uma relação 2.1 entre as empresas privadas e o Poder Judiciário, que beneficiará a todos.

A competição

Joaquim Falcão

Mudam-se os tempos, mudam-se as vontades,
muda-se o ser, muda-se a confiança;
todo o mundo é composto de mudança,
assumindo sempre novas qualidades

Luís de Camões

O Poder Judiciário integra o "ecossistema" de resolução de conflitos de uma sociedade. Esse, por sua vez, tem como função a conquista da convivência social. O viver em paz, diria Niklas Luhmann. É evitar o *homo homini lupus*, ou seja, que o homem se torne o lobo do homem, diria Hobbes.

O Judiciário não está sozinho nesse ecossistema. Muitas outras formas de resolução de conflitos, com diferentes modelos e graus de institucionalização e normatização, o integram também.

Por analogia, esses sistemas são organismos vivos em permanente interação e movimentação. Competem algumas vezes. Colaboram em outras. Sincronizam. Às vezes, sobrepõem-se. Criam simbioses. Reproduzem-se. Eliminam-se.

Embora o Poder Judiciário pretenda, a realidade social mostra que ele não prevalece no ecossistema todo o tempo, em todos os espaços, durante todas as etapas dos conflitos. Nem na resolução final. George Steiner, por exemplo, alerta que pretender resolver um conflito econômico com uma solução jurídica de Direito estatal é apenas uma ilusão.

Então a pergunta é: quais são os outros sistemas que integram esse ecossistema maior? Como convivem entre si, tal qual células biológicas em constante mutação?

É como se a interação fosse também regida pela Lei de Darwin. Sobrevive o melhor, o mais adaptado.

O Poder Judiciário estaria, diríamos, sob permanentes ataques competitivos. O que tem se intensificado no Brasil por vários fatores. Aponto dois.

O primeiro é a própria ineficiência operacional do Poder Judiciário, incapaz de atender a tempo as demandas que lhe batem às portas. Estima-se que, no ano de 2019, existiam cerca de 77,1 milhões em tramitação aguardando resolução.[1] Um imenso engarrafamento, diria o sempre presidente Nelson Jobim.

Essa ineficiência é reconhecida por diversas pesquisas, como o relatório JUSBarômetroSP 2021, segundo o qual 53% dos usuários da Justiça de São Paulo estão insatisfeitos com a morosidade dos processos.[2] Destacam-se ainda pesquisas como a de Fabiana Luci de Oliveira e Luciana Gross Cunha, apontando que 40% de pessoas que passaram por conflitos graves não procuraram solução pelo Judiciário[3] e diagnosticando que o sistema de Justiça é "um serviço caro, atendendo predominantemente ao próprio Estado, ao mercado financeiro e a outras organizações privadas".[4] É a jurisdição estatal perdendo competitividade.

Ineficiência desde sempre quase imutável. Resultante de lentidão, abuso de recursos, dificuldade de acesso para a maioria da população, manipulação decisória, perda de imparcialidade e tanto mais. Já dizia Maria Tereza Sadek, em pesquisa empírica, que os reflexos da morosidade corroem a crença na prevalência da lei e na igualdade de sua aplicação.[5]

O segundo fator da intensificação da competição é a consequência. Cria-se o vácuo, e outros sistemas paralelos emergem disputando o poder de resolver os conflitos na sociedade. Pois é de poder que falamos. Por esse poder que competem.

São sistemas-organismos diferentes do Poder Judiciário. Alguns não são sequer estatais. Derivam das patologias e lacunas do sistema estatal. Outros não têm normas escritas. Não são institucionalizados. Não se baseiam em intepretações lógico-formais. A lei que comanda a competição é a progressiva e intensa diferenciação dos modelos de combate à monopolização estatal conservadora.

Outros sistemas são operados por cidadãos comuns. Não profissionalizados. Não decorrem de uma autoridade centralizadora. Têm graus diferenciados de fazer executar suas prescrições. E não vigora a hierarquia normativa. Nem há norma fundamental.

Alguns fatores globais também influenciam esse nosso ecossistema. São exemplos a intensificação e multiplicação dos conflitos devido à complexidade da modernidade, à globalização financeira, ao progresso da comunicação digital e à crescente, às vezes conflitante, diversidade cultural. O choque de culturas.

Reformar, aperfeiçoar o Poder Judiciário, implica reconhecê-lo como integrante desse ecossistema de resolução de conflitos enquanto organismo vivo que muda permanentemente. Descrever alguns dos competidores do direito positivo[6] estatal é indispensável para entender a ameaça por que passa e a urgência de mudar. É o que faremos agora.

A Lex Americana

Emerge em todo mundo (no Brasil também) o que denomino de *Lex Americana*. Isto é, a expansão global da jurisdição[7] e do direito norte-americano. Não apenas como antes, por meio de contratos, pactos, tratados multilaterais ou bilaterais. Trata-se de expansão unilateral. Por vontade, interesse ou ambição próprias.

A analogia com a *Pax Romana* explica esse unilateralismo americano. A ambição de dominação mundial de Roma foi concretizada pela força de seus exércitos e consolidava-se na ocupação dos territórios conquistados.

Além dos exércitos, Roma trazia consigo e implementava um *soft power*: o Direito romano, que deu origem ao nosso Direito estatal. Assim, viabilizava a implementação de seu poder a menores custos, além da prontidão das armas e exércitos.

Como Roma, os Estados Unidos partilham igual ambição de poder global. Mas não são apenas a ocupação pelos exércitos ou a força nuclear que fundamentam o expansionismo de seu Direito e sua judicialização. É o uso do dólar. A expansão judicial americana é monetarizada. É seu *soft power*.

Cada vez mais juízes norte-americanos, em múltiplas instâncias, consideram o mero uso do dólar por qualquer parte conflitante, em qualquer momento, para qualquer transação, suficiente para atrair a competência, a prioridade ou a preferência para seu sistema judicial para resolver conflitos eventualmente decorrentes dentro ou fora de seu território por condutas cometidas não apenas por norte-americanos e suas empresas.

As evidências crescem. Foi assim que a *attorney general*[8] Loretta Lynch, dos Estados Unidos, interferiu nas investigações a respeito de denúncias de corrupção na Federação Internacional de Futebol (Fifa), sediada na Suíça. Procuradores suíços e norte-americanos concordaram que se tratavam de crimes acordados e preparados nos Estados Unidos, além de envolverem pagamentos feitos em bancos norte-americanos. Abusou-se do sistema financeiro dos EUA, e isso exigiu uma reação.[9]

Foi também por meio da dolarização da judicialização que os chamados "fundos abutres norte-americanos" — que compram participações em companhias e títulos de dívida pública a um valor irrisório para exigir seu valor integral no futuro — conseguiram compensação do governo argentino para seus pretensos créditos.

Nos tempos do presidente argentino Fernando de la Rúa, a Argentina experimentou uma grave crise econômica, entrou em calote técnico e muito se endividou. Para manter a equiparação peso/dólar, era preciso manter uma intensa atividade econômica e vultosas reservas. Precisou se endividar.[10]

Após a moratória, a Argentina negociou mais de 90% de sua dívida. Mas os credores do restante do valor não assentiram e venderam seus títulos da dívida para fundos especulativos ao custo de ínfimas porcentagens do valor nominal.[11] Os fundos abutres compraram esses títulos. Lutaram na

Justiça norte-americana pelo direito de receber o valor nominal dos títulos que compraram na Argentina. E a Suprema Corte permitiu. Entendeu que a Lei de Imunidades de Soberanos não protege países soberanos de terem seus bens identificados para a execução de sentenças proferidas contra eles nos Estados Unidos.[12]

O decisivo é notar que a dolarização da judicialização não é necessariamente fruto de uma política externa da presidência dos Estados Unidos. Resulta do entendimento individual de alguns juízes. Cada um à sua maneira.

Estaríamos então assistindo à jurisdicionalização de novos princípios de Justiça? *America first*? Ou *Yes, we can*?

Inclusive no caso dos fundos abutres, o Executivo norte-americano chegou a ser contra esta expansão. Poderia servir de argumento diplomático para que Tribunais no exterior adjudicassem bens dos Estados Unidos. Mas o ministro Antonin Scalia entendeu que a identificação de bens de países frente à imunidade de Estados estrangeiros à jurisdição norte-americana não é problema para o Poder Judiciário resolver.[13]

Somente uma voz dissonante, que tanto faz falta. A ministra Ruth Bader Ginsburg disse: "Um tribunal dos Estados Unidos não tem autorização para admitir que, fora de nosso país, o céu possa ser o limite para adjudicar a propriedade de um soberano estrangeiro a fim de executar uma sentença norte-americana contra o soberano estrangeiro".[14]

A dolarização funciona até mesmo como ameaça de coerção potencial na área dos negócios. Exemplo? A Petrobras privilegia seus investidores americanos antes dos brasileiros na indenização pelos danos advindos da corrupção. Em 2018, já se havia homologado acordo de 3 bilhões de dólares entre acionistas norte-americanos e a Petrobras em diversas ações judiciais coletivas.[15]

Em suma, o vetor é a moeda e o precedente do Poder Judiciário, e não a norma e, necessariamente, o Poder Executivo. Não é o tratado ou o contrato privado a definir a ambição de competência de solução de conflitos globais públicos ou privados. A competência dolarizada atua como uma norma fundamental. Sem sê-la.

Essa é uma expansão ainda em desenvolvimento. Não sabemos até onde vai encontrar resistências e ser eficaz. Tem sido, inclusive, o entendimento do Departamento de Justiça dos Estados Unidos, como no caso da Lava Jato.[16]

Lex Militiæ et Lex Traficus[17]

Dois outros sistemas-organismos de resoluções de conflito também já operam com crescente êxito no Brasil: *Lex Militiæ* e *Lex Traficus*.

Qualquer manual de Direito Constitucional ou de Teoria Geral do Estado ensina que são três os indispensáveis elementos para que todo Estado exista: povo, território e soberania. Esse trinômio prevalece cada vez menos diante da *Lex Militiæ* e da *Lex Traficus*.

Se a *Lex Americana* diz respeito à soberania, as *Lex Militiæ* e a *Lex Traficus* competem também no espaço geográfico. Na verdade, ambas dominam atualmente grandes extensões do território brasileiro. Estima-se que cerca de 57,5% da extensão do território carioca é controlado por milícias,[18] sobrepondo-se à validade e à vigência reais das normas estatais e à capacidade do Poder Judiciário de implementar suas decisões.

Alguns as consideram teoricamente como sistemas ilegais, paralegais, inoficiais ou tantas outras categorias afins. Seja o que for doutrinariamente. O fato é que o Direito estatal não as consegue controlar. É ineficaz. São elas quem detêm o poder. São organismos vivos interagentes. Vivem e florescem. Movem-se.

A ambição de poder da *Lex Traficus* é moldar condutas sociais nos redutos urbanos marginalizados, comunidades e favelas, de modo a viabilizar o comércio de drogas e afins.[19] A droga é o fundamento da jurisdição. As "normas" decorrentes desse comércio são comunitárias. Não escritas. Nem são necessariamente previsíveis. O uso da droga é o "fato gerador" da coerção desse sistema. Assim como o dólar é para a *Lex Americana*.

A *Lex Militiæ* ambiciona mais.[20] Não somente o espaço material, geográfico, das periferias. Mas também os espaços imateriais, institucionais, criados pelo próprio Direito positivo estatal. Penetram tal qual vírus nas células do Estado. Pretendem reverter seu sentido a favor de sua ambição de poder autoritário. Esse é seu "fato gerador".

Ambas se alimentam dos nutrientes que captam nas crescentes demandas de conflitos sem solução que vegetam, sobretudo, nas comunidades de menor renda. Onde estão os "invisíveis". Ambas têm a virtude da permanência históricas: cortiços, quilombos, mocambos, favelas e condomínios.

Não raramente as populações locais preferem a *Lex Militiæ* à lei estatal, como na recente invasão na favela do Jacarezinho, no Rio de Janeiro.[21] Na verdade, por momentos e espaços limitados, essas *Leges* são mais do que autônomas. Parecem soberanas *vis-à-vis* à conduta dos cidadãos.

Um exemplo já clássico é a apropriação do processo eleitoral. Não se permite que candidatos contrários às autoridades milicianas e traficantes façam campanha em seus territórios. E pretendem sempre aumentar sua representatividade e sua base territorial nas instituições políticas da democracia.

A expansão legislativa e judicial da *Lex Militiæ* e da *Lex Traficus* evidencia-se também no progressivo controle do cotidiano econômico dos moradores. Elas controlam o acesso da periferia aos serviços públicos como eletricidade, gás e telecomunicações. A concessão estatal é insuficiente para o acesso a estes serviços, que deixam de ser universais. É preciso taxas e licenças dessas emergentes *Leges*. O produto interno bruto de algumas destas milícias e redes de tráfico crescem mais do que o do Brasil.

A *Lex Militiæ* e a *Lex Traficus* capturam também como extensão do poder geográfico o direito de propriedade. Apropriação que foi além do direito de propriedade como direito individual, concretizando-se como uma quase indústria imobiliária nas periferias. Os crescentes desabamentos de edifícios de vários andares, como na Muzema[22] e em Rio das Pedras,[23] indicam a incapacidade de o Direito estatal regular e fiscalizar essa indústria. Um claro indicador de ineficiência.

Na Rocinha, controlada pela *Lex Traficus*, os traficantes expandem-se nas fronteiras no alto da comunidade, área de preservação ambiental. Destroem, constroem acessos, garantem segurança e vendem casas e apartamentos para a população.

Vigoram seus cartórios, registros, normas, escrituras, instâncias e autoridades decisórias, simulacros vivos do Direito oficial morto.

O avanço desses sistemas, mesmo que considerados ilegais, é proporcional à desinstitucionalização dos órgãos de controles, das polícias estaduais e federal e das guardas municipais, da Controladoria-Geral da União, do Ministério Público e das agências reguladoras. O fato de ser ilegal não anula a realidade da competição. Ao contrário, agrava-a.

Lex Crypto[24]

A *Lex Crypto* é a dos criptoativos. É o sistema competitivo mais disruptivo de todos diante do Poder Judiciário. Por vários motivos. O mais simples de todos é o poder nulo que o Direito positivo estatal e o Poder Judiciário têm tido para entrar no próprio sistema. Não é capaz de regulá-lo; nem vigiá-lo nem determinar punições.

É um sistema financeiro paralelo. Em 2008, Satoshi Nakamoto, pseudônimo do criador da pioneira criptomoeda *bitcoin*, escreveu um artigo paradigmático em que propunha uma ideia de pagamentos feitos de uma parte para outra sem a necessidade de uma instituição financeira intermediária.[25] Ao contrário da *Lex* estatal, a *Lex Crypto* não tem uma autoridade ou um grupo regulador e centralizador operacionalmente. Possui somente normas endógenas: as chamadas *Bitcoin Improvement Proposals* (BIPs). São normas técnicas/tecnológicas. Os algoritmos e suas modificações apresentadas pelos BIPs são aprovadas pela comunidade. Os controles são igualmente todos tecnológicos. Quem comanda é um algoritmo.

Um modelo matemático cria o que se pode chamar de criptoativo. Ou seja, uma unidade que, ao mesmo tempo, tem autoria única e tem integridade. É um ativo digital único.

A adesão voluntária por meio de aplicativos, programas compatíveis com esse algoritmo, livre para quem quer que seja, é quem determina as principais características desse ativo. Ou seja, como esse ativo pode ser criado, qual a quantidade e de quem é a titularidade. Ou melhor, a posse desse ativo.

Os criptoativos englobam espécies como o *bitcoin* e outras criptomoedas. Nada tem a ver com o dólar, o iene, o euro ou o yuan, as chamadas moedas fiduciárias, criadas com base na fé do poder estatal que as produziu. Nesse sentido, são meios de pagamento transoberanos — ou além das soberanias dos Estados. Os Estados que no futuro quiserem internalizar essas criptomoedas têm de se submeter a esse modelo operacional.[26]

O crescimento do mercado para essas moedas digitais é assustador. Em março de 2020, um *bitcoin* valia em torno de 30 mil reais. Em março de 2021, chegou a 340 mil reais. Serve para todas as espécies de transações financeiras, comerciais e patrimoniais.

Nessa *Lex Crypto*, não existe um sistema de resolução de conflitos, digamos, um sistema judicial, porque simplesmente os conflitos são automaticamente decididos pelas regras de adesão em vigor e que podem ser alteradas.

Pablo Cerdeira, especialista em moedas digitais, explica:

> O lastro do *bitcoin* por exemplo, não está na confiança dos indicadores do Estado. Primeiro porque o *bitcoin* não pode ser entesourado, capturado ou retirado de circulação por qualquer autoridade soberana. Não pode ser penhorado, por exemplo. Nem regulado pelo Banco Central. Nem depende da política econômica de qualquer governo.
>
> Segundo, não pode ser criado por ninguém. Sua alma, sua fundamentação, é matemática, vinculada a soluções complexas, onde cada computador que dele faz parte é um potencial agente de mudança. Que não pode emitir livremente as unidades, pois depende da aceitação dos demais.[27]

A *Lex Crypto* baseia-se na confiança da estrutura matemática distribuída, que resulta em maior velocidade, ausência de burocracia e baixo custo de transação.

Se um participante deixar de remeter o *bitcoin* prometido, pode ir reclamar em outros sistemas de resolução de conflitos. Mas não dentro do sistema estatal.

Tempo, espaço e probabilidade

Não pretendo ir mais longe. Neste texto, baseado no que denomino constitucionalismo de realidade, em homenagem a Márcio Thomaz Bastos e a Sérgio Renault, queria apenas fazer um alerta.

Nosso Judiciário não pode viver a ilusão de que é o único, o mais poderoso, o finalista vencedor da competição pela resolução dos conflitos da convivência social. A inércia diante de sua ineficiência operacional e a incapacidade de implementação de suas decisões abrem espaço não para um mero aperfeiçoamento, mas para o aumento da competição com outras regulações democratizantes ou não. Para a paz ou para a guerra.

Talvez seja conveniente à *Lex* estatal estimar melhor suas probabilidades. Dever ser não é ser. E o ser do dever ser pode ser apenas uma ilusão de dominação, e não de liberdade. Não custa nada lembrar o autor japonês Haruki Murakami quando diz: "O importante na vida é tempo, espaço e probabilidade".[28] As probabilidades de eficiência e cumprimento da *Lex* estatal devem ser melhor avaliadas. Porque dessas probabilidades dependem sua hegemonia no tempo e no espaço.

Parte II

A pauta da Justiça no Brasil

Parte II

A [illegible] DA JUSTIÇA NO BRASIL

O encarceramento em massa

Pierpaolo Bottini
Alberto Toron

Não é possível falar em reforma da Justiça sem discutir o sistema prisional. De nada adianta mudar leis, sistemas recursais e gestão de processos ou criar instituições de defesa se mantemos 682.182[1] pessoas submetidas ao mais degradante cotidiano, à violência estatal, ao crime organizado e a um ambiente no qual a sobrevivência é um desafio, ainda mais em tempos de pandemia.

Qualificar isso como um "estado de coisas inconstitucional" — como fez o Supremo Tribunal Federal ao julgar a Medida Cautelar referente à situação atroz em que se encontram os presos brasileiros, que configura uma violação contínua de seus direitos fundamentais e humanos, denotando uma situação inconstitucional — é pouco. Desacompanhado de ações concretas para modificá-lo, soa como um eufemismo. É inconcebível que um Estado que se apresente como Democrático de Direito, que tenha como diretriz nuclear de sua Constituição a dignidade humana, aceite essa tragédia humana carcerária.

Há quem diga que o Brasil é o país de impunidade, que a Justiça não funciona, que impera a prescrição. Não é o que mostram os dados. Nosso país hoje é a terceira nação que mais prende pessoas no mundo, atrás apenas da China e dos Estados Unidos.[2]

Isso indica que fizemos uma *opção* pelo encarceramento como política criminal e social. Washington Luís dizia, no início do século XX, que as questões sociais eram caso de polícia, e pouco mudou desde então. Seguimos usando celas e trancas como resposta à pobreza e à miséria e muitas vezes como forma de encarar os representantes de movimentos sociais que lutam contra esse estado de coisas, como revela a recente prisão de Preta, líder comunitária de um movimento de moradia.

Trata-se de uma escolha desumana, ineficaz e perigosa. Desumana porque não afasta apenas a liberdade do preso — o que já seria muito — mas o priva da saúde, da educação, da dignidade. Ineficaz porque há muito se sabe que a prisão não ressocializa, não reeduca, não afasta o detento do mundo do crime. Ao contrário, insere-o em um sistema cultural em que o delito é a força motriz, é o modo de vida, dentro e fora da prisão.

Von Lizst já dizia, no fim do século XIX, que "como são atualmente aplicadas, elas [prisões] não corrigem, não intimidam nem põem o delinquente fora do estado de prejudicar, e pelo contrário muitas vezes encaminham definitivamente para o crime o delinquente novel".[3] Não parece que esse cenário tenha sido alterado nos últimos 120 anos.

Mas, além de tudo, essa política do encarceramento é perigosa, porque nesse contexto é natural a consolidação do crime organizado no ambiente carcerário. É evidente que o encarceramento de 682.182 pessoas em unidades sem qualquer controle ou supervisão resultará em formas de organização coletiva, de proteção mútua, em códigos de conduta. O Primeiro Comando da Capital, o Comando Vermelho, o Amigos dos Amigos e tantos outros não nasceram do acaso. São frutos dessa escolha pelo cárcere. Cada preso é celebrado pelas ordens criminosas como mais um integrante, mais uma força de trabalho ou financiador dessas estruturas que acabaram por ultrapassar os muros das prisões e passaram a controlar postos de gasolina e meios de transporte e até ocupar cargos públicos e eleitorais.

Quando presidiu o Conselho Nacional de Justiça e o Supremo Tribunal Federal, o ministro Gilmar Mendes alertava para o fato de que as condições de encarceramento traduzem um problema de segurança pública na exata medida em que os altos índices de reincidência, mais que a tradução do fracasso da prisão, revelam uma faceta que deve ser contida.

Assim, seja por humanidade, seja por pragmatismo, é preciso rever a política do encarceramento em massa.

Vale lembrar que, no longínquo ano de 1975, em São Paulo, realizou-se o V Congresso Nacional de Direito Penal e Ciências Afins que tratou, basicamente, de questões referentes às penas e, nesse diapasão, da reforma penitenciária. No âmbito Legislativo Federal, mais especificamente no da Câmara dos Deputados, entre 1975 e 1976, instaurou-se uma Comissão Parlamentar de Inquérito voltada a examinar a dramática situação do sistema penitenciário. O relator dos trabalhos foi o deputado Ibrahim Abi-Ackel, depois ministro da Justiça no governo Figueiredo.

O diagnóstico dessa CPI e suas conclusões não trouxeram nenhuma novidade; isto é, constatou-se que as prisões estavam superlotadas e corrompidas, além de serem elas mesmas corrompedoras. Além disso, havia uma indevida miscigenação entre reincidentes e não reincidentes, presos perigosos e não perigosos etc. Tais conclusões em nada diferiram de outra CPI instalada em 2007, sob a relatoria do deputado federal Domingos Dutra. Ele citava a superlotação dos presídios, detentos presos com penas vencidas, corrupção e desorganização do sistema, domínio de facções criminosas etc.[4] Outra CPI, também realizada no âmbito da Câmara dos Deputados relatada pelo deputado Sérgio Brito em 2015, chegou às mesmíssimas conclusões.

Propostas

A defasagem entre o crescente número de prisões e a oferta de vagas no sistema carcerário aponta para ao menos três direções: ou se constroem mais presídios; ou bem se diminui o encarceramento; ou as duas coisas concomitantemente.

Afora a equivocada crença de que, com penas duras e longas o crime será desestimulado de forma mais eficaz, temos a aplicação desmedida da conhecida prisão preventiva. Metade dos encarcerados no país é provisória. Em 2011, foi aprovada uma lei que autoriza ao juiz o uso de inúmeras outras medidas cautelares alternativas à prisão para assegurar a ordem processual ou a submissão à lei. É preciso incentivar o uso de medidas cautelares alternativas. Em 2019, com o Pacote Anticrime, um novo reforço ao caráter extremo veio com a exigência de fundamentação específica, a exigir que o juiz explique o porquê da não aplicação das medidas cautelares e mais: por que a manutenção do investigado ou acusado em liberdade representa um perigo. A insistência no incremento punitivo como suposta resposta à criminalidade merece profunda reflexão. O já referido Pacote Anticrime aumentou o limite de cumprimento de pena de trinta para quarenta anos. Agora, a Comissão de Constituição e Justiça da Câmara Federal acaba de aprovar um projeto para permitir o encarceramento por até cinquenta anos,[5] ou seja, aproximamo-nos da prisão perpétua vedada pela Constituição Federal.

O sociólogo Émile Durkheim, ainda no século XIX, em 1893, com inegável acerto, referindo-se à pena, dizia:

> Ela não serve, ou não serve senão muito secundariamente, para corrigir o culpado ou para intimidar os seus imitadores possíveis; deste duplo ponto de vista, a sua eficácia é justamente duvidosa e, em qualquer caso, medíocre. A sua verdadeira função está em manter intacta a coesão social, mantendo toda sua vitalidade à consciência comum.[6]

Por isso, segundo Durkheim, dá-se o paradoxo de que "o castigo está sobretudo destinado a atuar sobre as pessoas honestas; pois, uma vez que serve para curar as feridas feitas nos sentimentos coletivos, não pode desempenhar este papel senão onde existam estes sentimentos e na medida em que estão vivos".[7] Vale dizer: quando alguém é punido, isso atua sobre os que já não têm o propósito de ir contra a lei, como um reforço aos valores previamente internalizados ou, tomada a situação às avessas, como um prêmio por sua honestidade.

Dentro dessa linha de raciocínio, em uma sociedade como a brasileira, com fortes contrastes sociais, em que os miseráveis que constituem ponderável parcela da sociedade estão excluídos do processo de produção e consumo, em que as normas se tornam incapazes de exercer influência, em uma verdadeira anomia,[8] isto está associado, para repetir os termos do também sociólogo Ralf Dahrendorf, à "incapacidade das sociedades em criar lealdade a seus valores básicos".[9] E esta incapacidade, por sua vez, está ligada, de um lado, à ausência de vínculos culturais e, por outro, ao fato de que entre nós a cidadania está se tornando menos um fator de união do que de divisão. Não sendo exagero dizer que "estão ameaçadas as premissas em si da sociedade oficial [...], suas normas, sanções e estruturas de autoridade".[10]

Ignorar, nesse contexto, a lição de Manoel Pedro Pimentel, que ao citar Durkheim, advertia que, "quando a taxa da criminalidade é inusitadamente alta, como acontece agora no mundo capitalista, esse excesso é de natureza mórbida, revelando que a sociedade está doente",[11] é insistir em uma política criminal errada. Ou seja, que esquece as conquistas científicas da criminologia e da própria dogmática, para construir "um 'modelo-álibi', destinado a tranquilizar a opinião pública".[12]

Por essas e outras razões, nunca foi tão oportuna a sábia lembrança do ex-ministro Assis Toledo:

> A lei penal mais repressiva, com penas cruéis, já foi utilizada, aqui e alhures, mas contraditoriamente deu como resultado novos tipos de crime, como ocorreu com o gangsterismo por ocasião da lei seca, com a criminalidade profissional na Idade Média, com o mercado negro durante os tabelamentos de preço, apesar das punições estabelecidas. É um círculo vicioso interminável [...].
>
> O problema — assim pensamos — não reside na questão de ser benevolente com o crime (ninguém razoavelmente poderia sê-lo), mas de saber como contê-lo dentro de limites socialmente toleráveis, de modo sério e verdadeiramente eficiente. Sem retóricas que a nada têm conduzido. Sem leis que ficam no papel e não são executadas [...]. Por último, sem penas eternas, postas em confronto com a duração média da vida humana, que tornem irrealizáveis a disciplina nos presídios e o trabalho do Estado em prol da emenda do delinquente.[13]

As normas, como dizia Winfried Hassemer, antigo vice-presidente da Corte Constitucional alemã, "não se estabilizam nas pessoas e nos grupos pela intimidação, se não, ao contrário, pelo convencimento de que são idôneas para melhorar a convivência".[14]

É preciso compreender que o direito penal é um importante instrumento de controle social, mas atua com escassa eficácia quando age desacompanhado da atuação de outras instâncias sociais (família, escola, entidades associativas, trabalho etc.).

Para se ter uma ideia, em 1968, com base no Ato Inconstitucional nº 5, aumentou-se a pena do usuário de drogas, equiparando-a ao do traficante. Ao contrário do que se pensava, apesar do rigor punitivo, o número de usuários não diminuiu. Na contraface desse exemplo, é bom lembrar que o adultério foi descriminalizado em 2005 e não consta que essa prática tenha aumentado ou diminuído em razão disso, de não ser mais crime a traição conjugal. Obviamente, são outros fatores que atuam no comportamento de quem usa drogas (prazer, dependência etc.) ou mantém uma relação extraconjugal.

A propósito, 55,42% das prisões estão relacionadas ao tráfico de drogas. Esse número aumentou muito após a aprovação da lei nº 13.840/2019, que afastou a pena de prisão para o usuário de drogas e aumentou a sanção para o traficante. O objetivo da lei de afastar do sistema prisional o mero consumidor de drogas acabou por agravar a situação. A ausência de critérios objetivos para diferenciar o traficante do usuário fez com que as abordagens policiais — em especial nas periferias — focassem a caracterização de traficantes para pequenos usuários de drogas a fim de garantir sua prisão, o que fez explodir a taxa de ocupação carcerária no país. É preciso reformular a lei de drogas e fixar critérios claros e objetivos para distinguir usuários de traficantes. Em 2019, uma comissão formada na Câmara dos Deputados por advogados, juízes, promotores e médicos apresentou um anteprojeto nesse sentido, que dormita nos escaninhos parlamentares.

Outro ponto que merece nossa atenção é a falta de gestão da execução da pena. Em 2008,[15] o Conselho Nacional de Justiça organizou um Mutirão Carcerário para acompanhar a execução das penas de prisão no país. Foi um escândalo. Constatou-se o mais completo descaso com o acompanhamento do cumprimento dessa espécie de pena. Detentos com penas já cumpridas, com direito à progressão de regime ou de livramento condicional permaneciam nas unidades por falta de informação ou assessoria jurídica adequada. A informatização dos sistemas, a fiscalização efetiva e uma atenção ao egresso, com o objetivo de buscar condições para sua reintegração econômica, são medidas relevantes para algum avanço nessa seara.

Avanços na jurisprudência

Enquanto os problemas do encarceramento em massa não entram na pauta dos Poderes Executivo e Legislativo, talvez pela falta de atrativos eleitorais, o Judiciário tem avançado no enfrentamento da questão. Recentes decisões do Supremo Tribunal Federal e do Supremo Tribunal de Justiça têm revelado, no mínimo, o desconforto de magistrados com a situação carcerária do país.

Não por acaso, em decisão histórica relatada pelo ministro Ricardo Lewandowski, concedeu a ordem, em caráter coletivo, para abranger todas as mulheres presas que ostentem a condição de gestantes, de puérperas ou de mães com crianças até 12 anos de idade sob sua responsabilidade e retirá-las do cárcere. A única ressalva consiste na circunstância de o crime praticado envolver violência ou grave ameaça contra a pessoa. A medida, inovadora e ousada, visava a preservar a dignidade humana não apenas das presas, mas das crianças. A decisão sublinhou:

> A "cultura do encarceramento" que se evidencia pela exagerada e irrazoável imposição de prisões provisórias a mulheres pobres e vulneráveis, em decorrência de excessos na interpretação e aplicação da lei penal, bem assim da processual penal, mesmo diante da existência de outras soluções, de caráter humanitário, abrigadas no ordenamento jurídico vigente.[16]

Com o mesmo espírito, outras decisões garantem o banho de sol a presos[17] ou o ressarcimento em razão de condições carcerárias que não respeitam os mínimos padrões de humanidade estabelecidos em lei.[18] Agora, o ministro Reynaldo Soares, do Superior Tribunal de Justiça, acaba de proferir decisão determinando a contagem em dobro dos anos de prisão em um caso no Rio de Janeiro em que a unidade prisional era atentatória à dignidade humana.[19]

Enfim, se o legislador se revela tímido e o Executivo omisso, o Judiciário tem cumprido um papel da maior relevância em matéria de decisões que representam um avanço humanitário e em prol da dignidade humana. O ministro Gilmar Mendes, quando presidiu o Conselho Nacional de Justiça, com imensa razão advertia que quem prende é o juiz e quem solta é o Tribunal. Por isso, tem responsabilidade na questão carcerária e tem o dever de agir.

Enfim, há formas racionais e factíveis para superar a política do encarceramento em massa, e mesmo países que sempre apostaram nesse modelo vêm revendo suas premissas, como os Estados Unidos, em que um movimento significativo para reduzir a prisão tem impactado significativamente as políticas públicas nessa área.

É hora de percebermos que a prisão pode ser uma proposta eleitoral eficaz, um bom instrumento para aumentar a audiência de programas de televisão sensacionalistas, mas não pode fundamentar um programa de segurança pública. Ou bem enfrentamos esse estado de coisas abominável ou continuaremos a ser participantes de uma barbárie irresponsável, e por ela seremos cobrados no futuro.

A importância da Justiça Eleitoral para o Estado Democrático

Luis Felipe Salomão
Daniel Vianna Vargas

Basta analisar brevemente a configuração social e política do Brasil para notar, de maneira clara, as interações entre o papel da Justiça Eleitoral na sociedade contemporânea e sua relevância para a estruturação e os atuais contornos do Estado Democrático.

O texto pretende abordar, de forma panorâmica e no contexto nacional, a evolução do conceito de democracia, em sua vertente relacionada à participação popular no processo de tomada das decisões políticas, e a influência que a criação da Justiça Eleitoral teve nesse aspecto, discorrendo sobre os desafios presentes e futuros advindos da complexidade da sociedade moderna.

Na história brasileira, o direito de participação política apresenta constantes mutação e evolução, desde as restrições políticas, sociais, étnicas e de gênero presentes no Império, passando pela introdução da presença feminina no sufrágio, até o voto universal por meio da urna eletrônica dos dias de hoje.

Na época do Império, a Constituição de 1824 previu o voto indireto, permitindo somente candidatos que expressamente professassem a religião do Estado. Em 1881, mediante a chamada "Lei Saraiva", instituiu-se a eleição direta para senadores e deputados, sem que os analfabetos pudessem votar — entre outras restrições —, levando a um ínfimo número de eleitores alistados, os quais representavam 1,4% da população.

Proclamada a República, alguns entraves de ordem econômica foram abolidos. Entretanto, com a manutenção da exclusão dos analfabetos e das mulheres, somente 15% da população estava apta a participar das eleições como votantes, tornando ainda mais restrita a possibilidade de concorrência aos cargos públicos.

Nesse ambiente de baixa participação popular, sem um órgão central e independente, todo o processo eleitoral ficava a cargo das elites dominantes que controlavam a burocracia estatal, desde o alistamento do eleitor até a proclamação dos resultados, não havendo registros oficiais de candidaturas nem de cédulas padronizadas.

A criação da Justiça Eleitoral, em 1932, mudou esse panorama e retirou do Executivo o encargo de organizar e fiscalizar as eleições. Assim, ficavam sob a incumbência daquele órgão do Judiciário todos os atos necessários para que as eleições pudessem representar a superação do modelo anterior, próprio da República Velha, traduzindo a vontade popular por intermédio do voto e assentando as bases para a consolidação de um Estado Democrático.

O papel do Poder Judiciário, como responsável pela maior parte dos trabalhos eleitorais, vem sendo desenhado, portanto, desde o Império e ganha força no século XX.

É verdade que, como já assinalado, o Código Eleitoral de 15 de julho de 1965 estabeleceu que a Justiça Eleitoral iria cuidar de todos os trabalhos relacionados ao pleito: alistamento, organização das mesas de votação, apuração dos votos, reconhecimento e proclamação dos eleitos, bem como julgamento de questões que envolviam matéria eleitoral. Contudo, cinco anos depois, a Constituição do Estado Novo extinguiu a Justiça Eleitoral e atribuiu à União, privativamente, o poder de legislar sobre matéria eleitoral.

O Tribunal Superior Eleitoral só foi restabelecido em 28 de maio de 1945. No dia 1º de junho do mesmo ano, o Tribunal foi instalado no Palácio Monroe, no Rio de Janeiro, sob a presidência do ministro José Linhares. Um ano depois, a sede da instituição foi transferida para a rua 1º de Março, ainda no Rio de Janeiro. Em abril de 1960, em virtude da mudança da capital federal, o TSE foi instalado em Brasília, em um dos edifícios da Esplanada dos Ministérios. Onze anos depois, a sede do Tribunal foi transferida para a praça dos Tribunais Superiores. No dia 15 de dezembro de 2011, foi inaugurada a nova sede.

O conceito de democracia e o papel da Justiça Eleitoral

Com efeito, o conceito de democracia não é estanque, sendo recriado a cada retrocesso ou avanço civilizatório, com interações entre as sociedades, as necessidades surgidas na modernidade e outros fatores que levam à tomada de uma nova consciência política. No ambiente fluido da contemporaneidade, as ideias e os ideais de um governo do povo, pelo povo e para o povo[1] experimentam ressignificações a cada momento.

A mirada para o passado e o reconhecimento dessa realidade demonstram o desafio da Justiça Eleitoral de hoje e do futuro. Compreender seu papel de protagonista, de órgão reativo ou proativo, interagir com os anseios populares e manter a eficiência de sua complexa e multifuncional atuação são tarefas de grande envergadura. Sendo a democracia um sistema político caracterizado pela escolha dos governantes por eleições isonômicas e com regras definidas — cujos resultados são acatados inclusive pelos perdedores —, tem-se uma ideia da dimensão do campo de atuação dessa Justiça especializada.

De acordo com a Constituição de 1988, o Estado Democrático de Direito está alicerçado sobre os fundamentos da soberania, da cidadania, da dignidade da pessoa humana e dos valores sociais do trabalho e da livre-iniciativa, da tripartição dos Poderes, independentes e harmônicos entre si. Segundo a Carta Magna, são objetivos da República construir uma sociedade livre, justa e solidária, sem preconceitos e sem nenhuma outra forma de discriminação; erradicar a pobreza e a marginalização; e reduzir as desigualdades sociais.

O extrato desses preceitos revela o escopo ao qual deverão se adequar todos aqueles que exercem parcela do poder, vinculando seu exercício à exata medida da busca por aqueles ideais.[2] Seguindo nessa linha de pensamento, o Estado Democrático de Direito pode ser traduzido como um sistema político calcado na eficácia concreta, assim como na observação dos direitos fundamentais.

A Justiça Eleitoral deve atuar para garantir a observância dos preceitos constitucionais fundamentais, respeitando as escolhas feitas pela sociedade por meio do constituinte e removendo violações dos direitos constitucionalmente outorgados. Nesse aspecto, a Justiça Eleitoral cumpre papel de legitimação democrática,[3] atuando para o alcance substancial dos valores fundamentais da República.

A sistematização da ideia de democracia representativa parte da constatação empírica da impossibilidade de participação direta de todos no governo. Nesse ponto, o poder do discurso e dos argumentos não se presta à aprovação das decisões da comunidade no que se refere às questões relevantes para o bem comum — como ocorria na Grécia antiga —, mas serve como meio de se alcançar a figura de representação.

A democracia representativa deve operar nessa perspectiva, cabendo ao arcabouço normativo, aos atores políticos e à Justiça Eleitoral velarem por sua verdadeira efetivação, com a aproximação da expressão da vontade popular por intermédio de seus representantes, sendo de conhecimento geral que essa representatividade não é absoluta.

O povo decide — na forma e nos limites autorizados pelas leis eleitorais — quem tomará as decisões políticas, mas não participa diretamente do processo de tomada das decisões. Assim, cabe à sociedade priorizar suas obrigações cívicas a respeito de seus interesses pessoais como modo de atuação democrática. A atividade da Justiça Eleitoral é igualmente imprescindível na orientação dos eleitores e na fiscalização do processo eleitoral, garantindo a autodeterminação informativa e o exercício pleno dos direitos políticos.

A sociedade brasileira experimentou profundas transformações ao longo das últimas décadas que podem ser associadas, especialmente na área do Direito,[4] ao contexto da redemocratização, ao reconhecimento de novos direitos, ao fortalecimento do Judiciário e à revolução tecnológica.

O caráter plural da sociedade, o volume de informações em trânsito imediato e a vontade cada vez maior de participação cidadã nas decisões que alcançam todos são argumentos que exigem uma nova compreensão do papel do Judiciário e, principalmente, da Justiça Eleitoral. Espera-se uma Justiça que possa absorver todos esses anseios e transformações, convertendo-os em atuação prática na busca pela efetivação dos princípios republicanos, de acordo com todas as complexidades dos dias atuais.

Nossa complexa realidade social induz uma tentativa de regulação das mais variadas ocorrências que possam gerar conflito, o que resulta em um intrincado sistema normativo. O caráter genérico das normas, por sua vez, com o objetivo de alcançar um maior número de situações, conduz a uma atuação mais intensa do Judiciário para outorgar sentido ao texto legal. Dessa forma, também o Judiciário passa a ser responsável pelas modificações da sociedade e pela implementação de políticas públicas, o que acarreta maior responsabilidade política[5] às suas decisões.

Os desafios da Justiça Eleitoral no Brasil

Nesse ambiente, as preocupações da Justiça Eleitoral devem ser redobradas, dada a dualidade entre seu papel de garantidora dos direitos políticos e da isonomia entre os participantes dos pleitos eleitorais e a atenção para não interferir na vontade do eleitor ou na concorrência entre os participantes do processo eleitoral.

O desafio não é simples, devendo-se incluir nessa equação as especificidades do Brasil, em especial sua tradição constitucional e a imensa pluralidade da população. De um lado, requer-se cuidado para que a Justiça não esbarre na autonomia de escolha dos cidadãos e não interfira sobremaneira no campo de atuação dos demais Poderes. Noutro sentido, não pode a Justiça se furtar à sua missão basilar de promover transformações sociais, estabilizando expectativas legítimas da sociedade e atuando, quando necessário, contra a maioria. Desse modo, não devemos esquecer que a legitimação democrática do Judiciário deriva da própria Constituição.[6]

Pontuamos, a seguir, alguns exemplos concretos dos desafios que serão enfrentados pela Justiça Eleitoral e pelos atores políticos nesse movimento de constante mutação.

A chamada democracia digital tem origem com o surgimento de novas tecnologias, ainda no século xx, sendo incrementada com as transmissões televisivas, com espaços para debates e a exposição de propostas aos cidadãos. A interatividade com os destinatários da informação, aqueles que levariam o representante até o poder, inicia-se em meados da década de 1990 com a disseminação do acesso à internet e a criação de ágoras virtuais, como fóruns de debate, *blogs* e páginas pessoais dos postulantes aos cargos públicos.

O debate e a persuasão, para fins democraticamente legítimos, devem admitir o contraponto eficaz e tempestivo, sendo mesmo o ideal socrático de que a descoberta da verdade é um processo no qual o debate deve ser isento e sem influências externas. As chamadas "mensagerias privadas", principais meios utilizados na política atualmente, possuem fluxo quase instantâneo somente em uma direção, impedindo que os argumentos e as notícias sejam verificados e contrapostos em tempo hábil e de maneira efetiva.

O desafio que se mostra à Justiça Eleitoral e aos demais Poderes é grande e pode ser identificado em duas fortes linhas. Na primeira delas, em um ambiente de total ausência de regulação do Estado, o campo para o abuso do poder econômico e político e para o envolvimento de organizações criminosas é amplo e exigirá fiscalização *a posteriori* robusta. Por outro lado, de acordo com a segunda premissa, uma regulação muito restritiva e com responsabilização facilitada às empresas pode levar a uma atuação por vezes precipitada na remoção de conteúdo, o que pode obstaculizar o debate de ideias e influir na igualdade entre os atores políticos.

Aliem-se a esse fenômeno novas formas de participação contemporaneamente debatidas, como os mandatos coletivos e as candidaturas avulsas.

O ordenamento jurídico dispõe acerca dos direitos derivados da capacidade eleitoral passiva, ou seja, a faculdade de concorrer a um cargo político, de ser votado, tendo por base seu exercício de forma individual e por meio dos partidos políticos.

O artigo 14 da Constituição de 1988 aponta as condições de elegibilidade, todas elas voltadas para o indivíduo, cuidando o artigo 53, por sua vez, das prerrogativas, dos deveres, do modelo de representatividade e da responsabilização dos deputados e senadores, claramente quanto à pessoa do parlamentar individualmente considerado.

Não obstante, os chamados mandatos coletivos estão presentes em ordenamentos estrangeiros, bem como, de forma empírica, no Brasil, por meio de algumas experiências práticas ainda pendentes de análise pela Justiça Eleitoral. Neles, o exercício da função parlamentar seria compartilhado entre os "coparlamentares", sendo conjunto o processo de tomada de decisão, ainda que somente uma pessoa tenha sido oficialmente investida no mandato.

Quanto às denominadas candidaturas avulsas, a Constituição expressamente aponta como condição de elegibilidade a filiação partidária. Sem prejuízo, nas últimas eleições foram diversas as solicitações de registro de candidaturas dessa natureza, às quais o Tribunal Superior Eleitoral negou seguimento pela inexistência de vínculo dos candidatos com partidos políticos.

Os temas estão em debate no Congresso Nacional, no Supremo Tribunal Federal e no Tribunal Superior Eleitoral, sendo imprescindível ouvir a opinião popular e dos segmentos especializados para se trilhar o caminho adequado. Por intermédio de suas funções normativa, consultiva e jurisdicional, a Justiça Eleitoral deverá dar respostas rápidas e condizentes com os interesses da sociedade.

A atuação da Justiça Eleitoral terá reflexos diretos na vida da sociedade e nos modelos de participação popular e de representatividade, com consequências imediatas e, talvez, ocasionando a reconfiguração dos próprios conceitos democráticos.

Pode-se constatar por meio de uma análise histórica, efetuando-se uma comparação entre as modificações havidas na sociedade e a evolução da Justiça Eleitoral, que a adequada estruturação e o regular funcionamento desse órgão especializado do Poder Judiciário são premissas para a efetiva participação popular na escolha de seus representantes.

Os ideais republicanos e democráticos estabelecidos pelo legislador constituinte de 1988 são, ao mesmo tempo, fontes e objetos de atuação da Justiça Eleitoral, com seus integrantes sempre preocupados em garantir a efetividade dos direitos fundamentais, sem que haja uma indevida interferência no equilíbrio do processo eleitoral, considerando a democracia representativa vigente no país.

O passado nos ensina, e o presente nos orienta no delineamento daquilo que se pretende como sendo a Justiça Eleitoral do futuro, diante dos desafios apresentados durante a virada tecnológica e das novas formas de participação e representação, consolidando seu papel fundamental para o Estado Democrático de Direito.

Justiça Negocial

Sebastião Botto de Barros Tojal
Igor Sant'Anna Tamasauskas

É praticamente um senso comum referir-se à sociedade atual como uma *sociedade em rede*, algo dotado de elevada complexidade, dificilmente apreensível mediante fórmulas simplificadoras de suas relações, que se encaixavam com relativa facilidade em modelos legislativos codificados, segundo uma lógica quase cartesiana.

Talvez parte dessa complexidade sempre estivesse presente — ou ao menos latente — em razão de momentos passados tratarem como "sociedade" somente uma fração de um conjunto maior dos indivíduos, e não apenas em nosso país. Esse tempo é passado, e é bom que o seja.

Além de um vetor de inclusão de atores, a sociedade atual traz conjuntamente um outro componente relevante para escancarar essa complexidade: uma conexão exponencial entre os atores, entre estes e as instâncias do Estado, e, também, com a ordem internacional.

O presente artigo abordará como essa realidade impacta na organização do Estado e nas relações que se estabelecem entre Estado e sociedade, inferindo novas feições que necessitam ser absorvidas pelo Poder Judiciário para permitir alguma ordem e alguma coerência ao sistema jurídico, sobretudo em um contexto em que emergem soluções negociais para o exercício de funções estatais marcadamente sancionatórias.

Como referido, a atual conformação da sociedade impõe uma modificação na forma em que o Estado se organiza para, ao menos, atender à parcela das aspirações que explodem em uma miríade de pleitos e necessidades, cada vez mais crescentes, pela participação no estabelecimento, na definição, na ampliação e na reconformação de políticas públicas. Isso implica multiplicação de pontos de acesso, pelo lado da sociedade, e pulverização de centros de poder decisório, pelo lado público.

A mera descentralização de atividades públicas, em movimento de desconcentração de poderes da União para Estados e Municípios, de há muito não responde mais às necessidades sobre como lidar com essa realidade. Em um contexto de escassez, o Estado precisa reinventar-se para congregar esforços no sentido de, organizadamente, elevar a quantidade e a qualidade de serviços colocados à disposição de seus cidadãos.

Outros fatores, como disputas por espaço político em determinados setores da máquina pública, acabam por agregar complexidade a essa (in) equação: em vez de reformas estruturadas segundo uma racionalidade hipotética do legislador, são disputas de poder que acabam conformado essa nova organização. Disputas entre atores da sociedade, dentro do Estado, entre carreiras públicas, a partir de estruturas já existentes.

Toda essa fricção enseja, como intuitivo, fragmentação do Estado em diversas facetas, com suas lógicas internas e características singulares, que muitas vezes podem se contrapor à própria ideia da centralidade do Estado em uma voz clara de interação com a sociedade. A esse propósito, consulte-se, por exemplo, *A fragmentação administrativa do Estado*, de Daniela Bandeira de Freitas.[1]

São diversos órgãos e estruturas, cada qual com seu papel de haurir posições dos cidadãos e, em um processo de catálise, definir, *sempre que possível*, a posição prevalecente. *Sempre que possível*, porque as contradições inerentes à realidade acabam por não se dissolver e, não raro, reproduzem-se em políticas que as internalizam e, por isso mesmo, assumem um papel quase paradoxal, acaso observado por um enfoque mais tradicional.

Quiçá também por esse motivo seja comum ouvir da *crise do Estado Social* resultante de sua progressiva incapacidade de lidar com toda essa complexidade crescente — complexidade que tende a assumir uma característica ainda mais aceleradamente disruptiva, enquanto coexistem estruturas organizadas sob os mais diversos matizes e visões.

Assim, a multiplicidade de formas organizacionais das estruturas estatais inviabiliza a tomada de decisão sob uma roupagem hierárquica: não se pode esperar que a linguagem tradicionalmente utilizada pelo Estado possua o condão de atender convenientemente aos anseios de conferir organicidade à ação estatal nessa atual conformação. A negociação emerge como elemento vital no inter-relacionamento desses diversos órgãos com que o Estado se apresenta. E também na forma como a sociedade lida com esse Estado plúrimo. Quem bem o identifica é Eurico Bitencourt Neto, em sua obra *Concertação administrativa interorgânica*.[2]

Sem um centro claro de decisão e diante de uma complexidade exponencial dos assuntos objetos de decisão estatal, a heteronomia acaba se demonstrando limitada para impor comportamentos à sociedade. Essa constatação manifesta-se sob diversos aspectos: pela inaptidão de se alcançarem resultados cogitados, pela resistência no acatamento de decisões, pela ineficiência decorrente da incompreensão da realidade.

O direito acaba tendo de se adaptar para prover mecanismos que dialoguem com esse quadro. Estratégias de indução, de negociação e de participação passam a emergir como alternativas. O particular deixa de ser um mero destinatário da ação estatal para, de forma mais ativa, integrar-se na formatação da decisão do Estado, inclusive aquelas de cunho regulatório e sancionatório.

Incorpora-se ao rol de relacionamentos com o Estado, portanto, a possibilidade de estabelecimento de acordos e contratos de diversas naturezas, antecedidos das respectivas negociações. Tal situação configura uma quebra de paradigma relevante, que impacta a equação ESTADO → PARTICULAR, até então trabalhando preferencialmente em um código de sujeição. Sequer os operadores do Direito apresentam-se plenamente capacitados para essa alteração de código, dado que a formação acadêmica, regra geral, privilegia a litigância como solução preferencial.

O Estado, portanto, passa a estabelecer regramentos que admitem a participação do privado na adoção de providências tradicionalmente relacionadas ao exercício de sua função típica, como a criação de regras diretivas de determinadas atividades e o poder de sancionar quem se desvie da conduta cristalizada na norma. Ao mesmo tempo, entrementes, convive-se com estruturas ainda moldadas sob a forma mais tradicional de tomada de decisão, como as *camadas geológicas* sedimentando-se, para usar a figura de linguagem de Sousa Santos.[3]

Essa realidade impõe-se ainda com mais força quando se trata de procedimentos destinados a impor sancionamento por descumprimento de normas de conduta relacionadas ao controle de corrupção. Como a característica essencial do ato de corrupção é reinventar formas de burlar os sistemas de controle, o enfrentamento dessa patologia do poder deve levar em consideração estratégias que impliquem a possibilidade de reconformação da resposta estatal. Muitas vezes, a cadeia decisória privada que culmina no ato de corrupção encontra-se pulverizada em diversas individualidades que, tomadas *per si*, dificulta-se sobremaneira o trabalho de identificar responsabilidades e de punir segundo um processo tradicional.

Em razão de tal conjunto de dificuldades, adotou-se regime de responsabilidade objetiva em ordem a enredar a pessoa jurídica envolvida nos ilícitos. Se a busca por responsabilidades individuais redunda dificultosa no regime de respeito a direitos e garantias do cidadão, o regime de se responder tão somente em decorrência da constatação do liame entre ato e benefício, independentemente da volição[4] do agente, encurta a tarefa do Estado. Paralelamente, impõe à pessoa jurídica um dever de fiscalizar-se, pois, caso contrário, poderá ver-se enredada em situações que trarão constrangimentos de imagem e riscos jurídicos consideráveis.

A prevenção, portanto, configura um vetor importante desse novo relacionamento público-privado, zelando-se pela observância de regras de conduta ética.

Lidar com um quadro de elevada complexidade pressupõe a disponibilidade de ferramental adequado. Em um momento anterior, em que os braços governamentais, sem justaposição de funções, respondiam, não raro, a apenas um centro decisório, a linguagem hierárquica mostrava-se suficiente para ordenar essa relação.

Situação diversa ocorre na aplicação de elementos de justiça negocial — acordo de colaboração premiada, acordo de leniência e acordos de não persecução civil e criminal, entre outros — em um contexto de multiplicidade institucional. A hierarquia não permite travar uma ordenação entre os muitos órgãos encarregados de lidar com a situação, e isso por um motivo bastante simples: não existe uma autoridade que seja superior, por exemplo, ao mesmo tempo, em relação ao Ministério Público, à advocacia pública, ao Tribunal de Contas, que possa, administrativamente, estabelecer uma ordem entre tais elementos. Além disso, os instrumentos de justiça negocial necessitam de um fundamento imprescindível para operar: segurança jurídica que, objetivamente, pode ser traduzida como o respeito à equação ajustada entre o particular e o Estado.

Sem alongar demais o raciocínio, esses instrumentos foram construídos segundo a lógica de economia comportamental, em que são levadas em consideração as racionalidades dos atores envolvidos na tomada de determinada decisão. Pactua-se porque a alternativa é desfavorável: para o Estado, ante o elevado custo de buscar a condenação judicial e posterior execução de julgado; para o privado, ante a incerteza de uma solução célere e os custos de imagem inerentes.

Entregar efetivamente os benefícios ajustados com o particular, pois, é um vetor não apenas de respeito ao pactuado em determinada situação concreta: significa demonstrar a futuros candidatos que a equação será cumprida. Se não for, ou o for parcialmente, à sociedade será passada uma mensagem para incluir, em futuros cálculos, essa variável de cumprimento parcial ou nulo.

Temos, portanto, de um lado um Estado fragmentado que, em dadas condições, necessita renunciar à heteronomia para lidar com uma sociedade complexa, e, de outro, precisa ostentar integração para justamente entregar as contrapartidas a que se comprometeu mediante os pactos de renúncia da heteronomia. É a noção de *fragmegration* de que trata Rosenau,[5] para se referir, em uma só palavra, à ideia de integração e fragmentação, conceito típico das questões atuais.

A solução parece apontar para novas formas de lidar com problemas complexos, em que métodos mais tradicionais não respondem adequadamente. Uma dessas possibilidades é entender esse conjunto de órgãos como integrantes de uma *rede* e aplicar as ferramentas típicas dessa maneira de compreender sistemas complexos.

Teubner[6] analisou estruturas empresariais em rede e propôs ao menos dois conceitos-chave para entendê-las: (i) o *network purpose*, que internaliza a agilidade de uma individualidade e as vantagens de uma organização coletiva; (ii) o regime de *co-ompetition*, outro neologismo para narrar as forças de competição e cooperação que se estabelecem entre os integrantes da rede, verdadeiros motores que operam nas constantes reconformação e readaptação da rede a cada nova necessidade.

Lewis[7] e Barabási[8] têm obras bastante didáticas sobre a ciência de redes, em que apresentam essas formas de organização como mecanismos para compreender fenômenos complexos no mundo natural (física, química, biologia) e mesmo das humanidades.

Um desses mecanismos é o conceito da *sincronização*, que, *grosso modo*, pode ser compreendido como o estudo da *estabilidade* de uma rede. Uma rede estabiliza-se quando todos os seus elementos marcham juntos em sincronia ou estabelecem um mesmo valor. Especificamente sobre a aplicação da teoria de redes em matéria de consensualidade, confira-se Tamasauskas.[9]

Voltemos ao nosso problema: é fundamental obter um comportamento harmônico das diversas facetas estatais em relação ao pactuado com o particular. Se alguém renunciou a seu direito de defesa típico em contrapartida a benefícios negociados, espera-se que o Estado, como um todo, apresente uma resposta de respeito à pactuação.

A interação com essa realidade multifacetada, em um contexto de negociação da punição, deve atuar para induzir esse comportamento uniforme, levando em consideração não apenas a entrega efetiva dos benefícios pactuados, mas sobretudo a eficiência na busca da responsabilidade de eventuais coautores de ilícitos.

Sobressai, portanto, o papel do Judiciário para arbitrar posições, agora não mais na definição da existência ou da inexistência de elementos de responsabilização e na respectiva punição prevista na legislação. O juiz passa a ser chamado para (re)compor o equilíbrio entre os órgãos eventualmente dissonantes e (r)estabelecer a lógica da negociação quando comportamentos adjudicatórios se manifestarem indevidamente durante o processo de negociação ou mesmo após estabelecido o acordo.

Óbvio que a solução heterônoma estará sempre disponível, mas ao juiz espera-se discernimento para identificar quando: (i) se tratar de um comportamento indevido do particular que, simulando uma postura negocial, busca ludibriar os órgãos de controle; ou (ii) se tratar de comportamento indevido de uma (ou várias) autoridades não despidas de seu atributo adjudicatório.

Na primeira hipótese, o sancionamento ao recalcitrante deverá ser estabelecido, como determina a legislação, para aquele que violou a regra de conduta. O segundo caso demanda um esforço adicional: para quem está de fora da mesa, é difícil compreender o limite entre uma atuação "dura" na negociação e uma atuação desleal, que aproveita a fragilidade daquele que se despiu de tese defensiva para incutir sancionamento além do previsto na legislação.

A questão reside em compreender se a atuação da autoridade é pautada pela diminuição das assimetrias informacionais ou se decorre da má calibragem da dúvida que deve permear a atuação de autoridades, sempre na linha de identificar se o candidato a colaborador é genuíno ou se apresenta uma tentativa de embuste.

Uma maneira possível de lidar com a questão reside em mapear a rede de controle que esteja atuando no caso específico, de forma a identificar as relações estabelecidas (ou a estabelecer) entre os diversos órgãos estatais e o colaborador. Uma vez apreendido o quadro geral, competirá ao Judiciário adotar a decisão que atue para induzir o comportamento esperado: rechaçar o colaborador recalcitrante ou estimular a sincronização dos atores estatais no vetor de respeito ao acordo estabelecido.

Outra situação que emerge dessa nova realidade são as persecuções que se estabelecem a partir dos elementos de prova que são produzidos a partir dos acordos entabulados com pessoas físicas ou jurídicas.

A relação processual passa a contar com uma figura diversa da acusação e da defesa: o colaborador. Essa nova figura possui um contrato de performance com a acusação, em que deve se esforçar para defender as narrativas do acordo sob o crivo do contraditório judicial. Há um notável incremento na complexidade deste novo processo, a agregar a conferência do cumprimento contratual às já delicadas tarefas de produção de provas além da dúvida razoável de um processo sancionatório.

O colaborador possui um estímulo a produzir evidências para reforçar a narrativa apresentada aos órgãos de controle. O juiz deverá perquirir acerca da compatibilidade dessas evidências com direitos e garantias individuais, de modo a evitar que, no afã de buscar o prêmio pela performance, violem-se regras fundantes do Estado de Direito.

Poder-se-iam listar outros desafios decorrentes dessa nova realidade; esses dois já apresentados ilustram a complexidade em lidar com tal quadro, sobretudo pela ruptura de paradigma que ele representa.

O Judiciário precisará lançar mão de todos os seus esforços para compreender tal fenômeno e lidar com suas características, sem perder de vista o papel de estabilização e de pacificação que lhe é atribuído.

À guisa de conclusão, temos que o Judiciário encontra severas dificuldades para atender às demandas crescentes dos jurisdicionados no contexto de uma sociedade cada vez mais complexa e diferenciada: a prestação jurisdicional adjudicatória tem se mostrado muito aquém das demandas que lhe têm sido apresentadas.

É preciso, pois, ressignificar o papel do juiz e do Judiciário nessa realidade: antes de se pretender que se entreguem, na forma de sentenças, bens e serviços, é fundamental visualizar, nesse novo *script*, como uma instância ou arena onde possam ser forjadas soluções pelas próprias partes. A partir daí, o Judiciário poderá melhor interagir com as partes e melhor exercer um papel de liderança na sincronização dos sistemas, não apenas naquele relacionado à leniência.

Há um alerta, todavia, que necessita ser preenchido pela academia: o ensino jurídico necessita formar quadros capacitados para essa nova realidade.[10]

A proteção de minorias vulneráveis

Daniel Sarmento

"As minorias têm que se curvar às maiorias. As minorias se adequam ou simplesmente desaparecem."[1] Essa fala terrível e distópica de Jair Bolsonaro foi proferida antes de sua eleição, mas tem orientado as ações e políticas públicas do governo federal em relação às minorias vulneráveis. Ela evidencia a gravidade do momento que o país atravessa, bem como a importância da defesa das minorias, submetidas a tantos ataques.

O cenário é especialmente preocupante, porque antes da crise democrática em que o Brasil mergulhou apenas ensaiávamos os primeiros passos no sentido de combater sérias injustiças e opressões estruturais que atingem, desde sempre, grupos estigmatizados de nossa sociedade, como os negros, as mulheres, os pobres, os povos indígenas, as pessoas com deficiência e as populações LGBTQ+. Mesmo antes de Bolsonaro, um oceano separava as promessas igualitárias da Constituição de 1988 da vida desses segmentos sociais. Portanto, o retrocesso e as ameaças se dão a partir de um patamar muito baixo de efetivação de direitos dos grupos vulneráveis.

O Brasil é, com efeito, um país profundamente desigual. E não se trata de uma desigualdade apenas econômica, ligada à concentração de renda e de riqueza — que atingem entre nós níveis absurdos e inaceitáveis. Trata-se de uma desigualdade multidimensional, que se manifesta em vários outros planos, como na submissão à violência estatal e social, no acesso assimétrico a serviços públicos adequados, na sub-representação política, na falta de respeito às diferenças identitárias e na exposição desproporcional a riscos e danos ambientais.

Esses padrões desigualitários são antigos e estão profundamente enraizados em nossa cultura e nossa economia. Eles têm relação com o passado escravocrata do país — o último a abolir a escravidão no Ocidente — e com nossa dificuldade em superar uma compreensão hierárquica e estamental das relações sociais, em que direitos e deveres são concebidos não em bases universalistas, mas a partir da posição ocupada por cada indivíduo na estrutura social. É uma desigualdade fortemente naturalizada, já que brasileiros são socializados desde a primeira infância para enxergar o mundo através das lentes da hierarquia social. Cada um "aprende seu lugar" e tende a agir de acordo com as regras implícitas dessa gramática social. Isso, naturalmente, compromete a garantia concreta de direitos para grupos excluídos — mesmo quando prometidos nos textos legais —, ao mesmo tempo que assegura o gozo de privilégios injustificáveis para certas elites.

Em resumo, a crise democrática atual — que tem um dos seus eixos exatamente na rejeição do governo aos direitos fundamentais dos grupos excluídos —, soma-se a problemas crônicos e persistentes do país. Diante desse contexto preocupante, torna-se importante explicar algumas premissas sobre a proteção das minorias, que serão o objeto deste artigo.

Democracia, direitos das minorias e Poder Judiciário

A democracia constitucional é um arranjo institucional que combina o governo das maiorias com a exigência de respeito às regras do jogo democrático e aos direitos das minorias.

O principal instrumento que assegura o governo das maiorias é a eleição dos representantes do povo, no Poder Legislativo e na chefia do Poder Executivo, nos vários níveis de governo. Eleições livres, periódicas, diretas e que incluam todos os cidadãos visam a garantir que as decisões políticas mais relevantes sejam tomadas por representantes escolhidos pelo povo. Em uma democracia funcional, as decisões desses Poderes eletivos devem, idealmente, exprimir a vontade das maiorias políticas.[2] Os eleitos têm um mandato que os legitima a perseguir sua agenda política vencedora nas urnas. Mas não se trata de um mandato ilimitado. Há limites ditados pela Constituição, a qual impõe respeito a direitos, instituições e procedimentos.

Entre esses limites, figura a proteção dos direitos fundamentais das minorias. Evidentemente, os direitos básicos de minorias não podem depender apenas da vontade dos governantes e maiorias, sob pena de completa ineficácia. A premissa central do constitucionalismo é exatamente essa: há de se proteger direitos básicos diante dos riscos de despotismo dos governantes ou de tirania das maiorias. E os direitos das minorias estigmatizadas são aqueles mais expostos a riscos e que, portanto, carecem de maior cuidado e proteção.

Por isso, um dos papéis centrais das constituições é a garantia dos direitos das minorias. Com essa salvaguarda, busca-se colocar tais direitos fora do alcance dos governos de ocasião ou das maiorias legislativas. Como a Constituição está acima das leis e dos atos de governo, estes não têm como suprimir juridicamente os direitos e garantias constitucionais. No caso brasileiro, essa proteção é especialmente robusta, já que os direitos fundamentais (inclusive os direitos das minorias) representam cláusulas pétreas[3] da Constituição Federal. Por isso, tais direitos não podem ser eliminados ou subvertidos nem mesmo por emendas à Constituição, que exigem para a aprovação o quórum de três quintos dos deputados e senadores.

Isso não quer dizer que a relação entre os direitos das minorias e o legislador seja sempre conflitiva. Muito pelo contrário. No Brasil, o Congresso aprovou normas muito importantes em defesa de grupos vulneráveis, como a lei que criminalizou o racismo, a Lei Maria da Penha e os Estatutos da Criança e do Adolescente, da Igualdade Racial, do Idoso e da Pessoa com Deficiência. Além disso, o país é signatário de uma série de importantes tratados internacionais sobre proteção de grupos vulneráveis, que foram aprovados pelo Congresso Nacional para entrar em vigor.

Evidentemente, o campo de afirmação dos direitos das minorias transcende em muito o espaço jurídico, envolvendo mobilizações nas mais diferentes searas. A concretização dos direitos nunca cai do céu: ela é conquistada por meio de lutas sociais. As batalhas são também travadas na esfera pública, nas ruas, nas artes, na academia, na imprensa, nas redes sociais, nos parlamentos, na burocracia estatal e nas urnas. Central nessas lutas é a conquista de corações e mentes. Quanto mais setores da sociedade se convencerem sobre a legitimidade de uma reivindicação de direitos, maior é a chance de que esses direitos sejam efetivados.

De todo modo, a proteção judicial é muito importante para a garantia dos direitos fundamentais das minorias. O fato de os juízes contarem com independência diante dos governos, e de não serem eleitos — não precisando por isso agradar as maiorias de cada momento para se manterem em seus cargos —, fortalece sua capacidade na proteção dos direitos das minorias. Trata-se da chamada *atuação contramajoritária* do Poder Judiciário, certamente um dos seus mais nobres e importantes papéis.

Na ordem jurídica brasileira, essa atuação contramajoritária é potencializada pela amplitude com que foi consagrado o controle de constitucionalidade pela Carta de 1988. Todos os juízes brasileiros podem realizá-lo (controle difuso), afastando a aplicação de leis e atos normativos que conflitem com a Constituição, sempre que o tema se apresente em casos concretos que lhes tenham sido submetidos. E há também o controle concentrado e abstrato de constitucionalidade exercido pelo STF, que foi muito reforçado pela Constituição Federal, especialmente pelo alargamento do rol daqueles que podem provocar a atuação da Corte. Antes da Constituição de 1988, só podia fazê-lo o procurador-geral da República — à época, cargo de livre escolha e exoneração pelo presidente. Agora, há um amplo elenco de legitimados ativos em que figuram, entre outros, os partidos políticos com representação no Congresso Nacional, em geral interessados, quando integrantes da minoria parlamentar, no questionamento das decisões mais controversas da maioria. Nesse rol de legitimados, estão igualmente as "entidades de classe de âmbito nacional", entre as quais, segundo a jurisprudência mais recente do Supremo, aquelas que representam minorias sociais vulneráveis, como os povos indígenas. Essa configuração da jurisdição constitucional brasileira favorece que os temas polêmicos decididos na esfera política sejam levados ao Judiciário — notadamente ao STF —, o que desperta a crítica frequente de judicialização da política e de ativismo judicial. O tema é delicado e complexo, e não será possível examiná-lo aqui.

No controle jurisdicional de constitucionalidade, a atuação judicial contramajoritária revela-se com toda clareza. Afinal, magistrados não eleitos podem derrubar normas editadas pelos representantes do povo, inclusive quando violarem direitos das minorias. De todo modo, para diferentes correntes da teoria constitucional, a proteção dos direitos fundamentais de minorias estigmatizadas diante do arbítrio ou do descaso dos governantes ou das maiorias corresponde a papel central de um tribunal constitucional, em que sua atuação mais firme e proativa se justifica.

Porém, a desejada atuação judicial a favor dos direitos de minorias vulneráveis nem sempre ocorre. Afinal, os juízes são quase sempre recrutados dentro da elite socioeconômica e costumam estar impregnados pelos valores dessa elite. Com frequência, são valores excludentes, que reproduzem hierarquias e preconceitos presentes na cultura brasileira, prejudiciais às minorias. A socialização profissional no âmbito da magistratura e das demais carreiras jurídicas não elimina esse problema. Afinal, o *ethos* desigualitário também impera nesses espaços, com nuances próprias. Não espanta, assim, que a concretização judicial dos direitos das minorias fique muitas vezes bastante aquém das potencialidades constitucionais. Ou ainda que, em determinados contextos, a justificativa da proteção contramajoritária das minorias seja mobilizada como mero disfarce retórico para defesa de privilégios de grupos hegemônicos.

A saída para esse impasse não parece residir na restrição à atuação jurisdicional em defesa de direitos das minorias, ou ao exercício do controle de constitucionalidade, como alguns defendem. No Brasil, essa solução, especialmente em momento como o que atravessamos, seria trágica, gerando grave desproteção de direitos, exatamente quando sua garantia se torna mais indispensável. Muito melhor é a aposta no fortalecimento de uma cultura de direitos, seja na sociedade, seja no próprio Poder Judiciário.

Na atuação jurisdicional, isso envolve, entre outros aspectos, a promoção do maior pluralismo na composição dos tribunais — precisamos urgentemente, por exemplo, de mais juízas e juízes negros,[4] que conheçam de perto a dura realidade do racismo. Envolve, ainda, o fortalecimento dos canais de acesso dos grupos excluídos ao sistema de Justiça, bem como a promoção de mudanças na formação profissional dos atores desse sistema, de modo a fomentar sua maior permeabilidade às vozes tradicionalmente subalternizadas na sociedade.

Os direitos das minorias vulneráveis não são privilégios

Na retórica reacionária que hoje assola o país, direitos de minorias são por vezes tachados de privilégios ilegítimos. Este é um equívoco que precisa ser desmistificado. Para isso, é importante, inicialmente, fazer um esclarecimento conceitual sobre o que se entende por "minoria" no léxico da teoria constitucional contemporânea.

O conceito não é quantitativo, mas diz respeito às relações de poder presentes na sociedade. Minorias são grupos não hegemônicos, que se encontram em situação de opressão ou de maior vulnerabilidade no âmbito das relações sociais. Nesse sentido, por exemplo, os milionários, embora absolutamente minoritários no sentido numérico, não constituem minoria. Afinal, seus interesses já são protegidos até demais, no âmbito das relações político-sociais. Já os negros e as mulheres, embora correspondam a grupos numericamente majoritários no Brasil, representam minorias, uma vez que estão em situação de opressão e de maior vulnerabilidade social em nosso país, que padece do racismo e do machismo estruturais.

Evidentemente, uma mesma pessoa pode pertencer a diferentes grupos sociais, alguns deles minoritários; outros não. O pertencimento simultâneo a diversos grupos vulneráveis ("minorias") tende a agravar as opressões e injustiças vivenciadas. A desigualdade de gênero, por exemplo, afeta todas as mulheres, mas as mulheres negras são, em geral, mais vitimizadas do que as brancas, porque também são estigmatizadas e oprimidas por conta de sua raça. Da mesma forma, uma pessoa com deficiência tende a sofrer maiores violações de direitos se ela for pobre do que se for de classe média ou alta. Esse é um tema central, que vem sendo estudado sob o rótulo da *interseccionalidade*, desenvolvido sobretudo por meio da produção intelectual de autoras feministas negras.

Os direitos das minorias costumam ser invocados em dois diferentes contextos, e nenhum deles corresponde a privilégio. Há, de um lado, a busca de *acesso igualitário a direitos universais*, que são denegados a grupos excluídos. E existem também os *direitos específicos*, justificados com base nas singularidades desses grupos ou na necessidade de correção de desigualdades existentes.

No primeiro caso, é até absurdo falar em privilégio. Não é incomum que os integrantes de grupos estigmatizados sejam excluídos, de modo explícito ou não, do acesso equitativo a direitos atribuídos aos demais membros da sociedade. Essa exclusão não apenas os priva de liberdades ou bens materiais importantes, como é, em si mesma, um sinal de desrespeito, por corresponder a um selo oficial de inferioridade

Em relação à exclusão formal e explícita de direitos no contexto contemporâneo, cabe recordar a questão da união estável e do casamento. As normas jurídicas vigentes no Brasil asseguravam essas possibilidades de constituição de família apenas para casais formados por pessoas de sexo diferente. O direito tão importante de constituir família, amplamente acessível aos heterossexuais, era denegado pela ordem jurídica às pessoas homossexuais, para as quais, obviamente, só faz sentido a união estável ou o matrimônio com pessoas do mesmo sexo. A intervenção do Poder Judiciário — especialmente do STF[5] — foi fundamental nesses casos, para assegurar a garantia universal de direitos básicos aos integrantes de minoria socialmente estigmatizada, cuja proteção não poderia ser condicionada aos humores da política majoritária.[6]

Mais frequente ainda é a exclusão, na prática, de direitos básicos previstos em normas que, no papel, são estendidas a todos. As hierarquias e assimetrias que permeiam nossa cultura sabotam sistematicamente a aplicação equitativa desses direitos. O problema não está nas normas jurídicas, mas no modo como são cotidianamente aplicadas pelas autoridades competentes, diante de pessoas tratadas como *invisíveis* pelo Estado — é como se seus direitos não contassem — ou que, ainda pior, são por ele *demonizadas*, percebidas como inimigos a serem eliminados.[7]

A inviolabilidade de domicílio, por exemplo, é vivenciada pela classe média e pela elite, mas é sistematicamente desrespeitada nas favelas e periferias brasileiras. Nessas residências humildes, na prática, a polícia entra como e quando quiser. Essa assimetria ocorre até mesmo com o direito à vida, o mais básico de todos. Na atuação da polícia, a morte da população negra das comunidades é frequentemente banalizada. Execuções extrajudiciais são comuns e quase nunca geram reação proporcional do Ministério Público e do Judiciário. As investigações dos crimes dos agentes do Estado, quando ocorrem, são geralmente conduzidas de modo burocrático e dificilmente geram denúncias, muito menos condenações. Nas operações policiais em favelas do Rio de Janeiro, por exemplo, é frequente a morte de moradores, inclusive crianças, por balas perdidas. Esses óbitos são considerados "danos colaterais" que parecem ser aceitos com tranquilidade pelas autoridades e por uma parcela da sociedade. Todas as vítimas são pobres, quase todas são negras. O tema é objeto de ação em curso no STF, a Arguição de Descumprimento de Preceito Fundamental[8] nº 635 — conhecida como "ADPF das Favelas" —, em que sou advogado.

Como falar em privilégio, se o que grupos vulneráveis reivindicam nesses casos é nada mais que a fruição equitativa de direitos básicos e universais — como vida familiar, inviolabilidade do domicílio e até o direito à vida?

Um pouco mais complexa é a questão dos direitos específicos concedidos a minorias vulneráveis — como o direito dos povos indígenas e quilombolas a seus territórios tradicionais ou o direito às políticas de ação afirmativa no acesso à universidade e a cargos públicos para pessoas negras, indígenas e com deficiência.

Aqui, é preciso demarcar algumas diferenças importantes entre os privilégios e os direitos diferenciados concedidos a minorias vulneráveis. Os primeiros são tradicionalmente concedidos às elites, aos grupos hegemônicos. Os segundos são atribuídos a integrantes de grupos estigmatizados e excluídos. Mas não é só. Os privilégios ligam-se a uma visão não igualitária das relações sociais, calcada na hierarquização entre as pessoas. Já os direitos diferenciados, em sua melhor leitura, fundam-se em compreensão universalista e igualitária. Eles são conferidos não porque seus titulares sejam melhores ou piores do que as demais pessoas, mas no afã de promover a igualdade, tratando-os com o mesmo respeito que é devido a todos os demais indivíduos.

Ocorre que tratar com o mesmo respeito às pessoas impõe, muitas vezes, a atribuição de direitos diferenciados a elas. As razões podem ser as mais diversas: por exemplo, corrigir injustiças estruturais e históricas; adequar as normas e práticas vigentes, moldadas a partir dos interesses dos grupos hegemônicos, às especificidades de determinados segmentos sociais que são atingidos por elas de modo desproporcional; e possibilitar a sobrevivência de culturas e modos de vida tradicionais que são constitutivos da identidade de seus integrantes.

Afinal, o que a igualdade postula não é o tratamento uniforme de todas as pessoas, mas, sim, o respeito a cada indivíduo como um igual, com o mesmo respeito e consideração.[9] E tratar as pessoas como iguais implica muitas vezes o dever de remover obstáculos para a fruição de direitos experimentados por grupos vulneráveis, o que pode exigir a garantia de direitos diferenciados. Outras vezes, trata-se de reconhecer e respeitar diferenças identitárias, que podem demandar proteções jurídicas especiais.

Uma das hipóteses de atribuição de direitos diferenciados que vem sendo bastante empregada no país — e sempre suscita polêmicas — envolve as políticas de ação afirmativa de natureza racial para acesso ao ensino superior e a cargos públicos. Essas medidas se alicerçam em vários fundamentos legítimos e convergentes, como a promoção da igualdade material, a compensação da discriminação passada, a garantia do pluralismo nas instituições e a quebra de estereótipos negativos, que associam pessoas negras ao desempenho de funções subalternas. O STF, com inteira razão, reconheceu a constitucionalidade dessas medidas por sua plena convergência com os valores igualitários e pluralistas da Constituição de 1988.[10]

As principais dimensões dos direitos das minorias vulneráveis

Os direitos de minorias vulneráveis apresentam-se em diferentes dimensões da vida social, em que se manifestam a injustiça e a opressão. Essas dimensões não são estanques, mas profundamente inter-relacionadas. Normalmente, a injustiça em uma delas alimenta a opressão nas outras. Do mesmo modo, garantias de direito em um campo tendem a gerar efeitos positivos nos demais, embora eventuais fricções possam também ocorrer.

De toda forma, vale a pena explicar, ainda que de maneira extremamente sintética, como funcionam essas principais dimensões.[11]

Redistribuição

A dimensão da *redistribuição* liga-se às injustiças de natureza eminentemente econômica. No Brasil, essas injustiças são extremamente graves. Somos o segundo país mais desigual do mundo, se considerarmos a imensa concentração de renda detida nas mãos de apenas 1% da sociedade, e essa desigualdade vem aumentando nos últimos anos.[12] A mobilidade social é muitíssimo reduzida entre nós, o que afasta a seriedade de qualquer discurso que busque justificar as desigualdades econômicas com base em uma suposta meritocracia. Por aqui, filhos de pobres com quase toda a certeza tornam-se adultos pobres. Assim como os filhos desses filhos.

Tais injustiças não provêm da natureza, nem são inevitáveis. Elas refletem construções históricas e decisões políticas que aprofundaram a desigualdade econômica. Escolhas diferentes, que gerem efeitos opostos, são possíveis. Mais que isso, são ética e juridicamente necessárias. Por exemplo, apesar de a nossa Constituição prever que o sistema tributário deve se basear na capacidade contributiva, adotamos um modelo fiscal regressivo, muito dependente da arrecadação de tributos indiretos, que atingem mais pesadamente os pobres e preservam os ricos. Em relação aos impostos diretos, como o imposto sobre a renda, empregamos, em termos comparativos, uma alíquota máxima muito baixa, além de consagrarmos generosas isenções fiscais que favorecem as elites. Por imperativo constitucional, a tributação no Brasil deveria se voltar à promoção da igualdade econômica, mas ela opera quase com o sinal trocado. Por que não equacionar essa questão — até mais importante do que a também necessária simplificação dos tributos — em uma reforma fiscal? Parece óbvia a necessidade de implementar a mudança, mas, talvez por afetar os interesses econômicos das elites, o tema continua à margem da agenda política nacional.

As profundas desigualdades distributivas, agravadas na fase neoliberal do capitalismo, geram efeitos gravíssimos sobre a pobreza e a miséria. A fome, que em passado recente tínhamos conseguido praticamente eliminar do país, voltou a nos assombrar, atingindo mais de 19 milhões de pessoas em 2021.[13] Enquanto isso, a riqueza concentra-se ainda mais em uma diminuta elite econômica.

A desigualdade econômica diz respeito, evidentemente, ao sistema de classes sociais, mas ela também onera certos grupos sociais específicos de modo desproporcional. Os negros são, em geral, significativamente mais pobres do que os brancos.[14] São mais atingidos pelo desemprego e pelo subemprego; raramente ocupam as posições mais bem remuneradas; e recebem menos pelo desempenho das mesmas atividades do que os brancos. O fenômeno também ocorre com as mulheres, com o diferencial de que quase todo o trabalho ligado ao cuidado — como as atividades que envolvem a casa, os filhos e os familiares idosos — ainda recai desproporcionalmente sobre elas. São atividades que, conquanto essenciais à reprodução social, não recebem nenhuma remuneração em nosso enviesado contrato social.[15] Obviamente, isso impacta de modo extremamente negativo a condição econômica das mulheres.

O debate sobre a proteção de minorias não deve ficar centrado apenas nas chamadas pautas identitárias, incorrendo no que a pensadora feminista Nancy Fraser chamou de *neoliberalismo progressista*,[16] que deixa de lado as graves injustiças econômicas. É preciso discuti-las e enfrentá-las também, especialmente em um país onde são tão profundas e causam tamanho sofrimento como o Brasil.

Reconhecimento

O *reconhecimento* liga-se ao dever de respeito às identidades não hegemônicas. Como a psicologia e as ciências sociais demonstram, o olhar do outro constitui-nos: nosso bem-estar ou nosso sofrimento e nossa autonomia ou nossa subordinação dependem profundamente da maneira como somos enxergados nas relações que travamos com os outros. Por isso, quando a sociedade trata sistematicamente um grupo como inferior, seus integrantes tendem a internalizar uma imagem negativa de si mesmos e, por vezes, passam a moldar suas escolhas e ações a partir dela. A falta de reconhecimento oprime, instaura hierarquias, frustra a autonomia, abala a autoestima e causa dor moral. Vícios no reconhecimento têm também reflexos diretos nas relações econômicas e de poder presentes na sociedade, pois "fecham portas", criando embaraços ao acesso a posições importantes para as pessoas estigmatizadas.

Em geral, falhas no reconhecimento decorrem da desvalorização de grupos sociais — como negros, indígenas, homossexuais e mulheres — aos quais são arbitrariamente atribuídos traços negativos, que se projetam sobre todos os indivíduos que os integram. O reconhecimento envolve o direito à diferença: de poder viver a diferença e de não ser diminuído ou estigmatizado por conta dela. Uma das ideias-chave das políticas do reconhecimento é, nas palavras de Nancy Fraser, a de se buscar a construção de "um mundo sensível à diferença, em que a assimilação às normas culturais majoritárias ou dominantes não seja mais o preço para o igual respeito".[17]

O tema do reconhecimento vem à baila, por exemplo, em questões como a união estável e o casamento entre pessoas do mesmo sexo; as cotas raciais nas universidades e serviços públicos — que ajudam a romper estereótipos negativos, que associam pessoas negras a posições subalternas —; e a valorização da história e das contribuições culturais dos afrodescendentes e dos povos indígenas.

Participação

A *participação* liga-se à pretensão legítima das minorias vulneráveis de exercer influência nas decisões coletivas e de ocupar espaços de poder no Estado e na sociedade.

O tema tem relação direta, por exemplo, com a grave sub-representação das pessoas negras, das mulheres e dos indígenas nos cargos eletivos. No Brasil, tradições excludentes, preconceitos e barreiras econômicas, entre outros aspectos, prejudicam a representação dos grupos vulneráveis nos espaços de poder. E a questão não se limita aos cargos políticos: é preciso ampliar essa participação também em outras áreas em que o poder é exercido, como a administração das empresas, a redação dos jornais, o sistema de Justiça, o magistério superior etc.

A demanda por participação correlaciona-se ainda com a exigência de respeito ao *lugar de fala*. A ideia de lugar de fala parte da premissa de que as trajetórias de vida e experiências pessoais importam muito para a compreensão dos problemas sociais e de suas soluções. Por isso, as vítimas de processos de subalternização têm de ser ouvidas sempre que forem discutidas questões que lhes digam respeito. Elas não querem tutela paternalista ou caridade, mas protagonismo na luta por seus próprios direitos. Mais que isso, suas vozes devem ser consideradas também na discussão de outros assuntos relevantes, já que sua contribuição tem importância para o melhor equacionamento das questões coletivas. Assim, deixarão de imperar, de forma automática e acrítica, as percepções e escolhas feitas apenas por homens brancos, heterossexuais, burgueses e cristãos. O pluralismo de vozes favorecerá a toda a sociedade.

Liberdades iguais

Este tema é extenso e repleto de complexidades. Importa aqui apenas destacar que os grupos vulneráveis sofrem com frequência restrições às suas liberdades básicas que não atingem do mesmo modo os segmentos hegemônicos da sociedade. Daí a exigência de *liberdades iguais* como direito das minorias.

Já mencionei os exemplos da liberdade de domicílio nas favelas e periferias e do direito à vida diante da atuação das polícias. Pessoas negras e pobres são muito mais atingidas no gozo dessas liberdades fundamentais do que as brancas, de classe média ou alta. Outro exemplo é o impacto das políticas criminais sobre o encarceramento, que tem levado à superlotação das prisões brasileiras, em condições absolutamente desumanas e degradantes para os presos. Essas políticas — como a da "guerra às drogas" —, além de absolutamente ineficientes no combate à criminalidade, geram efeitos negativos desproporcionais sobre grupos vulneráveis, afetando especialmente a liberdade dos negros, que compõem a absoluta maioria da população carcerária do país.

Mas não é só. A compreensão mais adequada do direito à liberdade não o limita à ausência de constrangimento estatal para ação do agente. A liberdade envolve a capacidade real de cada um fazer escolhas sobre a própria vida e de segui-las, desde que isso não fira direitos alheios. Essa capacidade, por sua vez, depende de acesso a recursos e oportunidades, bem como de um ambiente cultural que não asfixie a liberdade.

Nessa perspectiva, as condições concretas de vida tendem a limitar gravemente a liberdade de integrantes de grupos vulneráveis. Mulheres transexuais, por exemplo, enfrentam enormes dificuldades para encontrar emprego diante do preconceito generalizado existente na sociedade. Muitas acabam na prostituição não por escolha, mas por completa ausência de alternativas. Como então falar em liberdade profissional para essas mulheres? Como também falar em liberdade de locomoção para pessoas com deficiência motora diante dos gravíssimos problemas de acessibilidade existentes nas ruas, nos transportes públicos e nas edificações?

Enfim, minorias vulneráveis não conseguem fruir suas liberdades básicas na mesma dimensão que os grupos sociais hegemônicos. Sofrem mais restrições por parte do Estado e da sociedade, além de, muitas vezes, não contarem com o acesso aos recursos e oportunidades indispensáveis para o exercício de suas liberdades.

Justiça socioambiental

O meio ambiente é direito de todos. Graves lesões ambientais atingem toda a sociedade, podendo ter impactos transnacionais e afetar inclusive os interesses de futuras gerações. Riscos ambientais são ameaças comuns para toda a coletividade. Contudo, embora possam atingir todos, os danos e riscos ambientais não impactam os diferentes setores da sociedade da mesma forma. Alguns são muito mais afetados do que outros. Essa é a questão central da *justiça socioambiental*.

Veja-se, por exemplo, o desmatamento da Amazônia, que tanto tem crescido no governo Bolsonaro. A destruição da floresta impacta o mundo inteiro, com efeitos sobre o aquecimento global. Mas os mais prejudicados são os povos da floresta, como os indígenas. São estes que sofrem efeitos mais dramáticos em seu modo de vida tradicional, o qual envolve uma relação profunda e singular com a natureza. São eles que correm o risco de desaparecer como grupos étnicos diferenciados, portadores de cultura e de tradição próprias. São eles que se sujeitam à ameaça terrível de serem literalmente exterminados em razão de doenças, violência e fome, trazidas pelos invasores que desmatam seus territórios.

Mudanças climáticas causadas pelas atividades humanas afetam o mundo inteiro. Mas seu efeito maior recai quase sempre sobre os grupos mais pobres e vulneráveis, que ficam ainda mais expostos aos efeitos de desastres, enchentes, secas prolongadas etc. Há maior chance de os integrantes desses grupos viverem em locais perigosos — sujeitos a desabamentos, por exemplo —, em habitações mais precárias, e eles dispõem de menos recursos para resistir às intempéries e às suas consequências econômicas e sanitárias.

Essa dimensão socioambiental da injustiça contra minorias vulneráveis não pode ser negligenciada, especialmente em uma época em que, no Brasil, se agravam os atentados contra o meio ambiente e em que o mundo inteiro se defronta com os riscos gravíssimos decorrentes do aquecimento global.

A defesa dos direitos das minorias vulneráveis é indispensável em uma democracia constitucional. Tais direitos não constituem privilégios, mas meios de assegurar a igualdade com respeito às diferenças. Sem sua garantia, os integrantes desses grupos sofrem graves injustiças, em detrimento de sua dignidade. A proteção é benéfica também para a sociedade em geral, que ganha com a diversidade e com o convívio mais harmonioso e equitativo entre os diferentes grupos que a compõem. Por isso, a exigência de que minorias "se curvem às maiorias" é uma forma abjeta de tirania.

Diante dos déficits históricos e dos ataques recentes, é preciso defender com vigor os direitos das minorias vulneráveis. Resistir e não desistir. Nessa resistência democrática, o Poder Judiciário tem um papel importante. Defender minorias diante do arbítrio de maus governantes ou de maiorias intolerantes é uma de suas funções mais elevadas e importantes. Ainda mais essencial é o papel da sociedade civil. E não basta não discriminar: é preciso lutar pela inclusão.

A atuação do Ministério Público Federal no combate à corrupção

Antonio Fernando Barros e Silva de Souza

Atribuo à minha atuação como procurador-geral da República no período de 2005 a 2009, assim como à experiência vivenciada naquele período, o convite para escrever este texto. Assim, não posso deixar de abordar uma visão, em alguma medida, impregnada pela perspectiva do Ministério Público Federal naquele momento de nossa história, especialmente de minha percepção das atribuições confiadas à minha função. É o que farei, mas não sem antes tecer algumas considerações preliminares que considero relevantes.

É certamente motivo de orgulho de todos vivermos em uma república. Desde a Antiguidade, o termo "república" é polissêmico. Mas há um sentido que lhe identifica e o torna atemporal, pois está no núcleo de seu significado: *a república é o âmbito da probidade pública e da responsabilidade política*. Em seus domínios, os agentes do Estado (públicos e políticos) não podem, por dever de ofício e eticidade, divorciar-se das funções de Estado.

No entanto, a fórmula teórica não é infalível. Como sabemos, infelizmente a realidade política e administrativa costuma armar trapaças para as suposições jurídicas. As fórmulas lexicais e normativas do Direito e da Ciência Política podem se transformar em contrassensos e desatinos.

Refiro-me a uma doença social crônica: a corrupção! A corrupção pode ser comparada a uma doença autoimune, pois, assim como esta, atua na surdina durante anos a fio debilitando o sistema imunológico do organismo sem sequer ser percebida. No entanto, quando se dá conta de seu mal, é sinal de que a sociedade já está tão enfraquecida que uma série de outras doenças encontra campo fértil para derrubar o organismo social.

O Estado Democrático de Direito — aspiração e garantia maior de toda sociedade livre e desejosa de igualdade e justiça cidadã — enfrenta inúmeros desafios que tornam difícil e, ao mesmo tempo, instigante a obtenção de suas metas. Uma delas, sem dúvida, é o estabelecimento de mecanismos idôneos destinados ao combate à corrupção e ao crime organizado em todos os seus matizes. A lesão a bens jurídicos de maior relevo social, a violação a valores e interesses de matriz difusa ou coletiva e a ação seletiva e organizada de grupos configuram aquilo que, hoje, se convencionou denominar macrocriminalidade.

Nesse contexto, tome-se como exemplo a corrupção — fio condutor do processo de patrimonialização do Estado, responsável pela indevida "privatização" da coisa pública e pela inviabilização de políticas públicas destinadas ao resgate da cidadania plena. A corrupção embaraça o desenvolvimento social e econômico, constituindo, por isso, uma das maiores mazelas a ser por todos combatida. A corrupção é capaz de gerar enorme prejuízo[1] à economia e ao desenvolvimento do país.

É manifesto o prejuízo que essa doença social causa aos direitos fundamentais, pois o desvio de verbas que seriam aplicadas em políticas públicas de efetivação desses direitos impede e tolhe as oportunidades de milhões de brasileiros e brasileiras. Talvez a pior consequência causada pela corrupção, porém, seja o fato de que ela é capaz de afetar o *ethos* da convivência e da solidariedade, desgastando a confiança recíproca, em prejuízo do contrato social.

A generalização do sentimento de impunidade abala as bases do contrato social e a crença em um Estado realmente republicano e justo. Ninguém deve acostumar-se com atos de corrupção, como se fossem algo dado pela natureza. Corruptos não nascem em árvores ou brotam do chão. Corruptos são, basicamente, produtos da cultura, de oportunidade e de impunidade.

Não desconheço que cada ser humano carrega dentro de si tendências para o desatino ao lado de inspirações para o bem. Ou que corruptos existiram em toda a história nossa e alheia. Mas a ética tentou, ao longo do tempo, domesticar esses desvios. Claro que a ética, ela mesma, foi contagiada pela ambivalência humana, mas, seriamente, sempre buscou aprimorar os padrões de comportamento e, mais importante, tentou estimular uma brilhante consciência moral.

A ética das virtudes dos antigos ou a ética formalista da modernidade, a ética empirista ou a ética discursiva, todas tinham essa empreitada. E criam e creem que somos capazes de nos tornar melhores com a descoberta de que, sem ética, o mundo vira um monturo de carcaças, uma carnificina espalhada pela Terra, uma Terra de ninguém. Ou, pior, uma Terra dos mais espertos ou dos mais inescrupulosos.

Entretanto, nestas duas últimas décadas há sinais menos sombrios no horizonte. São perceptíveis as crescentes e tenazes iniciativas de combate à corrupção em todas as suas formas, especialmente quando o Ministério Público, dotado de um novo perfil constitucional, passou a desempenhar com efetividade as atribuições que lhe foram confiadas pela Constituição de 1988, atuação reforçada pela mais intensa integração realizada entre os diversos órgãos estatais de fiscalização e controle.

Não se pode perder de vista, por outro lado, que a democracia não é o regime das utopias, mas, sim, o que viabiliza o pluralismo e se fundamenta na liberdade do dissenso. E o Estado de Direito[2] não é aquele imune aos desvios de conduta no exercício da função pública, mas aquele em que os mecanismos institucionais operam de modo eficiente na fiscalização e no combate de tais desvios. O Estado, enfim, que estabelece, respeita e fiscaliza o cumprimento das regras.

Os diversos episódios de corrupção que, com certa frequência, tornam-se públicos, devem ser equacionados e solucionados rigorosamente mediante a aplicação dos mecanismos de fiscalização e controle constitucionalmente previstos. O funcionamento das instituições não pode realizar-se por caminhos tortuosos, mas, sim, pelas vias iluminadas e transitáveis predispostas pelo sistema normativo.

O Estado de Direito e o regime democrático, diante de fatos que possam comprometer a estabilidade de um e a higidez[3] do outro, devem reagir com o manejo discreto, porém ao mesmo tempo seguro e determinado, dos instrumentos legítimos adequados à restauração da normalidade.

É certo que as atividades de fiscalização e controle da administração pública devem ser exercitadas continuamente e com o máximo de abrangência. Por outro lado, é relevante também ter-se presente que a possibilidade de responsabilização dos agentes políticos e públicos por desvios na atividade pública há de ser assegurada como resultado do próprio Estado de Direito. Não deve haver autoridade dotada de poderes ilimitados, nem imune aos devidos controle, fiscalização e responsabilização.

Estamos próximos de comemorar o 33º aniversário da Constituição da República, reconhecidamente democrática e de direito. Constituição que, diferentemente de todas as anteriores, tem conseguido dar estabilidade ao processo político brasileiro, exigindo e fomentando o desenvolvimento social e econômico, bem como a redução das desigualdades e da exclusão social. Nossa Carta Magna é comprometida com um sistema de direitos fundamentais avançado, fundado na coprimazia da autonomia privada e pública do ser humano, aliada a uma intransigência com a imoralidade política e administrativa, com o arbítrio, a prepotência e a vontade irresoluta pelo poder total ou incontrastável. A Constituição Brasileira rejeita as tramas silenciosas de dominação. Enfim, temos uma Constituição da democracia plural, que não só procura dar voz aos que sempre foram emudecidos pela tradição e pela história, como também reconhece que a República é o âmbito da probidade pública e da responsabilidade política. Desse modo, há de se manter o permanente combate à corrupção.

Como lembrava Norberto Bobbio:

> O momento em que nasce o escândalo é o momento em que se torna público um ato ou uma série de atos até então mantidos em segredo ou oculto, na medida em que não podiam ser tornados públicos, pois, caso o fossem, aquele ato ou aquela série de atos não poderiam ser concretizados.[4]

Todos sabem que os atos de corrupção, como regra, são mantidos em segredo ou cuidadosamente ocultos, muitas vezes mediante sofisticados procedimentos de dissimulação, de modo que, sem investigação eficiente e igualmente sofisticada, não são desmascarados.

É importante que todos tenham consciência de que não se reduz, nem se elimina, a corrupção em um passe de mágica. A experiência que adquiri ao longo de mais de trinta anos de atuação no Ministério Público Federal, inclusive como procurador-geral da República, transmite a convicção de que somente com trabalho sério aliado tanto ao estímulo da observância rigorosa do princípio da publicidade dos atos governamentais quanto ao maior aperfeiçoamento dos mecanismos de fiscalização e controle da atividade estatal será possível combatê-la eficazmente. Nessa empreitada, não há lugar para paladinos, nem para condutas messiânicas. O combate à corrupção deve dar-se pelos órgãos estatais predispostos a tanto e mediante a utilização estrita dos instrumentos legalmente previstos.

Por obra do destino, ao assumir o cargo de procurador-geral da República, em 2005, já integrava o Ministério Público Federal há mais de trinta anos. A experiência adquirida ao longo dessas três décadas, somada ao novo perfil constitucional do Ministério Público, permitiu-me que exercesse o honroso cargo em toda a sua plenitude, bem como dando concretude e consistência à toda a gama de atribuições que lhe eram conferidas. E o fiz, no que diz respeito ao combate à corrupção, inspirado nas considerações descritas anteriormente e despido de qualquer preferência partidária.

Foram inúmeras as iniciativas adotadas para a apuração de atos de corrupção praticados por agentes públicos ou políticos vinculados às mais diversas agremiações partidárias, no período de 2005 a 2009. Não há razão para nominá-las nesta oportunidade. Creio que, para ilustrar a atuação do Ministério Público Federal no referido período, assim como a do Supremo Tribunal Federal, é suficiente mencionar brevemente a Ação Penal que se tornou conhecida nacionalmente como "Mensalão" pela repercussão que teve, seja em razão do conjunto dos fatos imputados, seja pela posição pública ou política de algumas das pessoas denunciadas. Creio que essa ação pode ser considerada um marco tanto na vida institucional do Ministério Público Federal, que teve sua autonomia e sua independência funcional concretizadas, quanto na do Supremo Tribunal Federal, que desqualificou as críticas que lhe atribuíam, como, entre outras, a da falta de preparo estrutural e institucional para processar ações penais.

Durante a apuração do inquérito, as atividades investigatórias foram realizadas de forma harmoniosa e compartilhada pelo Ministério Público Federal, pela Comissão Parlamentar Mista de Inquérito, pela Polícia Federal, pela Receita Federal e pelo Conselho de Controle de Atividades Financeiras. A conduta adotada na investigação, principalmente o compartilhamento imediato das informações obtidas pela Comissão Parlamentar de Inquérito, enquanto ainda estava em curso,[5] e o manejo dos diversos instrumentos de apuração legalmente à disposição do Ministério Público, da polícia e dos demais órgãos de fiscalização e controle, permitiu a aquisição de um robusto conjunto probatório que justificou o oferecimento da denúncia.

Registro aqui, porque é oportuno, como já afirmei em outros momentos, que o empenho do Ministério Público Federal em atividades investigatórias próprias, inclusive naquelas relacionadas com a cooperação probatória internacional, resultou em um acréscimo qualitativo de suas tradicionais funções legitimadas pela ação penal pública. Seguramente, ele pode ser apontado como mais um fator de reforço à efetividade penal e ao combate da corrupção e à macrocriminalidade, o que justifica a defesa persistente e consistente de tais atribuições. Não se trata de atribuir ao Mistério Público a exclusividade do poder de investigação, mas, sim, de rejeitar interpretações, de viés corporativo, que pretendem restringir à polícia a legitimidade para o exercício da função investigatória.

Observando-se rigorosamente os limites estabelecidos pelas normas legais, foi possível então apurar, em aproximadamente oito meses, a prática de diversas infrações penais envolvendo quarenta pessoas,[6] sendo várias delas importantes detentores de cargos públicos. Em minha compreensão, nenhuma apuração justifica a prática de qualquer conduta à margem da legalidade estrita, e é exatamente isso o que deve pautar a atuação de qualquer órgão de investigação criminal.

Após o oferecimento da denúncia do Mensalão, seu recebimento pelo Supremo Tribunal Federal, conforme revelaram os noticiários da época, era visto por muitos com ceticismo, tanto por supostas deficiências presentes na acusação formalizada quanto pelo suposto despreparo estrutural e institucional da Corte Suprema para processar ações penais.

Pouco mais de um ano após a abertura do inquérito, a denúncia foi quase integralmente recebida pelo Supremo Tribunal Federal, dando-se início a uma ação penal. Após devidamente processada, seu julgamento teve início em agosto de 2012, quando o procurador-geral da República era Roberto Gurgel. Objeto de ampla cobertura pelos órgãos de imprensa e transmitido ao vivo pela televisão, o julgamento foi realizado durante 69 sessões do plenário do STF ao longo de mais de um ano e meio. Ao final, foi imposta condenação a mais da metade dos denunciados.[7]

Sob o prisma da atuação do Ministério Público, o processo e seu julgamento revelaram a importância de seu perfil constitucional, especialmente sua autonomia e sua independência, que foram indispensáveis para a devida investigação dos fatos e para a adoção das providências necessárias ao ajuizamento da ação penal pública. Os predicados que lhe foram atribuídos, bem como os instrumentos de atuação que lhe foram conferidos, relevaram-se decisivos para que o Ministério Público Federal pudesse cumprir plenamente sua função constitucional.

A despeito de algumas apreensões e incertezas muitas vezes externadas, o processo e o julgamento do Mensalão também demonstrou a higidez do Estado Democrático de Direito, seja pelo funcionamento regular e efetivo das instituições predispostas à responsabilização penal, inclusive de autoridades públicas, seja pelo resultado alcançado na prova da idoneidade do arcabouço jurídico-processual que garante o devido processo legal. O Poder Judiciário atuou de modo pleno e adequado.

Como ex-procurador-geral da República, eu tinha pleno conhecimento do imenso manancial probatório que suportava a denúncia e, por isso, nutria a justa expectativa de que a ação seria julgada procedente. Mas também, como todo cidadão, ainda que desprovido daquele conhecimento privilegiado, sempre guardei a firme esperança de que o Supremo Tribunal Federal julgaria a ação penal com a isenção e com o sentido de Justiça que todos os brasileiros tiveram a oportunidade de acompanhar.

Entre outras, duas mensagens do Supremo Tribunal Federal ficaram bem claras: a disputa e a conquista do poder político são atividades legítimas, mas devem ser exercidas legitimamente; e a possibilidade de responsabilização dos agentes políticos e públicos por desvios na atividade pública é um consectário do próprio Estado de Direito, onde não há autoridade dotada de poderes ilimitados, nem imune aos devidos controle, fiscalização e responsabilização.

Creio que o processo e julgamento do Mensalão pode ser apontado como um exemplo de evolução qualitativa do combate à corrupção no Brasil. Houve uma correta e efetiva atuação dos órgãos predispostos à fiscalização, à investigação e ao controle das atividades públicas e o exercício pleno do poder jurisdicional em relação aos que praticam atos ilícitos contra a administração pública.

Desafios para um Judiciário inclusivo

Adriana Cruz

Os números são conhecidos e chocantes. Mais de 130 anos após a abolição formal da escravatura, a população negra ainda ostenta as piores posições em todos os índices socioeconômicos. Dos impactos da violência explícita, passando por acesso à saúde, moradia digna, educação e emprego, os descendentes dos escravizados no Brasil seguem, literalmente, na base da pirâmide social.

Essa realidade estende-se em diferentes graus para indígenas, pessoas portadoras de deficiência, mulheres e pessoas LGBTQIA+. A intersecção entre essas diversas incidências sobre um mesmo indivíduo resulta em consequências ainda mais restritivas para o bem viver. Este texto refere-se de forma mais explícita ao racismo antinegro, mas com a compreensão de que as violências contra outros grupos politicamente minoritários demandam igualmente ações concretas e urgentes.

Para além dos caminhos que podem ser construídos pelo esforço pessoal, ostentar no Brasil marcadores que vulnerabilizam os sujeitos impacta fortemente as chances de nascer e sobreviver ao parto, a possibilidade de viver em condições de higiene e saúde e, especialmente, a expectativa de vida e a forma de morte.

Como já mencionou o desembargador e professor Roger Raupp Rios, "o racismo é a pedagogia de todas as discriminações odiosas".[1] Nesse contexto, um Judiciário consciente dos efeitos que tal fenômeno gera na vida dos indivíduos é indispensável para que as demandas sejam corretamente equacionadas. No Brasil da década 2008-2018, 75% dos homicídios registrados tiveram por vítimas pessoas negras, especialmente jovens homens entre 15 e 29 anos. No mesmo período, em um cenário de queda de mortes de mulheres brancas (–11,7%), houve o aumento de 12,4% de homicídios de negras. São números que falam sobre países diferentes para cada um dos grupos raciais. É preciso nomear os problemas para que sejam minimamente equacionados. A negação do racismo brasileiro, como preconizam alguns, equivale ao doente que acredita que ignorar o tratamento prescrito fará a cura surgir por si só.

Os números de violência sexual também são alarmantes. Entre os 66.123 estupros registrados no Brasil no período indicado, 57,9% das vítimas tinham, no máximo, 13 anos e 85,7% eram do sexo feminino.[2] O total de notificações de violência psicológica, física e outras direcionadas à população LGBTQIA+ tem sido crescente. De registrar, inclusive, que muitas vezes é a sociedade civil organizada quem consolida os dados de violências contra essa comunidade.[3] A carência de informações oficiais a esse respeito é, inclusive, exemplo da invisibilidade a que essa comunidade está submetida. Essa legião de vítimas aguarda resposta adequada às violências sofridas e merece que a atuação estatal não aprofunde seus sofrimentos.

É conhecido por todos o discurso do presidente da Assembleia Nacional Constituinte de 1988, Ulysses Guimarães, no sentido de que "só é cidadão quem ganha justo e suficiente salário, lê e escreve, mora, tem hospital e remédio, lazer quando descansa". Ouso acrescentar que a cidadania plena engloba muito mais, como o direito de não ser discriminado, de desenvolver sua subjetividade livre de coerções e de ter a oportunidade de participar da vida pública e dos espaços de poder e decisão em igualdade de condições.

As promessas da Constituição em relação a questões básicas da existência ainda não se transformaram em realidade para uma parcela significativa da população. Maiores taxas de subocupação,[4] informalidade nas relações de trabalho e sobrerrepresentação em atividades de menores rendimentos são apenas alguns dos indicadores do duro cotidiano enfrentado pela população preta e parda no país. No curso da maior crise sanitária enfrentada pela humanidade em cem anos, causada pela covid-19, esse grupo foi flagelado por restrições mais profundas no que se refere à proteção social e ao acesso à internet e ao saneamento básico.[5]

Nesse quadro de profundas desigualdades, o papel do Poder Judiciário, essencial nas democracias constitucionais contemporâneas, ganha contornos específicos. Há o desafio de garantir o acesso democrático à composição de seus órgãos, bem como o de oferecer serviço de igual e crescente qualidade a todas as pessoas que apresentam seus conflitos para solução.

É imperioso que a magistratura e seus servidores reflitam e compreendam os mecanismos pelos quais o racismo se apresenta nas práticas diárias como elemento fundante das violações de direitos para que se possa construir um fazer jurisdicional em acordo com o que determina o artigo 3º da Constituição Federal.[6]

O Conselho Nacional de Justiça, em duas oportunidades, trouxe à luz, sob o viés estatístico, a composição racial e de gênero da magistratura nacional. A transparência dos dados tem sido indispensável para o diagnóstico de alguns problemas e a construção de novos caminhos.

O perfil sociodemográfico da magistratura brasileira ainda está distante da sociedade a que presta serviços. Segundo o levantamento do CNJ,[7] em 2018 havia, em cada um dos Tribunais brasileiros, entre 1% e 2% de mulheres pretas. O cruzamento dos dados do censo do IBGE em 2010 com aqueles do CNJ feito pela plataforma Justa aponta que, para cada mulher negra (o que inclui pretas e pardas) no Brasil, há 0,9 homem branco. No entanto, para cada juíza negra há 7,4 juízes brancos.[8] É conhecido o levantamento que informa que há mais desembargadores de nome Luiz no Tribunal de Justiça de São Paulo, o maior do país, do que mulheres.[9]

A naturalização desse cenário ou, dito de outra forma, o pouquíssimo estranhamento que isso causava na sociedade, é, por um lado, expressão do racismo e do sexismo que nos moldam como grupo social e, ao mesmo tempo, um dos fatores que têm gerado movimentos importantes interna e externamente ao Poder para a alteração dessa realidade.

A pergunta posta está em saber como construir um Poder Judiciário mais plural e permeável às diferentes demandas de uma sociedade que tem a diversidade como um marcador importante. Para começar o enfrentamento desse problema, o CNJ editou a Resolução nº 203/2015, que regulamentou a política de cotas nos concursos do Judiciário. No entanto, a composição plural e democrática da instituição é somente uma das diversas faces do problema. Dito de outra forma, sem embargo da relevância das ações concretas que vêm sendo desenvolvidas para que haja diversidade racial interna, em compasso com aquela encontrada na sociedade, há outras manifestações do racismo que precisam ser detectadas e enfrentadas pelos tribunais brasileiros.

Como já tive oportunidade de abordar em outra ocasião, a propósito dos ataques de intolerância às religiões de matriz africana que têm ocorrido no Brasil, a inaptidão do sistema de Justiça para fazer frente a esse terrível fenômeno de forma minimamente eficiente é uma clara manifestação do racismo institucional dos órgãos responsáveis pelo enfrentamento. Como é sabido, Kwame Ture (nascido Stokely Carmichael) desenvolveu o conceito na década de 1960 do século XX, apontando como o racismo manifestado pelas instituições se apresenta, muitas vezes, velado, indefinido, mas não menos destrutivo da vida. Embora individualmente não se apresentem como atores de atos racistas, há indivíduos que dão suporte a instituições que estabelecem e mantêm práticas racistas. Recentemente, outros autores têm desenvolvido o conceito, com especial destaque para a obra do professor Silvio Almeida, que descortina o caráter estrutural do racismo nas sociedades contemporâneas e no Brasil em particular.

O desafio constante posto para aqueles e aquelas comprometidos com o antirracismo no âmbito do Direito é trazer à luz, em todas as oportunidades, os mecanismos pelos quais a racionalidade racista se apresenta nas práticas judiciárias.[10]

A construção de um Judiciário inclusivo depende, portanto, do reconhecimento de que o Direito está estabelecido a partir de uma racionalidade que divide as vidas que merecem ou não ser vividas. Os estudos do filósofo Achille Mbembe,[11] que desloca a noção de soberania das concepções tradicionais para defini-la a partir do poder de matar e deixar viver, são essenciais nesse sentido.

O sistema jurídico está estruturado para não reconhecer os sujeitos que não se enquadram no molde que é tido por universal. Como ensina a professora Thula Pires, o padrão de humanidade é determinado "pelo sujeito soberano (homem, branco, cis/hétero, cristão, proprietário e sem deficiência), também ele definirá o sujeito de direito a partir do qual se construirá toda narrativa jurídica".[12]

Desde as primeiras horas nos bancos escolares, somos ensinados a pensar problemas a partir de parâmetros estanques, como se estivessem localizados em prateleiras incomunicáveis. A transversalidade dos saberes não nos é apresentada como um valor em si e essencial para a compreensão do mundo em sua complexidade. A magistratura contemporânea não pode se dar ao luxo de interferir nos conflitos sem a compreensão de como o tecido social se formou ou acerca da racionalidade que o informa. Aqueles que pretendem ignorar os efeitos de nossa herança escravocrata ou a forma como a atualização dessa estrutura se apresenta nos dias de hoje simplesmente não estão prestando atenção ao trabalho que precisa ser feito.

Em 2020, o CNJ instituiu grupo de trabalho[13] destinado à elaboração de estudos e indicação de soluções com vistas à formulação de políticas judiciárias sobre a igualdade racial no âmbito do Poder Judiciário. O relatório[14] produzido calcou-se na manifestação de acadêmicos, ativistas de direitos humanos e profissionais do sistema de Justiça de todos os ramos, incluídos os servidores e estudantes, que participaram de reunião pública e apresentaram sugestões por escrito.

Extrai-se do documento, de forma contundente, a compreensão dos cidadãos sobre a necessidade de aprimoramento da prestação jurisdicional como um todo, e a criminal em particular, em relação às pessoas negras, com especial destaque para a situação das mulheres negras. Conforme ali registrado, "aqueles que se dirigiram ao grupo de trabalho identificam, em uníssono, o Poder Judiciário como instituição que tem sido uma das protagonistas no aprofundamento das desigualdades raciais no Brasil, nada obstante algumas iniciativas que começam a despontar no combate ao racismo".

Há caminhos para uma atuação diferente. A reprodução acrítica de práticas discriminatórias infelizmente ainda é corrente no cotidiano dos fóruns, porém há novidades no *front*. Juízas e juízes negros assumiram o compromisso de pautar a questão racial, em seus diversos ângulos, de forma institucionalizada. A existência de um coletivo negro na magistratura pode não ser suficiente para mudanças imediatas, mas é indicativa de outros ventos. Da mesma forma, os debates internos sobre a participação feminina têm sido feitos de acordo com uma perspectiva interseccional, pois não é possível debater seriamente o tema sem considerar as diferentes vivências de mulheres brancas e negras. Há ainda uma longa estrada a ser trilhada, especialmente para a inclusão das diversas identidades de gênero. A magistratura está devedora de maior atenção, em todos os planos, à comunidade LGBTQIA+, em especial às pessoas trans.

A prática judicial precisa levar em consideração as assimetrias existentes entre as partes em conflito que se traduzem, muitas vezes, em vulnerabilidades. A consideração de que a investigação, o processo e o julgamento de pessoas em situações de desigualdade material merecem uma atuação diferenciada por parte dos julgadores emerge do texto constitucional e deveria pautar a atuação de todos aqueles envolvidos em processos administrativos e judiciais. Sem embargo, a atuação do sistema de Justiça permeável a essas especificidades é muitas vezes fruto exclusivamente à sensibilidade ocasional dessa ou daquele magistrado.

Alguns países têm desenvolvido protocolos de julgamento com perspectiva de gênero, um método de aproximação e condução do processo que leva em consideração as desigualdades entre homens e mulheres em todas as etapas. A realidade brasileira demanda que essa forma de julgar seja ampliada em uma perspectiva interseccional, ou seja, que considere as diferentes vulnerabilidades que podem operar em coordenação sobre uma mesma pessoa. A identificação da demanda, o contato com as partes, o vocabulário utilizado de molde a que não seja obstáculo à compreensão do que está sendo deliberado, a atenção a necessidades especiais de todos os envolvidos, a rejeição a estereótipos estigmatizantes na formação do convencimento e a fundamentação das decisões são alguns dos pontos de atenção a serem considerados nesse modelo.

O trabalho por um Judiciário inclusivo está diretamente relacionado ao fortalecimento da democracia, vista não apenas como um regime político, mas também como uma forma de relação do Estado com os cidadãos e destes entre si. Grada Kilomba pontua que a superação do racismo perpassa o processo de negação, culpa, vergonha, reconhecimento e reparação.[15] É passado o momento de o Judiciário brasileiro avançar na implementação de medidas concretas de enfrentamento desse flagelo.

Em 12 de maio de 1888, véspera do dia em que o Brasil se tornou o último país do mundo a abolir formalmente o regime escravocrata, meus antepassados encontravam-se sob ferros. Quando os ensinos jurídicos foram instituídos no país, as perspectivas daqueles que me precederam eram bastante limitadas. O projeto de nação que então vigorava de forma explícita tinha por objetivo embranquecer a população, apagando as presenças negra e indígena. Essa racionalidade ainda pode ser identificada por uma miríade de práticas que precisam ser confrontadas por todos aqueles que têm compromisso com a Constituição de 1988. Mas, se o racismo é uma constante, a resiliência é nossa marca. Para além das trajetórias individuais, a presença negra de forma crítica na magistratura do século XXI é fruto do trabalho coletivo de nossos antepassados. Podemos dizer, com Maya Angelou, que somos o sonho dos escravizados.

A Constituição como a lei das leis e a democracia como o princípio dos princípios constitucionais

Carlos Ayres Britto

O Direito Positivo como sistema

Como é amplamente sabido, sistema é um conjunto ordenado de elementos, segundo uma perspectiva unitária. Em outras palavras, um sistema é uma pluralidade de elementos que se reconduzem à unidade do primeiro deles. Essa recondução, por sua vez, não permite nenhum tipo de dispersão. Assim, é essa recondução que bota *ordem na casa*. No caso do Direito, a recondução torna-o, primeiramente, único; depois, pleno e coerente. Pleno, por ministrar uma resposta normativa para todo e qualquer problema de interação de seus destinatários. Coerente, por sua aptidão de eliminar toda e qualquer contradição entre seus comandos. Não há nenhuma ordem interna maior, impossível, pois o Direito passa a deter a propriedade de se bastar!

Essas características centrais do Direito traduzem-se no substantivo "autopoiese" — que é, justamente, a capacidade que ostenta o Direito de gozar de autossuficiência quanto a seus elementos formadores e quanto àqueles já referidos à sua operatividade. E tudo ocorre, objetivamente, a partir da Constituição como o ato político de criação do Direito. Ela, a Constituição, nos dá como criatura dessa realidade exclusivamente política de nome "Nação". Ele, o Direito, se positiva como criatura dela, a Constituição.

Aqui, nosso propósito é falar dessas coisas de um modo progressivamente cognitivo, por aproximações sucessivas. E também explicar o porquê de o Direito ser adjetivado de "Positivo" e receber da Constituição brasileira a denominação de "ordem jurídica". Uma Constituição que faz parte do que tenho chamado de "trajetória da tríplice unidade", como ao longo do presente artigo terei o ensejo de explicar.

A Constituição como possibilidade lógico-formal do Direito brasileiro como sistema

É por estar comprometida com essa premissa de ser o Direito uma *casa arrumada* que a Constituição de 5 de outubro de 1988 chama o sistema jurídico brasileiro de "ordem jurídica". O que nos possibilita afirmar que sistema e ordem terminam por se entrelaçar para compor um todo lógico, dado que sistema jurídico é sinônimo tanto de ordem jurídica quanto de Direito Positivo. Direito também é assim adjetivado de Positivo por ser impositivo na acepção mesma de garantida cogência. Goffredo Telles Júnior ensina que toda norma jurídica é "um imperativo autorizante";[1] isto é, um comando passível de exigibilidade perante e pelo Estado. Essa é a mesma linha doutrinária de Hans Kelsen e Norberto Bobbio, que viam no Direito uma realidade normativa "de eficácia garantida",[2] justamente.

No plano desse Direito Positivo ou "ordem jurídica" brasileira em sentido formal, o fator de unidade é a Constituição. Ela que opera como a perspectiva de unidade de todos os atos estatais que sejam editados de acordo com o Direito Positivo (esta a razão de ser do adjetivo *formal*, aqui reiteradamente usado). Ela, Constituição, como fator ou elemento de unidade; eles, os atos estatais, a consubstanciar fatores ou elementos que se definem pela veiculação de normas jurídicas primárias. Normas jurídicas porque toda norma é comando ou determinação, com a peculiaridade de que as de caráter jurídico são passíveis de exigibilidade; e normas jurídicas primárias porque são editadas por um modo imediatamente abaixo da Constituição originária ou sem outro ato jurídico de mediação entre elas e essa Constituição originária, precisamente.

Tais normas jurídicas primárias são as veiculadas pelos atos referidos no *caput* do artigo 59 de nossa Constituição, a saber: emendas constitucionais, leis complementares, leis ordinárias, leis delegadas, medidas provisórias, decretos legislativos e resoluções. Esses atos, posteriores à Constituição originária, vão servir de fundamento de validade para outros atos jurídicos, porém de envergadura menor, pois são veiculadores de normas jurídicas secundárias, como decretos e regulamentos. Estes últimos, de sua parte, fundamentam a validade de normas jurídicas terciárias, como as "instruções" de que fala o inciso II do artigo igualmente constitucional de número 87. E toda essa pluralidade de atos jurídico-estatais reenvia à normatividade originária, ou fundante, ou, ainda, inaugural do sistema jurídico brasileiro, que não é, senão a Constituição originária, uma Constituição que instaura ou cria o Direito Positivo brasileiro, mas não o emancipa de todo. Que instaura, ou cria, o Direito Positivo brasileiro, mas o mantém sob controle.

Quanto à posição tão eminente quanto solitária da Constituição como fator de unidade formal do Sistema em que o Direito Positivo consiste, a explicação está no fato de que ela, em sua redação originária, é a primeira voz desse Direito aos ouvidos de seus destinatários. Sejam eles os agentes singulares ou as personalizadas instâncias estatais, sejam eles os indivíduos, grupos e pessoas jurídicas particulares. Trata-se da voz originária, ou fundante, ou ainda inaugural desse Direito. Volta-se a dizer que é mais do que voz primária e muito mais ainda do que voz terciária, por evidente, além de voz emitida pela nação como única instância normativa detentora do Poder Constituinte, que já é o poder de "normar" sem ser "normado". E mais: a nação que se faz de criadora, juridicamente falando, de todo o Estado e da sociedade civil por inteiro. Nação que não divide com ninguém — nem para ninguém repassa — esse poder constituinte de começar tudo de novo em termos jurídicos, a pressupor também o exclusivo poder de zerar toda a contabilidade jurídica até então existente, um poder igualmente desconstituinte, no rigor dos termos. O que já explica ser ela, a Constituição originária (em função dessa absoluta *insimilaridade*), o único diploma de Direito Positivo que não tem número, a única lei que o Estado não faz, e, no entanto, é a lei de todas as leis que o Estado faz, emblematicamente referida como *Lex Legum* ou *Lex Maxima*.

É nessa mais destacada posição de *ímã* que nossa Constituição confere a si mesma a credencial de condição formal-objetiva do Direito Positivo brasileiro como sistema. É a condição de possibilidade lógica de nosso Direito Positivo como um sistema, pois toda a pluralidade dos atos normativos de que ele se compõe termina por se reconduzir à unidade dela, a Constituição. Como resultado, essa imperiosa força de atração se dá para o necessário respeito a conteúdos que as próprias normas da Constituição venham a aportar, com pena de se incorrer no culto ao mesmo tempo burocrático e vazio da forma pela forma, um discurso meramente retórico ou *pra inglês ver*, como se diz em linguagem coloquial.

A democracia como possibilidade lógico-material do Direito brasileiro como sistema

É isso mesmo! A força de atração da Constituição, em face dos demais atos de uma só Ordem Jurídica brasileira, responde à necessidade de afirmação de alguns de seus conteúdos, conteúdos das próprias normas constitucionais originárias, que são ideais de vida civilizada, portanto, promotores do mais intrinsecamente virtuoso sentido à experiência humana em recíproca influência. E um sentido assim tão plural quanto inatamente virtuoso, por já significar o ponto de encontro entre a centralidade individual; e a coesão social, por já significar a possibilidade da convivência entre indivíduos centrados e sociedade coesa. Isso muito concorre para a transformação qualitativa da sociedade mesma em comunidade (de comum unidade), perceptível que sociedade é ainda um ajuntamento humano dominantemente aleatório, mecânico, frígido, indiferente, enquanto a comunidade é uma congregação de pessoas em bases mais intencionais, orgânicas, afetivas, solidárias. E é justamente na perspectiva desse tipo mais qualificado de sociedade que se deve entender a seguinte passagem do preâmbulo da Constituição de 1988, a passagem que menciona o exercício dos "direitos sociais e individuais", ao lado de "liberdade," "segurança", "bem-estar", "desenvolvimento", "igualdade" e "justiça", para qualificar todos eles como "valores supremos de uma sociedade fraterna, pluralista e sem preconceitos, fundada na harmonia social e comprometida, na ordem interna e internacional, com a solução pacífica das controvérsias".

Tais "valores" outra coisa não são que "princípios" ou conteúdos identificadores da própria Constituição, em uma análise mais focada. Por um prisma mais abrangente, esses princípios e conteúdos tanto identificam a Constituição brasileira quanto o país como um todo, já que eles começam com a democracia.

É mais fácil compreender o que exponho com a anotação de que, no citado preâmbulo, há, na verdade, duas sucessivas destinações. A primeira delas fica no âmbito da própria Assembleia Nacional Constituinte, que foi a destinação de "instituir um Estado Democrático". A segunda, já referida a esse Estado Democrático, foi a de: "assegurar o exercício dos direitos sociais e individuais, a liberdade, a segurança, o bem-estar, o desenvolvimento, a igualdade e a justiça como valores supremos de uma sociedade fraterna, pluralista e sem preconceitos". Os ideais de vida civilizada de que falei. E a traduzir que, se instituir um Estado Democrático foi a unitária destinação da Assembleia Nacional Constituinte, esse Estado Democrático em si também teve sua destinação, com a diferença de que se trata de uma destinação múltipla, que opera como um continente para os conteúdos dos direitos sociais e individuais, mais a liberdade, a segurança, o bem-estar, o desenvolvimento, a igualdade e a justiça. Aqui, há uma destinação plural. Ali, uma destinação única.

Esta última qualificação do Estado Democrático brasileiro como um valor-continente é confirmada pelo corpo de dispositivos da Constituição, que designa esse Estado Democrático como "Estado Democrático" e também como "Estado Democrático de Direito" e "regime democrático". Doravante, unificaremos tais expressões com o singelo substantivo "democracia", mas não sem antes anotar que "Estado Democrático de Direito", "Estado Democrático" e "regime democrático" são expressões que figuram no Título I da Constituição de 1988, cujo nome é "Dos princípios fundamentais".

Essa é a razão pela qual falei dos conteúdos mais característicos da Constituição de 1988 como "princípios". A partir daqueles que, de tão identificadores dela, foram por ela mesma chamados de "fundamentais". Caso da democracia, que, ali no Título I, com o nome de "Estado Democrático de Direito", foi erigida a princípio maior, alçada a princípio de materialidade mais abrangente que a dos demais, de sorte a merecer o qualificativo de princípio-continente, em uma clara confirmação do que já figurava do tão comentado preâmbulo.

Assim, de acordo com o Título I da Constituição e do *caput* do seu artigo 1º, os primeiros princípios-conteúdos desse princípio-continente que é a democracia são a República e a Federação — a República Federativa do Brasil, formada pela união indissolúvel dos estados e municípios e do Distrito Federal, que constituem o Estado Democrático de Direito e em que os demais princípios-conteúdos se distribuem por categorias explícitas e categorias que se definem como projeção ou desdobramento lógico daquelas.

No que toca aos princípios-conteúdos que se definem por sua explicitude, eles se distribuem pelas seguintes categorias: a dos "fundamentos" — "soberania", "cidadania", "dignidade da pessoa humana", "valores sociais do trabalho e da livre iniciativa" e "pluralismo político"; a categoria da origem e do exercício popular do Poder Político ("Todo o poder emana do povo, que o exerce por meio de representantes eleitos ou diretamente, nos termos desta Constituição"); a categoria da "separação dos Poderes" ; a categoria dos "objetivos fundamentais da "República Federativa do Brasil", ou seja, "construir uma sociedade livre, justa e solidária", "garantir o desenvolvimento nacional", "erradicar a pobreza e a marginalização" e "reduzir as desigualdades sociais e regionais", "promover o bem de todos, sem preconceitos de origem, raça, sexo, cor, idade e quaisquer outras formas de discriminação"; e a categoria das "relações internacionais" do Brasil, listadas em nada menos que nove "princípios": "independência nacional", "prevalência dos direitos humanos", "autodeterminação dos povos", "não intervenção", "igualdade entre os Estados", "defesa da paz", "solução pacífica dos conflitos", "repúdio ao terrorismo e ao racismo", "cooperação entre os povos para o progresso da humanidade" e "concessão de asilo político".

No que tange aos demais princípios-conteúdos de nossa democracia, eles se definem por seu caráter lógico, racional. São princípios-conteúdos implícitos, porquanto resultantes de projeções ou do desdobramento racional dos princípios-conteúdos explícitos, a partir da própria nomenclatura dos dois primeiros títulos formais da Constituição, o primeiro a acarretar ou puxar por modo lógico toda a temática do segundo.

No Título I da Constituição, o que se tem são "princípios fundamentais". No "Título II", o que se tem? "Direitos e garantias" igualmente "fundamentais", porque o segundo se destina a densificar, ou tonificar, ou, ainda, conferir força normativa ao primeiro. A intenção é tornar o primeiro eficaz, no sentido de poder deflagrar os efeitos a que ele se preordena. Logo, são duas fundamentalidades que se interpenetram funcional ou operacionalmente. E, se a primeira se define como conteúdos da democracia brasileira que são princípios diretamente constitucionais, a segunda também.

Há mais o que dizer, porque ambos os Títulos constitucionais ainda se unificam por estruturar a identidade jurídica de nosso país, não só de nossa Constituição. Nessa medida, eles têm essa adicional serventia de compor ou plasmar a identidade jurídica do país como um todo, moldar a identidade do país inteiro como uma democracia. Mas ambos os títulos formais (o I e o II) fazem da democracia o princípio material ou o substantivo que se põe como continente de todas as instituições e de todos os institutos jurídicos a que a Constituição se refere.

A conclusão do raciocínio é uma só: assim como a Constituição opera formalmente como o fator de unidade de todos os elementos (atos veiculadores de normas jurídicas) do sistema jurídico brasileiro, a democracia cumpre a mesma função no plano material ou substantivo. Pelo que, se tudo se reconduz à unidade da Constituição, por um prisma sistêmico-formal, tudo também se reconduz à unidade da democracia, por um prisma sistêmico-material. Esse é um critério de interpretação e aplicabilidade jurídicas dúplices e ao mesmo tempo concomitantes, que se impõem a todo e qualquer agente privado e estatal, e, em especial, a todo e qualquer agente e instância do Poder Judiciário, a quem incumbe interpretar e aplicar por último a Constituição brasileira.

A indissociável parelha temática da Constituição e da democracia

Assim demonstrado que a Constituição, formalmente, e a democracia, materialmente, operam como a própria condição de possibilidade do Direito brasileiro como sistema, parece-me essencial ajuizar que na Constituição há passagens em que os dois temas são estrategicamente versados de forma interligada e, ainda na própria Constituição, a última e imperativa palavra decisória do Estado quem dá é o Poder Judiciário. E, dentro do Poder Judiciário, essa derradeira palavra é proferida pelo Supremo Tribunal Federal.

Quanto ao Judiciário como Poder estatal extremo, tudo começa com a redação do artigo 2º: "São Poderes da União, independentes e harmônicos entre si, o Legislativo, o Executivo e o Judiciário", que deixa nítido ser ele um Poder tão exterior quanto posterior aos outros dois. Funcional ou operativamente falando, é o Poder que vai dizer, concretamente: a) se o Poder Legislativo legislou de acordo com a Constituição; e b) se o Poder Executivo bem executou as leis e a própria Constituição. E exatamente por se tratar de um Poder estatal que fala por último, imperativamente, é aquinhoado com a determinação constitucional de que "a lei não excluirá da apreciação do Poder Judiciário lesão ou ameaça a direito". Isso no óbvio pressuposto de que a maior de todas as garantias diretamente constitucionais é o acesso à jurisdição, que não pode deixar de ser prestada, se devidamente requisitada e que deve ser tão equidistante das partes e dos interesses processuais quanto profissionalizada e de formação superior-jurídica, sabido que legisladores e exercentes do Poder Executivo não têm por condição *sine qua non* de investidura a titularidade dessa ou daquela profissão, menos ainda de uma profissão especificamente jurídica.

De acordo com essas e outras normas constitucionais, devemos finalmente tratar do *caput* do artigo 102, o dispositivo que por modo até mesmo didático entrega ao Supremo Tribunal Federal, em sua essência, a "guarda da Constituição". Esse é sua principal razão de ser.

A jurisdição constitucional e o Supremo Tribunal como chaves de abóbada do sistema jurídico

Chego a esta última parte com a categórica afirmativa de que a Lei Maior de 1988, como um vigoroso atestado de sua própria coerência, positivou um modelo de processo judicial especificamente voltado para a efetividade do que se tem chamado de Princípio da Supremacia da Constituição, tanto da supremacia formal quanto da material. É o modelo também adequadamente chamado de Jurisdição Constitucional, modelo pelo qual, já se vê, a aferição da validade jurídica dos atos estatais é confrontada com a Constituição mesma. Seja por modo incidental a todo e qualquer processo judicial, seja como o próprio objeto de uma ação judicial específica.

Na primeira hipótese (a de aferição incidental ou fortuita ou eventual), a competência é de todo e qualquer magistrado ou tribunal. Decidindo este sob o qualificado quórum da maioria absoluta ("De acordo com o artigo 97, somente pelo voto da maioria absoluta de seus membros ou dos membros do respectivo órgão especial poderão os tribunais declarar a inconstitucionalidade de lei ou ato normativo do Poder Público"). Na segunda, a competência é sempre de um tribunal judiciário, com toda a ênfase nas ações diretamente ajuizadas perante o STF. São as ações diretas de inconstitucionalidade, as ações declaratórias de constitucionalidade, as ações diretas de inconstitucionalidade por omissão e, finalmente, as ações de descumprimento de preceito fundamental.

Tal jurisdição constitucional opera, tão objetiva quanto metaforicamente, como *a chave de abóbada* do sistema jurídico. Institucionalmente, quem assim opera é o Supremo Tribunal Federal. Tomado o termo *chave de abóbada* por empréstimo aos arquitetos e engenheiros, que a ela se referem como a pedra-chave de uma edificação em arco ou abóbada, que mantém as outras pedras nos respectivos lugares. É aquela pedra maior que é colocada não só por último, mas na parte mais alta e central de uma construção em arco, mantendo-a estável. No caso do Direito como sistema, é a pedra-chave que o faz se fechar em torno de si mesmo e com toda segurança.

Liberdade de imprensa

Antonio Claudio Ferreira Netto

Nenhum governo deve existir sem críticos;
e onde a imprensa é livre, nenhum jamais existirá.

Thomas Jefferson

Um país que teme que seu povo julgue a verdade
ou falsidade livremente é um país que teme o seu povo.

John F. Kennedy[1]

As frases transcritas acima, de autoria de dois grandes presidentes norte-americanos, são raros exemplos de tributos sinceros prestados por governantes ao tema deste texto, a liberdade de imprensa. Reverenciada nos debates públicos, mas alvo constante dos que tramam em silêncio, frequentemente incompreendida, ela é um dos alicerces das democracias — protege as outras liberdades, dá voz às maiorias contra os tiranos e socorre as minorias da opressão do pensamento único. Injustiças são cometidas em seu nome, mas sua ausência é ainda mais injusta. Acima de tudo, ela é a brisa fresca que revolve o ar parado e traz o novo.

Recebi dos queridos amigos organizadores deste livro a tarefa de discorrer sobre a liberdade de imprensa. Aceitei a incumbência em nome de nossa longa amizade, embora esteja talvez além de minhas possibilidades. Cumpro a missão com verdadeira reverência, especialmente porque entre os autores dos demais artigos aqui publicados estão homens e mulheres que personificam as liberdades de expressão e informação, pois participaram ativamente das decisões que, nos últimos quinze anos, consolidaram essas liberdades em nosso país. A eles, todos nós brasileiros devemos respeito e gratidão. Escrever este artigo é também uma forma de homenageá-los.

Toda a minha vida profissional, já se vão algumas décadas, foi dedicada a advogar para empresas de comunicação. Desde o primeiro estágio, participo de defesas de veículos e jornalistas contra tentativas de embaraçar as liberdades de expressão e informação. Nos últimos quinze anos, assisti à construção da jurisprudência do Supremo Tribunal Federal que tornou palpáveis as garantias constitucionais a essas liberdades, e, modestamente, participei de alguns dos casos que consolidaram essa jurisprudência, na companhia do querido amigo e grande jurista Gustavo Binenbojm. Acredito que o ambiente de livre circulação de notícias e opiniões é essencial para o pleno desenvolvimento humano e vejo com receio as iniciativas de cerceá-lo que surgem dos mais diversos espectros políticos e sociais. Neste artigo, tentarei demonstrar, na medida das minhas limitações, a importância de uma imprensa livre para a vida de uma nação.

As citações dos grandes estadistas norte-americanos que precedem este texto não foram escolhidas aleatoriamente. Separadas por quase duzentos anos de história, emolduram um período de grandes transformações econômicas e sociais, de guerras e revoluções, mas também de grandes avanços civilizatórios: a consolidação do regime democrático e do Estado de Direito na maioria dos países, a separação do Estado e da Igreja, o fim do flagelo da escravidão e dos privilégios que reservavam a poucos o direito de votar e empreender atividades econômicas, o grande aumento na expectativa de vida e na renda *per capita* em todas as regiões do planeta, a redução do analfabetismo e a emancipação feminina.

Sem esquecer de todas as mazelas com as quais convivemos atualmente, não há como negar o extraordinário avanço experimentado. O processo histórico que permitiu essa evolução não foi linear e contínuo. Deu-se com a alternância de períodos de grande evolução e outros de amargos retrocessos, movido pela experimentação e por sucessivas tentativas e erros, mas também por grande efervescência criativa e pela busca incessante do conhecimento. Nada disso seria possível se não houvesse a imprensa para dar voz aos dissidentes, desmistificar as certezas estabelecidas, questionar os dogmas religiosos e fiscalizar os governantes.

Penso que não é exagero incluir a imprensa no rol das instituições democráticas que viabilizaram os avanços sociais e econômicos já citados (e muitos não mencionados). Nas sociedades contemporâneas, o Estado Democrático de Direito, a divisão entre os três Poderes (Executivo, Legislativo e Judiciário) e o sistema de freios e contrapesos retiraram o poder político das tiranias — com teimosas exceções, momentaneamente em alta — e, em quase todo o mundo, trouxeram para o domínio da ciência e da racionalidade decisões que antes eram definidas por dogmas religiosos ou mitos infundados.

Nos mais de duzentos anos que nos separam dos *founding fathers* norte-americanos, travou-se uma disputa, nem sempre pacífica, em torno das liberdades de expressão e informação. O resultado dessa seleção evolutiva foi o desenvolvimento de uma imprensa profissional, independente e de princípios jurídicos, inscritos em constituições e leis por todo o mundo civilizado, que compõem um cenário conhecido como liberdade de imprensa. Atualmente, a liberdade de que desfrutam os veículos de comunicação é uma das principais medidas do grau de desenvolvimento democrático de um país.

No entanto, as resistências à livre atuação da imprensa não deixaram de existir. Continuam vivas e atuantes. Como demonstram as citações do início deste texto, essas barreiras voltam-se, em especial, contra dois dos mais importantes e incompreendidos papéis da imprensa livre: fiscalizar os governos, mitigando os efeitos danosos do poder do Estado, e promover a livre circulação de informações e ideias, a fim de criar um ambiente em que cada cidadão possa formar sua própria opinião.

Não é segredo que a imprensa é uma pedra no sapato de qualquer governo, como sintetizou o presidente Thomas Jefferson. Mesmo governantes de natureza equilibrada e que atravessaram mais bons do que maus momentos, costumam se ressentir da forma como são tratados pela imprensa, pois não compreendem com clareza seu papel. É de um outro político americano, Adlai E. Stevenson II, uma frase que já se tornou folclórica entre os jornalistas e que ilustra esse fato: "Editores de jornal são homens que separam o joio do trigo, e então publicam o joio" (em tradução livre). A brincadeira revela uma faceta bem séria e essencial da imprensa: o papel de fiscalizar os governos, agindo como uma das instituições democráticas do sistema de freios e contrapesos. O Estado moderno é por demais poderoso para que seus governantes possam agir sem escrutínio externo. É o olhar atento da imprensa independente que permite que cada passo do governo (qualquer governo) seja acompanhado pelos cidadãos, a quem cabe controlar periodicamente os mandatários por meio do voto.

É também a denúncia da imprensa livre que incentiva os poderes a se fiscalizarem entre si, cumprindo assim um importante papel que lhes cabe nas democracias.

As boas notícias ocupam papel coadjuvante nos noticiários porque é da essência do jornalismo fiscalizar e descobrir o que não está bem, especialmente a respeito de quem detém o poder. Nas palavras do controvertido editor norte-americano William Randolph Hearst, "jornalismo é publicar aquilo que alguém não quer que se publique. Todo o resto é publicidade".

Raciocínio similar aplica-se ao papel da imprensa na disseminação de vozes dissidentes e opiniões minoritárias. Uma vez que mitos e dogmas religiosos não podem mais comandar nossas vidas, as decisões políticas de toda ordem precisam ser debatidas à luz de argumentos racionais, amparados em evidências. Ainda que a maioria da sociedade se filie a determinada posição, deve ser facultado às minorias defender pensamentos divergentes — e isso é válido ainda que, para a maioria, o pensamento minoritário pareça absurdo ou mesmo abjeto. Nas palavras de John Stuart Mill: "Se toda a humanidade menos um fosse da mesma opinião, e apenas um indivíduo fosse de opinião contrária, a humanidade não teria maior direito de silenciar essa pessoa do que esta o teria, se pudesse, de silenciar a humanidade".

Cabe à imprensa, nos veículos das mais diversas correntes, ou de corrente alguma, franquear espaço para a circulação das ideias minoritárias, de maneira que o debate se trave livremente e produza seus efeitos individuais e sociais, nos campos moral e político, sem controle de qualquer natureza — e que cada um possa aproveitar do debate o melhor que esse tem a lhe oferecer, seja aderindo ao pensamento antes rejeitado, seja reforçando suas próprias convicções. Novamente citando John Stuart Mill:

> O mal peculiar em silenciar a expressão de uma opinião é que isso rouba à raça humana; à posteridade, bem como à geração existente; àqueles que discordam da opinião, ainda mais do que àqueles que a defendem. Se a opinião é certa, eles são privados da oportunidade de trocar o erro pela verdade; se errada, eles perdem um benefício tão importante: a percepção mais clara e a mais viva impressão da verdade, produzida por sua colisão com o erro.

No momento de divisão apaixonada que vive o país — e todo o mundo —, as ameaças às liberdades de pensamento e expressão surgem tanto no campo conservador, saudosista das tradições do passado, quanto no moralismo patrulheiro das militâncias identitárias de esquerda. Nesse contexto, a liberdade de imprensa ganha especial importância. Uma imprensa livre não se curva aos poderosos nem às maiorias, não se filia incondicionalmente a nenhuma corrente do pensamento nem a ideologias, mas cumpre seu papel de mensageira plural da diversidade e de palco do debate aberto e honesto.

A Constituição Federal é pródiga na defesa das liberdades de expressão e de informação. São inúmeros os dispositivos que as consagram, tanto nos direitos e garantias individuais do artigo quinto quanto no tratamento da comunicação social, de acordo com o artigo 220. É natural que seja assim, porque o legislador constituinte trabalhou no ocaso da ditadura, com o fantasma da censura espreitando no retrovisor. Contudo, mesmo a partir de 1988 não foi fácil a vida da imprensa no Brasil. O ponto de inflexão no caminho da liberdade de imprensa ocorreu em 2009, quando o STF julgou a Arguição de Descumprimento de Preceito Fundamental (ADPF) nº 130, declarando inconstitucional toda a Lei de Imprensa da Ditadura (Lei nº 5.250/1967). Em um memorável acórdão do ministro Ayres Britto, a Corte entendeu que, pelo "seu reconhecido condão de vitalizar por muitos modos a Constituição, tirando-a mais das vezes do papel, a Imprensa passa a manter com a democracia a mais entranhada relação de mútua dependência".

Até hoje se encontram decisões judiciais esporádicas, especialmente em primeiro grau, bem como iniciativas de autoridades policiais ou do Ministério Público, proibindo a divulgação de notícias, determinando indenizações e publicações de sentenças aos veículos. Também são muitos os relatos de jornalistas ameaçados e até mortos por grupos criminosos organizados. Tudo isso é grave e demanda providências.

No entanto, sem menosprezar esses graves problemas, é certo que, a partir daquele julgamento histórico, a jurisprudência do STF manteve-se sempre ao lado das liberdades de expressão e informação. Foi o que ocorreu no julgamento da Ação Direta de Inconstitucionalidade nº 4.451, conhecida como a ADI do Humor, também de relatoria do Ministro Ayres Britto e, após sua aposentadoria, do ministro Alexandre de Moraes, na ADI da divulgação das pesquisas eleitorais, de relatoria do ministro Ricardo Lewandowski, no Recurso Extraordinário sobre a inconstitucionalidade da exigência do diploma de jornalista, da relatoria do ministro Gilmar Mendes, na ADI das Biografias Não Autorizadas (nº 4.815), de relatoria da ministra Cármen Lúcia, e na Repercussão Geral do Direito ao Esquecimento, de relatoria do ministro Dias Toffoli, e em inúmeros outros casos julgados pela Corte. Além disso, quando instado por meio de reclamações, em regra o STF manteve a autoridade de seus acórdãos e corrigiu as decisões que atentavam contra essas liberdades.

O momento atual, portanto, é favorável à liberdade de imprensa. É claro que os acontecimentos recentes, com a exacerbação de posições radicais e comportamentos inadequados de algumas autoridades em relação à imprensa e à própria democracia, inspiram preocupação. No entanto, confiamos que nossas instituições são fortes e estão preparadas para enfrentar chuvas e trovoadas; e que o STF continuará sempre a postos para garantir o cumprimento da Constituição e a manutenção das liberdades.

É importante que se diga que a legislação não garante um salvo-conduto aos veículos de comunicação. A divulgação de informações falsas e de ofensas, a doutrinação discriminatória ou racista e a incitação à violência e a atentados contra a democracia são condutas contrárias à lei e severamente penalizadas, com responsabilização criminal, obrigação de indenizar e garantia do direito de resposta aos ofendidos. Naturalmente, como exceções à regra geral da liberdade de informar, essas situações precisam ser cabalmente demonstradas, com a observância do devido processo legal e da garantia de defesa, sem interferências políticas ou juízos preconcebidos.

Outra ameaça enfrentada pela imprensa decorre da revolução digital e da mudança dos hábitos de consumo. O jornalismo profissional requer altos investimentos, seja na contratação de profissionais qualificados, seja na apuração das notícias. Suas fontes históricas de financiamento são a publicidade e a venda de assinaturas. A internet, no entanto, alterou significativamente a forma como a sociedade consome notícias. Os consumidores mais jovens estão menos dispostos a pagar por informação de qualidade, e as redes sociais e grandes empresas de tecnologia, as chamadas *big techs*, são responsáveis pela disseminação maciça e gratuita de notícias — quase sempre a partir de conteúdos produzidos pela imprensa tradicional. A consequência é que, em todo o mundo, veículos tradicionais, especialmente jornais e revistas, experimentaram uma drástica queda de receitas. Redações foram reduzidas a frações do que eram antes; veículos encerraram suas atividades; e muitos jornalistas perderam seus empregos.

Blogs e perfis em redes sociais transformaram-se em fonte de notícias para significativa parcela da população, inclusive sobre assuntos político-eleitorais. Por um lado, essa é uma boa notícia, pois se amplia a oferta de vozes e visões a respeito de cada tema, gerando mais diversidade e pluralidade. Por outro, a falta de uma editoria responsável, feita por jornalistas profissionais, organizada em veículos com alguma tradição e credibilidade, traz consigo o aumento da divulgação de informações equivocadas, tendenciosas ou, por vezes, deliberadamente falsas (as chamadas *fake news*) — e nem sempre é possível responsabilizar quem deu causa à divulgação. É notória a existência de algumas redes de disseminação de notícias falsas, com vasta utilização de máquinas que se passam por usuários humanos.

E não é fácil responsabilizar as plataformas digitais, que lucram com a disseminação da desinformação, pelos danos causados, uma vez que o Marco Civil da Internet, inexplicavelmente, as protege. Felizmente, a jurisprudência do Superior Tribunal de Justiça tem entendido que elas são responsáveis pelos danos causados, quando, apesar de notificadas, nada fazem para retirar os conteúdos violadores.

Além de tudo, a divulgação de notícias em redes sociais e plataformas digitais, seja em sua versão amadora, seja na profissional, não é capaz de viabilizar os investimentos necessários para o desenvolvimento de uma atividade jornalística de alto nível. Faltam aos amadores a estrutura e o capital para investir. Já os profissionais das redes sociais estão quase sempre a serviço de algum interesse (por vezes obscuro). Assim, minguam os investimentos na apuração criteriosa e aprofundada dos fatos, o que afeta em especial o jornalismo investigativo.

Naturalmente, não é possível deter a tecnologia ou impor aos consumidores a manutenção de hábitos de consumo que já não se adequam a seu modo de vida. Mas é urgente uma reflexão, não apenas dos governos, mas de toda a sociedade, sobre as consequências do enfraquecimento da imprensa profissional. Teremos futuro como país e como nação sem uma imprensa pujante, independente, capaz de fiscalizar os governantes e fomentar a circulação de ideias? A própria democracia pode sobreviver sem a imprensa profissional? Esse talvez seja um dos maiores desafios da humanidade no século XXI.

Ainda que sejam grandes as turbulências que se descortinam no futuro próximo, tanto de natureza econômica quanto política, jamais houve tanta liberdade de informação no Brasil e no mundo. Cabe a todos nós, como sociedade, zelar para que não haja retrocessos. Devemos isso às próximas gerações. Como ensina a frase atribuída a Thomas Jefferson, "o preço da liberdade é a eterna vigilância". Penso que não há outro caminho se o país e a humanidade desejam manter-se no rumo do desenvolvimento e corrigir seus graves problemas sociais, econômicos e ambientais — e, ainda que houvesse, sem liberdade não valeria a pena percorrê-lo.

Liberdade de expressão artística, humor e tolerância: o caso da censura judicial ao especial de Natal da Porta dos Fundos

Gustavo Binenbojm

Na véspera do Natal de 2019, na cidade do Rio de Janeiro, um grupo criminoso jogou dois coquetéis molotov na sede da produtora Porta dos Fundos, empresa que produz vídeos de humor veiculados na internet. Como viria a ser apurado, tratava-se de um atentado terrorista realizado contra a produtora em razão de seu Especial de Natal, *A primeira tentação de Cristo*, veiculado pela plataforma de *streaming* Netflix e que apresentava um Jesus gay. Um dos autores do crime fugiu para a Rússia antes que a polícia pudesse prendê-lo. Foi inevitável se lembrar do atentado à redação do *Charlie Hebdo*, em Paris, em 2015.

O vídeo da Porta dos Fundos causou desconforto em boa parte da comunidade cristã brasileira. Grupos católicos e evangélicos buscaram na Justiça a remoção do conteúdo. Durante o recesso forense, um desembargador de plantão determinou a inclusão de um alerta explicativo antes do vídeo, no qual se diria que a obra envolvia valores caros ao cristianismo. Em seguida, um segundo desembargador, designado por sorteio, determinou a remoção do vídeo, argumentando que a maioria da população brasileira era cristã e que a medida serviria para "acalmar os ânimos", em uma implícita referência ao atentado.

O vídeo estava sendo veiculado com a classificação indicativa de dezoito anos — a mais elevada existente no país —, e uma sinopse explicava o humor ácido em relação às crenças e aos valores do cristianismo. Não se trata de julgar o mérito intrínseco da obra. A cada um, cabe formular seu juízo sobre ela, criticá-la severamente ou mesmo condená-la até a excomunhão. Mas a ninguém, muito menos ao Estado, cabe determinar sua proibição. Dos artistas, em uma sociedade livre, não se exigem explicações sobre sua criação. Todas as razões são possíveis, e nenhuma delas é necessária.

Alguns grupos cristãos levantaram ainda uma alegação de violação de sua liberdade religiosa, pela suposta depreciação da figura de Jesus. Essa liberdade envolve o direito de credo, culto, organização e funcionamento de confissões. Haveria violação se o vídeo tivesse criado embaraços, restrições ou proibições a alguma dessas dimensões, o que não foi o caso. A crítica teológica entre religiões é comum, inclusive durante os cultos e pregações, e faz parte até da construção da identidade das diferentes religiões. Por que com o humor seria diferente? Por mais desagradável que o esquete humorístico possa ser em um país de maioria cristã, é preciso reconhecer que nele se veicula uma crítica de natureza política e social ao tratamento que as grandes religiões monoteístas sempre deram aos homossexuais. Justa ou injusta, de bom ou mau gosto, fazer a crítica é direito de teólogos, humoristas e de qualquer cidadão.

O caso foi rapidamente levado ao Supremo Tribunal Federal. Em uma decisão irrepreensível, em poucas horas, o ministro Dias Toffoli resolveu a parada. Mesmo para um juiz católico, irmão de um padre, o caso era de clara censura judicial por mero "mau gosto". O eventual desagrado à maioria cristã não constitui razão para a retirada do conteúdo, pois o papel da garantia da liberdade de expressão é assegurar o desacordo, e não o consenso. As ideias majoritárias não precisam da garantia constitucional. As ideias minoritárias, ao contrário, não chegariam a ser manifestadas, não fosse por ela. Ademais, a liberdade religiosa de ninguém foi afetada. Como disse Toffoli em seu veredito, "não creio que 2 mil anos de fé cristã sejam abalados por um vídeo de humor". Muitos podem ter lamentado o teor do vídeo, mas ninguém ficou menos livre em razão dele.

* * *

Fui advogado da Netflix no caso em questão e devo salientar que o julgamento do ministro Gilmar Mendes corresponde integralmente às minhas convicções acadêmicas sobre a questão. No dia 3 de novembro de 2020, a Segunda Turma do Supremo Tribunal Federal, composta dos ministros Gilmar Mendes, Edson Fachin, Cármen Lúcia e Ricardo Lewandowski, decidiu, por unanimidade, a cassação das decisões judiciais que haviam ceifado a liberdade de expressão da Netflix e da Porta dos Fundos.

A liberdade de expressão confere a cada pessoa o direito de externar ideias, opiniões, sentimentos, manifestações estéticas, artísticas ou qualquer outra forma de expressão do espírito humano. No ordenamento jurídico, a liberdade de expressão apresenta-se como alicerce fundamental do Estado Democrático de Direito — seja como um valor intrínseco da dignidade humana, centro espiritual da produção de sentidos e cultura, seja como meio para promoção de outros valores constitucionalmente consagrados, como a própria democracia, uma vez que garante o pluralismo e a livre circulação de ideias. É nesse sentido que a proteção constitucional conferida à liberdade de expressão deve ser ampla, de forma a abarcar toda e qualquer manifestação artística pacífica, ainda que satírica, crítica e contundente.

Com efeito, os processos abertos contra a Porta dos Fundos indicam uma grave inconstitucionalidade ao menosprezar o valor do humor e da sátira política e social como elementos dignos de tutela jurídica. Afirmou-se que "há dúvidas sobre se tratar de crítica, debate ou achincalhe" e que a suspensão da exibição do especial humorístico "seria mais adequado e benéfico, [...] para a sociedade brasileira, majoritariamente cristã". Contudo, conforme reconhecido no julgamento,

> [o] funcionamento eficaz da democracia representativa exige absoluto respeito à ampla liberdade de expressão, possibilitando a liberdade de opinião, de criação artística, a proliferação de informações, a circulação de ideias; garantindo-se, portanto, os diversos e antagônicos discursos — moralistas e obscenos, conservadores e progressistas, científicos, literários, jornalísticos ou humorísticos.[1]

Na feliz síntese de Ziraldo em entrevista à revista *Veja,* em 1977, "humor não é fazer rir; isso poderia ser chamado de comicidade ou qualquer outro nome. O humor é uma visão crítica do mundo e o riso é apenas o efeito libertador que ele provoca pela revelação inesperada da verdade".

Por certo, o vídeo não agradou à comunidade cristã ou a parte dela. Mas o direito fundamental à liberdade de expressão não foi instituído para proteger opiniões de um grupo majoritário. Ao contrário, sua garantia volta-se para manifestações de caráter duvidoso, exagerado, condenável, satírico, humorístico e até mesmo errôneo, ainda que compartilhado por parcela muito reduzida da população. Não por menos, o ministro Gilmar Mendes já salientou que, no "amplo conceito de arte, o fato de a obra procurar atingir fim político ou religioso não necessariamente altera sua natureza. Aí estão incluídas sátiras, charges, o uso do humor, em si".[2] No julgamento, ficou claro que, ainda que a manifestação artística seja tida como inadequada ou insolente e tenha causado repulsa a uma parcela do público, a atuação do Estado como agente repressor dessas manifestações seria de todo dispensável. Afinal, "a sociedade moderna dispõe de mecanismos próprios e adequados a esse tipo de situação, como a própria crítica".[3]

Mas não é só. É necessário apontar que a outra decisão proferida no mesmo caso também se mostrava contrária aos paradigmas apontados. A determinação de que fosse inserido "um aviso de gatilho de que se trata de uma sátira que envolve valores caros e sagrados da fé cristã" na exibição do filme foi uma imposição carecedora de respaldo constitucional. Nesse sentido, vale registrar que a Netflix já cumpria todas as obrigações normativas impostas pelo Ministério da Justiça relacionadas à classificação indicativa e a avisos descritivos para alertar os consumidores que utilizam seus serviços. O filme em questão exibia classificação para maiores de dezoito anos, sendo indexado como sátira, comédia e humor ácido. E, se a classificação indicativa só é considerada legítima na medida em que está expressamente prevista na Constituição, qualquer imposição adicional a essa obrigação desestabilizaria o equilíbrio tênue entre a liberdade de expressão e os interesses contrapostos de proteção da infância e da juventude.

Nesse sentido, a Procuradoria-Geral da República concluiu em seu parecer que:

a recomendação exigida pela instância de origem [...] de fato acarreta prejuízo e censura à liberdade de programação da reclamante, visto que as informações e advertências já disponibilizadas na plataforma Netflix são suficientes para prevenir que determinados conteúdos sejam acessados por crianças e adolescentes.

Destacou-se, no entanto, que o Supremo não deixou de atuar quando a intervenção do Poder Judiciário se fez necessária, em situações de evidente abuso da liberdade de expressão. Segundo o ministro Gilmar Mendes, somente seria possível proibir a exibição do conteúdo e sua censura se fosse caracterizado ato ilícito de incitação à violência ou violador de direitos humanos, o que não se verificou no caso.

Nesse ponto, todos os ministros integrantes da Segunda Turma fizeram uma clara distinção entre o caso do Especial de Natal da Porta dos Fundos e o caso Elwanger.[4] Neste último caso, o Supremo Tribunal Federal discutiu se a publicação de livros que incitavam ao ódio contra judeus e outras minorias configurava crime de racismo ou se configurava uma atividade protegida pela cláusula da liberdade de expressão. Diferentemente do que se entendeu no caso Elwanger, entendeu-se que o vídeo de humor da Porta dos Fundos não caracterizava discurso de ódio, sendo antes uma obra de crítica política e social que se utilizava de elementos do humor, como a ironia, a hipérbole e o absurdo.

O relator destacou, ainda, que a Netflix cumpria as exigências das normas de classificação indicativa e apresentava de forma clara a seu público aviso etário, de gênero e demais informações que permitiam a escolha individual da programação, conforme o Estatuto da Criança e do Adolescente. Além disso, por se tratar de conteúdo veiculado em plataforma de transmissão particular, o usuário poderia não apenas controlar o acesso como optar por não assistir ao conteúdo oferecido, cancelando até mesmo a assinatura do serviço.

O ministro Gilmar Mendes frisou que atos estatais, emanados de qualquer de suas esferas de Poder, praticados sob a justificativa de proteção da moral e dos bons costumes ou do politicamente correto, apenas servem para inflamar o sentimento de dissenso, de ódio ou de preconceito. Ao concluir seu voto, o relator salientou:

> Há diversas formas de indicar descontentamento com determinada opinião e de manifestar-se contra ideais com as quais não se concorda, o que nada mais é do que a dinâmica do mercado livre de ideias. Retirar de circulação material apenas porque seu conteúdo desagrada parcela da população, ainda que majoritária, não encontra fundamento em uma sociedade democrática e pluralista como a brasileira.

O ponto que considero o mais delicado do episódio como um todo foi a ideia de remover o conteúdo como forma de "serenar os ânimos". Ou seja: o atentado a bomba teria alcançado seu objetivo de silenciar a arte por meio da intimidação. Os incentivos gerados a partir dessa lógica seriam graves. Você pretende falar algo que desagrade a alguém ou a algum grupo? Melhor pensar bem. Quando a alternativa é o silêncio, o que há não é paz. É medo.

A decapitação de um professor francês por um fanático religioso em Paris, em pleno ano de 2020, após uma aula em que a vítima havia mostrado a seus alunos as charges do profeta Maomé feitas pelo jornal satírico *Charlie Hebdo*, é o registro tenebroso da intolerância fundamentalista que ameaça à liberdade de expressão na atualidade. O terrorismo contra jornalistas, artistas e intelectuais é uma faceta sombria de nosso tempo. Ao ameaçá-los ou censurá-los, além de inibir sua livre expressão, ficamos todos privados de conhecer suas ideias — mais pobres e ignorantes.

O caso do Especial de Natal da Porta dos Fundos reuniu terrorismo e censura, duas faces do obscurantismo medieval que se contrapõe às conquistas civilizatórias da democracia liberal. No Brasil, o Poder Judiciário tem feito por merecer o título de censor máximo da nação, verdadeiro sucessor da malsinada Censura Federal, em um amplo repertório de decisões judiciais que inibem, embaraçam e proíbem manifestações legítimas de ideias e a livre circulação de informações.

A exceção a essa tendência tem sido encontrada na jurisprudência do Supremo Tribunal Federal. Desde o julgamento da ADPF nº 130,[5] o Supremo construiu um conjunto razoavelmente sólido e coerente de decisões que costumam corrigir desvios censórios oriundos de diferentes órgãos do Poder Judiciário. No caso do Especial de Natal da Porta dos Fundos, a Segunda Turma do Supremo Tribunal Federal cumpriu, mais uma vez, esse papel civilizatório de evitar o retrocesso tosco e primitivo à censura e à intolerância no Brasil.

No fio da navalha

Iberê de Castro Dias

Cruzaram o pátio da escola de braços dados. Os dedos iam entrelaçados, com a força e o pavor de quem já viu a mão da vida desprender-se algumas vezes. Sentaram-se no banco de concreto, perto da parede, para se abrigarem do sol. O cardápio da merenda era igual ao de ontem. Ao de anteontem. De amanhã. De depois, de depois, de depois de amanhã. Escola pública. Mas, ao lado da irmã, bolacha de água e sal e suco de uva eram banquete.

Vitória abriu a embalagem com a destreza dos oito anos e o ar maternal de quem há muito já não tinha a opção de ser só irmã. Usou o canudo para furar a caixinha e passou-a para a caçula. Gabrielly pensou em contestar. Julgava que a velinha dos seis anos, dourada, como sonhava desde os quatro, havia lhe dado atributos para fazer isso tudo por si. Calou-se, porém, com o gosto de ser cuidada. Nem sempre o foi. Não sabe até quando será. Preferiu valer-se de um *carpe diem* inconsciente, de quem não faz ideia de o que a expressão signifique, mas conhece bem a sensação que traz. Quando se vive a rotina de ver o depois tirar de repente o que antes tinha dado, o agora ganha relevo.

Lembra-se bem da primeira noite em que o pai não estava ao lado da cama para acalantar seu sono. Sidnei fazia questão de entregar às filhas o amor que nem sempre recebeu. O abraço longo e apertado quando chegava da oficina, a fala mansa, mostrando caminhos e acalmando aflições, a paciência para colocar limites sem elevar o tom. O beijo de boa-noite vinha precedido de alguma história que ele próprio inventava.

Um tiro de fuzil fez as noites terem de ser dormidas a seco. O policial disse achar que Sidnei iria sacar arma, quando fez menção de pegar a carteira de trabalho no bolso para se explicar na abordagem. Quem viu a cena falava no bairro que nem abordagem houve. Atiraram sem perguntar, enquanto ele ia a caminho do açougue comprar mistura com o vale que acabara de receber. Foi confundido com um traficante local. Olhando pela mira do fuzil, preto tem tudo a mesma cara. Algum defeito de fabricação da lente que, curiosamente, não causa a mesma distorção em rostos brancos.

A bala que pegou Sidnei pelas costas acertou o prumo de Maria no peito. Se o dinheiro escasseava vez por outra, não faltavam compreensão e companheirismo ao casal. Desde a dificuldade para a primeira gravidez. Maria achava que Deus a estava punindo por ter fugido de casa. Ouvia isso do pastor da igreja evangélica que frequentava. Não ter filhos era o preço a pagar pela forma como agiu com sua família. Não adiantou explicar a raiva e o nojo que sentiu quando foi violentada pelo próprio pai.

"Filha minha estreio eu! Homem nenhum vai cortar a fita das minhas meninas!", gargalhava Valdenor, entre um Cynar e uma Jurubeba, em um boteco de palafita da Vila da Barca, periferia de Belém.

Assim que Maria começou a formar corpo, Valdenor cumpriu o dito. Quando soube do abuso, dona Francisca, a mãe, resignou-se. Foi também sua sina e nunca havia sido ensinada do contrário. O desespero fez Maria aboletar-se em um caminhão que descia para o sul, levando madeira de origem que não convém perguntar.

Já era moça quando, no ônibus que pegava diariamente até a casa da patroa, conheceu Sidnei. O caminho era longo, e o interesse era muito. Não tardaram a casar, aproveitando a cerimônia coletiva que a igreja da comunidade iria celebrar. Maria pôs-se de branco e sorriu, encabulada e feliz, com o olhar de admiração do noivo. Na comunhão de desejos, ter filhos. Maria queria uma menina. Para Sidnei, bastava ser pai.

"O que Deus preparar será bem-vindo."

O problema é que a preparação estava levando mais tempo do que a esperança permitia. Dois anos, e nada. Quando finalmente engravidou, o feto não resistiu. Abortou espontaneamente.

"Sou seca", dizia, entre um choro e um desalento.

Quando via a expressão de Maria olhando crianças brincando no culto de domingo, Sidnei a consolava falando dos desígnios divinos. Maria refletia sobre a explicação que o pastor lhe dera. Chegou a considerar que talvez o certo fosse ter permanecido em Belém, mas a memória da sensação de repulsa de quando olhava nos olhos do pai a fazia estar segura de que ficar não era escolha.

Na semana em que completaram três anos de casados, Maria descobriu que estava grávida de novo. A felicidade dos dois crescia junto com o ventre. O parto foi em uma manhã de sábado de primavera. Com a primeira mamada, decidiram que o nome da filha haveria de representar o grito de "sim", para um destino que parecia querer "não".

Vitória crescia aninhada de amor e cuidado, com Maria desempenhando a maior parte das tarefas, embora Sidnei também se fizesse presente. No primeiro aniversário da menina, resolveram que era hora de mais um filho. Ou filha. Gostaram da experiência. Dessa vez, foi mais fácil.

"Acho que Deus me perdoou", anunciou Maria, exultante, mostrando o resultado do exame para o marido.

Gabrielly nasceu logo depois de Vitória completar dois anos. Agora, mãe e pai já tinham traquejo com febres e madrugadas em claro. Sobrava mais espaço para as alegrias do cotidiano com as crianças, mesmo que a casa fosse modesta e alugada. O de viver nunca faltou ali, ainda que um malabarismo ou outro eventualmente fossem necessários. Tinham teto, comida e risadas.

No último gole de suco, Gabrielly mostrou a língua para a irmã, fazendo cara de quem estava ciente da molecagem, sabendo que o corante a tornava de um vermelho ainda mais pungente.

"Esse suco tem o mesmo gosto daquele que o papai comprava no parque."

O rosto arrefeceu com a memória dos passeios dominicais em família. Os períodos de bonança permitiam brincar o domingo. Maria e Sidnei também aproveitavam para resgatar aquilo que não lhes foi dado na infância. As manhãs no parque, com as filhas, faziam mais leve a semana por vir.

Findo o turno escolar, regressaram à casa de acolhimento em que moravam. Vitória pensou na conversa do recreio com a irmã, nos passeios em quarteto e em todas as privações desde a ocasião. Chorou escondida um choro sentido quando se lembrou do dia em que ganhou da mãe um balão em forma de coração, estampando sua princesa preferida.

Depois do almoço, iriam para o fórum, e Maria estaria lá. Em qual estado é que não se podia prever. Audiência concentrada é a oportunidade de reavaliar a situação da criança acolhida e de sua família de origem, analisando as evoluções havidas desde a audiência anterior, reunindo quem faz parte da tal rede de proteção da infância e da juventude. Juiz, defensor, promotor, mãe, pai, psicólogos e assistentes sociais do Poder Judiciário, da Prefeitura e da casa de acolhimento, conselheiro tutelar, secretários municipais — e, conforme o caso, estaduais —, de assistência social, saúde, educação, habitação... Conforme a hipótese, são mais de vinte pessoas na mesma sala, no mesmo momento, pensando em meios de solucionar as fragilidades daquela específica família, de modo a que as crianças possam para lá retornar em segurança. Um trabalho de marchetaria jurídico-socioassistencial que pode durar horas para cada acolhido.

As meninas não se espantaram com a quantidade de gente na sala. Era a terceira audiência concentrada de que participavam e sabiam o que encontrariam. Quando a porta se abriu, correram para abraçar a mãe. Já ia para mais de mês desde a última visita na casa de acolhimento. A caçula sentou-se no colo de Maria. A mais velha, na cadeira ao lado. Contaram dos desenhos que haviam feito para a exposição de artes na escola e dos avanços que vinham tendo na leitura.

Enquanto isso, o resto da sala debruçava-se sobre os entraves para que as crianças voltassem para casa. O álcool havia passado a ser a fuga possível de Maria, para a imagem do corpo de Sidnei envolto em sangue, largado no meio-fio, à espera da perícia. Nunca mais o beijo. Nunca mais as discussões. Nunca mais o apoio. Nunca mais o olhar. Nunca mais pai.

A cena do conselheiro tutelar colocando suas filhas no carro para as levar para a casa de acolhimento foi o atalho para a cocaína. Era sábado, e Maria havia conseguido uma faxina. Creche e escola fechadas, mas a necessidade era maior que o receio de deixar as meninas sozinhas. A denúncia anônima relatava duas crianças largadas, sem adulto por perto, em uma das casas da comunidade. Quando o conselheiro chegou, Vitória, do alto de seus quase sete anos, estava dando comida a Gabrielly, então com quatro. Conversou com ambas para entender o que se passava ali e, acompanhado de uma assistente social da Prefeitura, passou a procurar Maria pelo bairro. Mais de hora em vão. Os dois resolveram levar as meninas para a casa de acolhimento. Maria apavorou-se quando viu, da esquina, Gabrielly chorando, aflita, no colo da assistente social. Subiu a rua gritando em desespero as explicações que tinha para dar. O caminhar sinuoso e o cheiro de álcool não ajudaram. É que o bar ficava bem em frente ao ponto de ônibus onde Maria saltava para voltar do trabalho, e o dinheiro da diária estava ali à mão. Só a bebida a fazia suportar os afazeres do resto do dia. Ajoelhada, assistiu, aos prantos, pela janela do carro do conselheiro, às filhas indo embora.

Era a segunda vez que o Poder Público se apresentava em sua vida. A primeira havia sido para assassinar seu marido.

Passou a cheirar boa parte do que ganhava trabalhando. Na primeira entrevista com a psicóloga e a assistente social do fórum, o olhar vidrado e as frases desconexas não deixavam dúvidas de que o fundo do poço de Maria tinha alçapão. Ouviu que seria encaminhada ao CAPS-AD, mas não estava em condições de entender o que aquilo significava. Era o Centro de Atenção Psicossocial para o Uso de Álcool e Outras Drogas, órgão da Prefeitura voltado para o tratamento de pessoas em situação de drogadição. Não conseguiram que fosse atendida no mesmo dia e agendaram a visita inicial para a semana seguinte. Maria compareceu no horário marcado, sóbria. Estava disposta a manter fechado o alçapão.

A evolução dos primeiros quatro meses foi animadora. As visitas ao bar eram menos frequentes, e a última fileira de pó havia sido aspirada três semanas antes. Fazia questão de estar semanalmente com as filhas na casa de acolhimento, e o afeto mútuo era tão óbvio que as equipes técnicas da instituição de acolhimento e do Poder Judiciário já consideravam a possibilidade de as crianças tornarem a viver com a mãe. Até porque, se beber e cheirar fossem impeditivos absolutos para manter o poder familiar sobre a prole, as casas de acolhimento estariam lotadas de filhos de rico. Um mês depois, Maria voltava da visita com uma filha em cada mão. Quando desceu do ônibus, olhou para o bar sem saudade. O trem da vida parecia ter voltado para os trilhos.

Faltou combinar com o maquinista. O problema é que, com o assassinato de Sidnei, a situação financeira de Maria havia se complicado. As diárias na limpeza já não bastavam para o aluguel, atrasado há meses, principalmente com a cocaína fazendo boa concorrência. O locador da casa não era versado em comiseração.

"Não fui eu que atirei no seu marido e, para mim, ninguém dá as coisas de graça."

Sem parente por perto que pudesse abrigá-las, o despejo fez da rua a morada do trio. O albergue municipal familiar serviu para algumas noites, mas os horários rígidos de entrada e saída dificultavam qualquer trabalho que exigisse deslocamentos mais demorados, e Maria não estava em condições de escolher serviço. Fora o risco de furto de seus já parcos pertences, reclamação constante entre albergados.

Dessa vez, foi a diretora da escola de Vitória que avisou ao Conselho Tutelar que a menina estava faltando havia mais de uma semana. Não demoraram para encontrar as três em um barraco de lona, sob um viaduto da região. Maria dormia um sono profundo e exalava álcool. Quando conseguiram acordá-la, não havia qualquer hipótese de diálogo. Maria só fazia balbuciar um idioma ininteligível.

Com o novo acolhimento das crianças, não tardou para que a promotora pedisse a destituição do poder familiar, alegando que Maria não se portava como mãe e cuidadora das filhas. Em sua defesa, Maria narrava a saga da família e ressaltava que protegia e educava as filhas com as ferramentas de que dispunha. Tratava de todos os esforços e sacrifícios feitos para voltar a ter as filhas consigo.

"Pobreza não é desamor", escreveu o defensor público.

Na audiência concentrada, ficou decidido que Maria teria prioridade na fila para conseguir um imóvel do programa de habitação, mas sem data certa para sua vez chegar. As crianças já estavam com oito e seis anos, e a ampulheta é cruel na adoção. Quanto mais idade, mais difícil de haver adotantes interessados. Especialmente a partir dos nove anos e sendo duas irmãs.

A psicóloga e a assistente social que acompanhavam o caso mencionaram, no laudo apresentado, os avanços que Maria vinha fazendo no tratamento de drogadição, embora com recaídas vez por outra. E os laços de afeto entre mãe e filhas seguiam existindo, apesar de todos os pesares.

Faltava a sentença. A caneta na mão, com a tinta para desenhar os rumos da vida da criança, é a espada de Dâmocles que pende sobre a cabeça de quem veste a toga. Reza a lenda que, durante o governo de Dionísio, em Siracusa, na Sicília, havia um conselheiro por nome Dâmocles que passava os dias a invejar as benesses do governante. Comida farta, serviçais, damas de companhia... E poder. Dionísio, então, propôs a Dâmocles que trocassem de lugar por um dia, o que é prontamente aceito. Dâmocles senta-se à cabeceira da mesa, onde repousam os vinhos mais caros e a carne mais nobre; colocam-lhe a coroa e adentram seus funcionários. Quando olha para cima, assusta-se ao ver que pende sobre sua cabeça, presa apenas por um fio de crina de cavalo, uma espada de aço, de lâmina afiadíssima. Notando a surpresa de Dâmocles, Dionísio explica que a espada pende diuturnamente sobre a cabeça de quem ocupa aquele assento, ainda que só o próprio ocupante a perceba. Estar naquela cadeira também significava ter sobre si, perenemente, a espada que poderia decapitá-lo a qualquer momento.

Nenhum ato judicial é, individualmente, mais grave que a sentença que decidirá o pedido de destituição do poder familiar. É ordem mais sensível até mesmo que outras vedadas por questões humanitárias. Pense na pena de morte, por exemplo. É proibida no Brasil e em vasta parte do mundo civilizado, como decorrência do princípio elementar de humanidade. Nem mesmo a pena de morte, que afronta regras internacionais de Direitos Humanos (e o bom senso), é decisão tão grave quanto a da destituição. Duvida? Você prefere morrer ou nunca mais ver seus filhos? Então. E o resultado é o mesmo quando a situação é pensada a partir da posição da criança, que é o que importa nas varas de infância. Não há, em suma, processo judicial cujas consequências sejam individualmente mais drásticas que aquele em que está em jogo a destituição do poder familiar.

Quando se fala em casas de acolhimento e crianças em situação de risco, não é raro que o primeiro raciocínio seja: "O que se pode fazer para que essas crianças sejam adotadas mais rapidamente?". E, claro, esse pode ser um ponto realmente relevante. O ECA determina que o acolhimento deve ser medida excepcional e perdurar pelo menor tempo necessário para que se defina a situação da criança.

O que nem sempre entra na conta é que a adoção seja medida de redução de danos. O prejuízo de ver rompidos os vínculos afetivos constituídos com mãe e pai já terá ocorrido. Trata-se, agora, de buscar minorar suas consequências, por meio da adoção. Portanto, por contraintuitivo que pareça à primeira vista, o número de adoções na sociedade ideal é... zero. Porque todas as famílias estarão providas de ferramentas materiais e psicológicas robustas o bastante para providenciar às suas crianças aquilo de que necessitam para se desenvolverem adequadamente. Logo, nenhuma criança será compelida a deixar sua família de origem para ser adotada por outra. A maior preocupação, quando se olha para as casas de acolhimento, deveria ser, então, preventiva. O que faltou, em termos de política pública e socioassistencial, para que restasse intacta a estrutura das famílias biológicas dessas crianças acolhidas, de modo a evitar as medidas extremas do acolhimento, da destituição familiar e da própria adoção?

Acontece que política pública nessa área não costuma ser tema em que se demorem os titulares de cargos eletivos. É coisa que não dá voto e, se não dá voto, não há de importar. Entre gastar dinheiro para construir viaduto, ou contratar pessoas e formar mais equipes psicossociais para o acompanhamento das famílias vulneráveis, a foto que a inauguração da obra pública propicia acaba firmando a preferência. Capaz até de dar capa.

Ainda faltava a sentença. O juiz terminou de ler os autos e pôs-se a pensar sobre o caso, de café em punho. Enquanto olhava pela janela, percebeu algo reluzir no vidro, sobre sua cabeça. A espada continuava lá.

Por um Judiciário mais humano

Andrea Pachá

Será impossível para nós — contemporâneos do desamparo diante de um vírus, companheiros irmanados pela tristeza que se abateu sobre todo o planeta, com perdas definitivas, despedidas sem luto e sem abraços, cúmplices do medo silencioso da doença e da morte, que nos isolou e nos paralisou — pensarmos o mundo, os projetos e o cotidiano, sem que essa cicatriz apareça como uma perspectiva definitiva do olhar daqui por diante.

Ainda que tardiamente, começamos a nos vacinar e o horizonte parece se iluminar, permitindo que sonhos e utopias voltem a ocupar o lugar no futuro. Afinal, somos seres da memória, das lembranças, mas também somos seres dos desejos e dos projetos.

Nesse cenário, mesmo devastado pelas dores e pela perplexidade, o convite para participar da publicação *O Judiciário do nosso tempo* chega como um antídoto para a desesperança. Com dificuldades para a concentração em nada que não diga respeito à vida e à saúde, esse período em que fomos compulsoriamente confinados em nossas casas e em nossa existência tem sido um período importante para definir o que é essencial e qual é a relevância dos projetos em nossas vidas.

Tanto no trabalho quanto nas relações sociais e pessoais, são tempos de escolhas de prioridades e, entre elas, o registro da memória do Prêmio Innovare e o diagnóstico de uma Justiça de nosso tempo apontam como uma bússola de esperança em um país tão complexo, tão desigual, no qual a busca pelo acesso e pela efetividade da Justiça tem sido uma demanda cada vez maior e mais visível.

Sou uma observadora privilegiada das transformações do Judiciário ao longo do tempo. Juíza de Direito do estado do Rio de Janeiro desde 1994, fui indicada, por unanimidade, pelos ministros do Supremo Tribunal Federal para integrar o Conselho Nacional de Justiça no biênio 2007/2009. Na ocasião, eu havia sido eleita vice-presidente da Associação dos Magistrados Brasileiros e era responsável pela comunicação da instituição e pelas campanhas muito bem-sucedidas "Simplificação da linguagem jurídica"; "Mude um destino", que tinha como objetivo discutir a questão das crianças e dos adolescentes abrigados; e, ainda, "Eleições limpas", que buscava maior transparência no processo eleitoral. Eu trazia, também, a experiência administrativa do Tribunal de Justiça do Estado do Rio de Janeiro — na ocasião, referência nacional em gestão judiciária, tendo sido integrante da equipe de juízes auxiliares da Corregedoria Geral da Justiça[1] de 2001 a 2003.

Antes de assumir a cadeira de conselheira do CNJ, período em que fui responsável pela criação do Cadastro Nacional de Adoção, pela Comissão de Conciliação e Juizados Especial e pela efetivação de uma política judiciária nacional para enfrentamento à violência de gênero, eu já participava do Prêmio Innovare desde sua origem, em 2004.

O prêmio antecipou-se à Emenda Constitucional nº 45, que alterou a estrutura e a organização do Poder Judiciário, e é impossível contar a história desse poder, suas mudanças estruturais e funcionais, sem que se afirme a relevância da premiação como ferramenta de afirmação da Justiça, e como compromisso com a identificação das melhores práticas que procuram transformar o Judiciário em um poder mais moderno, eficiente e humano. E é justamente a experiência de uma juíza de primeiro grau na história do Prêmio Innovare o que pretendo compartilhar com os leitores.

Grandes e profundas mudanças ocorreram no mundo nas três últimas décadas: da queda do muro de Berlim à ascensão do mercado global; da hegemonia do pensamento econômico único à crise sem precedentes em que mergulhou o planeta em 2019 por conta da pandemia, exibindo injustiças e desigualdades; e da massificação e da virtualização da comunicação à mitigação dos valores éticos e morais. Nada permaneceu intacto nesta era de incertezas, o que torna oportuna e atual a constatação de Heráclito: "Nada é permanente, exceto a mudança".

No Brasil, obviamente, os poderes da República não ficaram imunes a tantas transformações. Na década de 1980, recém-saídos da odiosa ditadura que engessou nosso amadurecimento institucional por quase vinte anos, assistíamos, esperançosos com a redemocratização, a promulgação de uma nova Constituição Federal, rica na garantia dos direitos individuais e sociais. Os Poderes Executivo e Legislativo passavam por uma necessária transformação com a convocação de uma Assembleia Constituinte e com a luta pelas eleições diretas.

O Judiciário, entretanto, apesar do novo desenho constitucional, com a responsabilidade de protagonizar políticas públicas, chamado a intervir diretamente na vida política e social do país, não sofreu, na ocasião, nenhuma mudança, quer em sua composição, quer em sua gestão.

O natural seria que tivesse havido um planejamento administrativo e orçamentário para enfrentar a demanda que aumentava na justa medida em que crescia o grau de conhecimento dos direitos, da cidadania e do acesso à Justiça. Infelizmente, não foi isso o que aconteceu.

O mesmo Poder, historicamente pesado, burocrático, encastelado, viu-se, de uma hora para outra, chamado a protagonizar o cenário político nacional, em um fenômeno diagnosticado por Werneck Viana como a judicialização das políticas.

As mudanças necessárias, no entanto, precisavam da participação efetiva dos juízes que integravam o Poder. E, para que o comprometimento se efetivasse, era imperioso que o modelo hierarquizado e vertical fosse revisto.

Mesmo com os movimentos de aproximação dos juízes da sociedade, o Judiciário ainda era e é considerado hermético, impenetrável e refratário a mudanças. É justamente por isso que se fazia e se faz tão premente sua transformação: para que o cidadão tenha acesso irrestrito às garantias legais, para que seus operadores sejam sensatos tradutores das demandas sociais e para que a própria definição de lei seja valorizada como instrumento de cidadania.

Eis a equação que se impunha: como promover no Judiciário mudanças consistentes e significativas, que buscassem não só o aprimoramento e a adequação, mas também um razoável equilíbrio entre as diversas vertentes de pensamento? Como enfrentar resistências naturais dentro do próprio Poder, historicamente conservador, e que passava a experimentar profundas rupturas em sua estrutura, exigindo do juiz um grau de comprometimento muito maior com os novos ares que invadiam o país e os Tribunais? Como comprometer os magistrados com a necessária gestão administrativa, função jamais encarada como prioritária para o exercício da profissão?

Nesse contexto, o Prêmio Innovare convidava-nos a participar ativamente das mudanças e do futuro. Investir em um novo modelo de gestão era, sem dúvida, um bom caminho. No entanto, nenhum modelo que não passasse pela participação dos magistrados, notadamente os que exerciam a jurisdição em primeiro grau, em seu desenho, teria sucesso.

Ao identificar, divulgar e difundir práticas experimentadas por profissionais que atuam na Justiça, o Prêmio Innovare não só estabelece um espaço de criatividade, comunhão de ideias e democratização de iniciativas, como propõe um modelo centralizado na valorização do "humano".

A história do Judiciário, especialmente após a mudança estrutural de 2005, é atravessada pela história do Prêmio Innovare.

As mudanças e transformações sociais, bem como a busca pela tutela dos direitos fundamentais, além da excessiva judicialização da vida, podem ser contadas a partir das mais de 7 mil práticas inscritas no Innovare desde sua criação.

Ainda há uma grande demanda reprimida e obstáculos gravíssimos que exigem solução do sistema judicial brasileiro. Apesar dos milhões de processos, continuamos sofrendo pela falta de acesso à Justiça para muitos cidadãos.

Identificar os gargalos e traçar estratégias para o aprimoramento da prestação jurisdicional, sem descuidar da independência funcional e da democratização do Poder Judiciário, são desafios que teremos que enfrentar na década que se inicia. A qualidade das práticas apresentadas ao Prêmio Innovare é uma radiografia desse desejo de um Judiciário mais moderno, eficiente, inclusivo, plural e democrático.

Apesar do volume de trabalho, apesar da dedicação com que alguns juízes exercem a profissão, das tentativas de melhorar a gestão e a administração, ainda assim, o Judiciário é um poder inacessível, caro, lento e pouco eficiente.

A massificação dos processos e a infantilização da sociedade são fenômenos recentes, com os quais o sistema de Justiça tem sido confrontado de forma permanente. Paradoxalmente, a mesma sociedade que avançou no reconhecimento de direitos humanos e garantias sociais experimenta retrocessos que chegam com os novos tempos. Uma profunda mudança de linguagem provocada pelo uso das redes sociais, rupturas conceituais e valorativas, que colocam em xeque a racionalidade iluminista, o capitalismo industrial e o próprio Estado Nacional, exige dos operadores do Direito, notadamente dos juízes, grande sensibilidade para enxergar o cenário no qual o Poder Judiciário é chamado a intervir.

Atribui-se a Pedro Nava, médico e escritor mineiro, a afirmação de que a experiência é como um farol de carro virado para trás. É fácil identificar e olhar o passado com clareza, mas é difícil projetar com a experiência do passado o que ainda está por vir. A luz ofusca, algumas vezes cega e impede qualquer avanço ou condução segura. No entanto, sob a ótica da evolução humana e do tempo histórico e filosófico, sempre se pode tentar construir pontes seguras para uma travessia incerta.

Tudo o que conhecemos e experimentamos do passado parece não dar conta das dúvidas e apreensões que sentimos no presente. O peso universal dos problemas tem nos causado perplexidade, assombro e sentimento de inadequação.

Sem a compreensão do mundo e sem a contextualização das demandas e dos conflitos, corremos o risco de reproduzir soluções que se adequavam às relações previsíveis e tradicionais, mas que são absolutamente distantes da realidade contemporânea na qual vivemos.

O turbilhão que nos invade deve ser enfrentado racionalmente para que a indignação não nos paralise e para que os direitos fundamentais conquistados não retrocedam.

A maior contribuição do Prêmio Innovare, a meu sentir, não vem, apenas, das importantes experiências de tecnologia e gestão material, mas do uso dessas ferramentas para garantir a voz e os direitos de grupos historicamente vulneráveis e invisibilizados ao longo do tempo.

As práticas vencedoras e as milhares de práticas concorrentes apontam para a afirmação dos direitos de grupos minoritários, de direitos identitários e do reconhecimento da importância da Justiça na consolidação da democracia.

Paulatinamente, as iniciativas individuais ganham espaço e alteram a imagem da Justiça, aproximando-se da sociedade. Funcionam como uma pedra jogada no meio de um lago parado, formando círculos concêntricos que alcançam as margens e movimentam a água, transformando a Justiça brasileira e convidando a todos — profissionais do Direito e cidadãos — a se integrarem a um sistema que exige mais direitos e menos desigualdade.

É essa a engrenagem que deve interessar à magistratura. Um pacto com a modernidade, com a eficiência, mas, acima de tudo, um compromisso absoluto com a afirmação dos direitos fundamentais.

Se, como afirmei no início deste texto, vivemos tempos de busca pela essência das coisas e das relações, o novo tempo da Justiça deverá ser um período de intransigência com o arbítrio e os retrocessos.

Mudanças são naturais e fazem parte das democracias. O que o Prêmio Innovare tem revelado ao longo dos anos é que as práticas comprometidas com a humanidade, que rejeitam a visão utilitária do Direito e da Justiça, são as que merecem ser disseminadas e compartilhadas.

No início de seu livro de memórias, García Márquez nos alerta que "a vida não é a que a gente viveu, e, sim, a que a gente recorda, e como recorda para contá-la".[2] Ao tentar registrar as lembranças desses longos anos de participação no Innovare, provavelmente trilhei os caminhos das recordações que ele nos propõe. Selecionei as melhores lembranças, na tentativa de eternizá-las.

Com quase 27 anos de magistratura, o desejo é não perder o entusiasmo com o sistema de Justiça, reconhecendo suas precariedades e buscando alternativas para suplantá-las, na procura por uma Justiça mais célere, igualitária, pedestre e próxima de todas as pessoas.

Que consigamos, em meio à turbulência de uma época de especialização do conhecimento, preservar o sentimento de pertencimento que conserva unido o corpo social. Que tenhamos a maturidade e a integridade de reagir quando nossa independência for violada e de transigir[2] sempre que nossas concessões ampliem para melhor o funcionamento do Poder Judiciário, garantindo o acesso irrestrito à Justiça a todas e todos as cidadãs e cidadãos.

Longa vida ao Prêmio Innovare!

Parte III

A Justiça como protagonista

Uma visão otimista da Justiça brasileira, sob a perspectiva econômica

Luiz Fux

Este artigo pretende fornecer aos leitores uma visão positiva sobre a situação da Justiça brasileira, sob a perspectiva da análise econômica do processo civil, mediante uma analogia com a parábola da tragédia dos comuns e fundamentada por meio da comparação de dados colhidos dos relatórios "Justiça em números", do Conselho Nacional de Justiça, que demonstram uma melhora anual, gradual e consistente, aliada às boas práticas executadas pelo Supremo Tribunal Federal.

A tragédia dos comuns

Há muito se discute o problema econômico do nível ótimo de apropriação de um bem comum pelos agentes econômicos. O tema inspirou a publicação, em 1968, do artigo "A tragédia dos comuns", de Garrett Hardin, que, embora não tenha sido o primeiro a escrever sobre o assunto, foi o responsável por torná-lo conhecido, fazendo-o ganhar "vida própria como a formulação de um problema de sobreuso de recursos comuns".[1]

No artigo, o autor aborda a questão a partir do uso de um campo comum por vários pastores, hipótese em que se presume que cada um manterá a maior quantidade possível de animais no pasto, pois, sendo o ser humano dotado de racionalidade, cada pastor buscará maximizar os ganhos, ao perguntar-se, ainda que inconscientemente, qual seria a utilidade de adicionar mais um animal ao rebanho.[2]

A utilidade da adição de mais um animal ao rebanho tem seu lado positivo e negativo. O positivo é uma função do próprio acréscimo de mais um animal ao rebanho, cujo resultado será uma unidade positiva, pois cada pastor recebe integralmente o produto da venda do animal adicionado. Por outro lado, o negativo é uma função do sobrepastoreio derivado da adição de mais um animal ao pasto comum, cujo resultado será apenas uma fração de uma unidade negativa, pois os efeitos gerados pelo sobrepastoreio são divididos por todos os pastores.[3] Logo, o resultado é positivo e conduz à conclusão de que um pastor racional sempre decidirá pela adição de mais animais ao rebanho.[4]

Em termos econômicos, significa dizer que, individualmente considerados, os benefícios são superiores aos custos porque cada "pastor externaliza sobre o recurso comum, mas internaliza apenas parcialmente, muito restritamente, a sua própria externalização".[5] Todavia, esta decisão é potencializada quando tomada por todos os pastores que utilizam o pasto, pois causa um aumento indiscriminado dos rebanhos em um recurso que será esgotado, sem que haja espaço nem chance de recomposição natural.[6]

Tem-se configurada a tragédia dos comuns, cuja acepção da palavra foi utilizada no sentido filosófico de estar-se diante de uma situação indesejável, mas inevitável. Isso porque os próprios pastores racionais são os responsáveis pela ruína da atividade produtiva, em razão da morte do pasto causada pelo sobrepastoreio até então individualmente lucrativo, mas socialmente falido, visto que não alcançaram o nível ótimo de apropriação do bem comum que usavam livremente como elemento indispensável à criação dos rebanhos.[7]

Eis os efeitos nefastos de congestionamento e exaustão oriundos da rivalidade de uso livre e ilimitado de bens comuns,[8] que não são excludentes, mas são rivais. Ou seja, são bens de acesso universal ou quase universalizado, mas cuja concorrência no consumo faz com que a utilidade seja afetada de forma inversamente proporcional à utilização.[9]

Além disso, são bens inseridos em mercados cuja autorregulação é ineficiente, pois estão sujeitos à presença de externalidade negativa que afeta a determinação independentemente da quantidade ótima de produção, a qual será diferente para os participantes do mercado e para a sociedade como um todo, tendendo a ser maior para aqueles e menor para esta, razão pela qual tais mercados precisam da intervenção estatal na regulação da quantidade ideal de produção, equilibrada em virtude do impacto negativo causado no bem-estar de terceiros.[10]

A situação da Justiça brasileira

Tendo em vista o exemplo de *A tragédia dos comuns*, é possível afirmar que a Justiça consiste em um mercado propriamente dito, cujo bem de consumo corresponde à prestação jurisdicional, "em torno do qual gravitam as interações mercadológicas",[11] permitindo, assim, classificá-la como um bem comum.[12]

Enquanto um bem comum, pode-se afirmar que a Justiça brasileira não é dotada de exclusividade de acesso, mas de rivalidade de uso. A ausência de exclusividade de acesso está consagrada no texto constitucional e decorre de um conjunto de cláusulas pétreas, as quais garantem o acesso universal ao Poder Judiciário ao consagrarem os princípios da inafastabilidade da jurisdição[13] e do contraditório e da ampla defesa,[14] assim como os direitos de petição e de assistência jurídica integral e gratuita aos juridicamente pobres.[15]

Por outro lado, a questão da rivalidade de uso está intimamente ligada à limitação financeira do Poder Judiciário, que dispõe de recursos finitos que não permitem expandir sua capacidade instalada de forma proporcional ao aumento da demanda por litigância. Isso faz com que o ajuizamento de cada novo processo reduza a capacidade de processamento e julgamento dos órgãos judiciários, tanto dos novos quanto dos antigos em observância ao princípio constitucional da duração razoável, causando, assim, uma perda gradativa da eficiência da prestação jurisdicional, verificável pelo aumento da taxa de congestionamento, índice de periodicidade semestral criado pelo CNJ para medir a efetividade de um tribunal no período, "levando-se em conta o total de casos novos que ingressaram, os casos baixados e o estoque pendente ao final do período anterior ao período-base".[16,17]

Conforme o relatório do CNJ "Justiça em números 2020", que tem como ano-base 2019, foram ajuizados 30,2 milhões de novas ações judiciais em todo o Poder Judiciário, o que representa um crescimento de 6,8%, enquanto foram baixados 35,4 milhões de processos do acervo total, mostrando um aumento de 11,6%. O estudo também revela que a demanda por litigância e a quantidade de processos baixados bateram recorde e alcançaram o maior patamar da série histórica, iniciada em 2003.[18]

Além disso, constata-se que o Poder Judiciário terminou 2019 com um estoque de 77,1 milhões de processos em tramitação, dos quais 18,5% — ou 14,2 milhões — estavam suspensos, sobrestados ou arquivados provisoriamente, de modo que havia 62,9 milhões de processos em andamento no acervo total da Justiça brasileira. Isso culminou em uma redução aproximada de 1,5 milhão de ações judiciais nas prateleiras dos tribunais, em comparação com o resultado obtido em 2018.[19]

Registre-se, ainda, que o resultado de 2019 só não foi melhor porque 1,8 milhão de processos que estavam parados voltaram a tramitar e que o estoque processual retornou ao patamar em que se encontrava ao final do ano de 2015, seguindo uma tendência de queda iniciada em 2017.[20]

O estudo também demonstra que a taxa de congestionamento, responsável por medir o percentual de processos represados sem solução em comparação à totalidade dos processos tramitados no período anual imediatamente anterior, sofreu, em 2019, a maior variação desde o início da série histórica, iniciada há onze anos, registrando uma queda de 2,7%.[21]

Em 2009, a taxa de congestionamento era de 70,6% e oscilou negativamente até alcançar o ápice de 73,4% em 2016, a partir de quando entrou em um viés de queda anual e gradativa até fechar 2019 no menor patamar verificado em toda a série histórica, mas ainda em um percentual elevado de 68,5%. Um fato interessante é que todos os ramos da Justiça brasileira reduziram as respectivas taxas de congestionamento no último período estudado.[22]

Nesse sentido, apesar do melhor resultado da série histórica, ainda há bastante espaço para melhorar esse indicador, mas, para tanto, o Poder Judiciário precisará baixar mais processos do que a quantidade que ingressa, isto é, reduzir seu acervo processual.[23]

A análise desses dados já é suficiente para constatar que há, de fato, um paralelo entre a situação da Justiça brasileira e a parábola de Garrett Hardin, haja vista a existência de subinvestimento e de sobreutilização do Poder Judiciário, originados, respectivamente, na liberdade de acesso e na rivalidade de uso. De fato, o subinvestimento é decorrente da dificuldade de recuperar uma fração, ainda que mínima, das externalidades positivas causadas, enquanto a sobreutilização decorre da internalização de somente uma pequena parte dos custos totais, com a consequente externalização negativa do restante, ou seja, da maior parte. Há, em ambas as faces da moeda, uma verdadeira deficiência de incentivos.[24]

Como dito, a questão atinente ao subinvestimento perpassa pela liberdade de acesso ao Poder Judiciário, derivada da ausência de exclusividade que caracteriza um bem comum. Todavia, tendo em vista que o artigo 5º, xxxv, da Constituição Federal, consagrou o princípio da inafastabilidade do Poder Judiciário como direito fundamental, este artigo não tem a pretensão de discutir o assunto sob essa perspectiva, razão pela qual examinará o fenômeno com enfoque na vertente da sobreutilização da Justiça brasileira.[25] A propósito da deficiência de incentivos na rivalidade de uso, responsável por causar o problema da sobreutilização da Justiça brasileira, cumpre registrar que muito já se discutiu na literatura jurídica nacional e estrangeira acerca dos fatores responsáveis por causar a tragédia dos tribunais. Isto é, o congestionamento de processos e o esgotamento dos recursos judiciários disponíveis, cujos efeitos mais nefastos para a sociedade são a morosidade da prestação jurisdicional e a ausência de segurança jurídica.

Com efeito, a morosidade da prestação jurisdicional já foi atribuída a diversos fatores, como: legislação complexa e de má qualidade; inobservância legislativa pelo próprio Estado; cultura de litigância exacerbada; sistema judiciário dotado de baixo custo de litigância; recursos financeiros escassos; sistema recursal complexo e extenso; partes imbuídas de espírito protelatório; atuação interessada de procuradores; e má prestação de atividade jurisdicional por magistrados.[26]

Visto que o alto grau de litigiosidade na Justiça brasileira pode ser encarado por múltiplos fatores, o presente artigo restringir-se-á à cultura de litigância e à qualidade de prestação da atividade jurisdicional, por compartilharem a consequência de influenciar na questão da segurança jurídica. Nesse sentido, a cultura de litigância será abordada sob o prisma da decisão de litigar, isto é, por quais razões uma pessoa natural ou jurídica ingressa no Poder Judiciário com a propositura de uma ação judicial, ao invés de buscar uma composição extrajudicial pelos métodos alternativos de resolução de disputas, como a conciliação, a mediação e a arbitragem.

A análise econômica ensina que a decisão de litigar deve ser abordada sob dois aspectos, quais sejam os interesses privado e social de utilização do sistema judiciário, cuja divergência foi exposta por Steven Shavell, no artigo intitulado "The Social Versus the Private Incentive to Bring Suit in a Costly Legal System".

De fato, o interesse privado de utilização do sistema judiciário é orientado por uma relação positiva entre custo e benefício, de modo que a pessoa que tenha tido um direito violado ou sofrido ameaça de lesão a direito decidirá por ingressar em juízo sempre que o custo de litigância privado for inferior ao benefício esperado ao final do processo, seja oriundo de um acordo ou provimento jurisdicional favorável, pois ignora as possíveis externalidades positivas ou negativas advindas de sua decisão.[27]

Dessa forma, é possível afirmar que a litigância tenderá a ser maior em países cujos sistemas judiciários sejam mais baratos ou subsidiados pelo Estado, como no Brasil, revelando a importância que a quantificação das despesas processuais *lato sensu* (custas iniciais e recursais, honorários advocatícios e periciais e demais custos previstos em lei) assume para evitar uma demanda por litigância excessiva, uma taxa de congestionamento elevada, uma interposição de recurso meramente protelatória e, em última análise, a própria morosidade da prestação jurisdicional.

Por outro lado, o interesse social de utilização do sistema judiciário é bem mais abrangente e complexo. Isso porque, além dos custos de litigância do autor, leva em consideração os custos de litigância do réu e os custos do Estado para prover a estrutura disponibilizada à Justiça, assim como o proveito que a sociedade obteria a partir de uma possível mudança de comportamento do agente econômico causador de danos, além dos danos esperados de acidentes e da adoção de cautelas para evitá-los, haja vista que os benefícios sociais, que "resultam do controle da conduta humana possibilitado pela existência de um mecanismo estatal responsável pela aplicação da lei",[28] devem ser superiores aos custos de operação e manutenção do aparato jurídico, a fim de justificar a alocação de arrecadação tributária nessa atividade em detrimento de outros setores igualmente relevantes e estratégicos.[29]

A partir da divergência entre tais interesses, constata-se que o custo de litigância privado costuma ser menor do que o social, o que sugere uma tendência de demanda por litigância em excesso. Ademais, não há necessariamente uma correlação entre os benefícios privados e sociais, pois uns podem exceder os outros, o que resulta em uma tendência de litigância inferior ou superior ao socialmente desejável, conforme a prevalência de um benefício frente ao outro, de modo que um litigante em potencial pode não ajuizar uma ação judicial socialmente desejável em virtude de os custos de litigância privados serem superiores ao benefício esperado ao final do processo.[30]

No que diz respeito à qualidade da prestação de atividade jurisdicional, exsurge a questão atinente ao subinvestimento em capital jurídico, ou seja, a ausência de formação de jurisprudência, que seria uma causa relevante da sobreutilização do Poder Judiciário.

A discussão que se trava nesse tópico recai na questão de saber em que medida a independência decisória de magistrados, garantida pela legislação processual, pode dificultar ou impossibilitar a formação, a consolidação e a aplicação de capital jurídico e contribuir com a insegurança jurídica, a morosidade da prestação jurisdicional e a própria sobreutilização do Poder Judiciário, além de impedir a criação de um ambiente propício à celebração de acordos extrajudiciais e de negócios capitaneados por recursos financeiros estrangeiros.[31]

De fato, o ordenamento jurídico busca evitar a prolação de decisões conflitantes em situações jurídicas idênticas replicadas em múltiplos processos, que são julgados por magistrados independentes e com pensamentos jurídicos, políticos, sociais e econômicos distintos, abrindo margem, assim, para que a subjetividade da subsunção do caso concreto à norma jurídica ou à jurisprudência aplicáveis proporcione essa mazela.

Atento ao problema e à preocupação com a segurança jurídica, foram editados diversos atos normativos nos últimos vinte anos, sobretudo a reforma do Poder Judiciário e a edição do Novo Código de Processo Civil, a fim de introduzir e regulamentar filtros processuais no ordenamento jurídico, cujas finalidades consistem em desafogar os tribunais superiores, permitindo-os analisar recursos com repercussão geral, representativos da controvérsia ou dotados de transcendência, de modo a revelar uma tendência de objetivação recursal, para que os resultados dos respectivos julgamentos sejam replicados nos processos idênticos que permaneceram suspensos nos tribunais de origem.[32]

Ademais, o ordenamento jurídico recebeu um sistema de observância cogente[33] de precedentes, previsto no artigo 927 e nos seguintes do Novo Código de Processo Civil, o qual engloba os processos objetivos do controle concentrado de constitucionalidade feito pelo STF; as súmulas vinculantes; as súmulas do STF em matéria constitucional; as súmulas do Superior Tribunal de Justiça em matéria infraconstitucional; e os acórdãos lavrados em incidentes de assunção de competência ou de resolução de demandas repetitivas e em decorrência da sistemática de julgamento de recursos extraordinário e especial repetitivos; bem como as orientações do plenário ou do órgão especial do Tribunal ao qual o magistrado seja vinculado. Nesses casos, a decisão contrária ao precedente deve ser acompanhada de fundamentação acerca da distinção (*distinguishing*) ou da superação (*overruling*) do precedente.[34]

Igualmente, não se pode esquecer da figura da improcedência liminar do pedido, prevista no artigo 332 do Novo Código de Processo Civil e aplicável somente às causas que prescindem de dilação probatória, por meio da qual o juiz deve julgar liminarmente improcedente o pedido que contrariar enunciado de súmula do STF ou do STJ; acórdão proferido pelo STF ou pelo STJ em julgamento de recurso repetitivo; entendimento firmado em incidente de resolução de demandas repetitivas ou assunção de competência; e súmula de Tribunal de Justiça sobre direito local. Nestes casos, o réu sequer será citado.[35]

A adoção das medidas supracitadas atenderia à necessidade de aumentar a eficiência do Poder Judiciário, com a resolução de uma maior quantidade de processos pendentes de julgamento e a redução — por conseguinte, do acervo processual e da taxa de congestionamento dos tribunais, além, é claro, de promover a segurança jurídica, evitando decisões diferentes para questões idênticas, sem que haja prejuízo da qualidade da prestação da atividade jurisdicional.

Portanto, o Poder Judiciário vem implementando novas ferramentas para aumentar seu investimento em capital jurídico, isto é, para formar jurisprudência a partir de precedentes estáveis, íntegros e coerentes, a fim de reduzir os problemas da sobreutilização e da morosidade da prestação jurisdicional e aumentar a segurança jurídica.

Em última análise, a situação da Justiça brasileira consiste em um problema econômico de oferta e demanda, isto é, de oferta insuficiente de serviço público judiciário e de demanda por litigância exacerbada, cuja solução passa pela necessidade de conhecer o padrão de litigância e a estrutura de incentivos que permeia os agentes econômicos, a saber: autor, réu, procuradores e magistrados.[36]

O Supremo Tribunal Federal

O STF segue a tendência de melhora contida no estudo do CNJ, pois o acervo do tribunal diminui consideravelmente desde 2016, quando havia 57.995 processos, tendo encerrado 2020 com 27.513 processos em estoque, o menor patamar dos últimos quinze anos.

Além disso, o STF registrou, em 2020, um recorde no julgamento de recursos extraordinários com repercussão geral reconhecida, pois 128 temas tiveram o mérito julgado, grande parte deles por meio do Plenário Virtual, cuja implementação modernizou e conferiu maior rapidez ao julgamento de processos. Também representou um desafogo das pautas das sessões plenárias presenciais, permitindo que os ministros se debrucem com mais tempo e tranquilidade sobre as causas de maior impacto e relevância para o país, fortalecendo sua verdadeira vocação de guardião da Constituição Federal, de Corte Constitucional formadora de precedentes estáveis, íntegros e coerentes, aptos a formar jurisprudência e garantir segurança jurídica, assim como para criar um ambiente propício à celebração de acordos extrajudiciais e de negócios capitaneados por recursos financeiros estrangeiros.

O incremento advindo da tecnologia da informação e da inteligência artificial também são indispensáveis à modernização da Justiça brasileira, haja vista a otimização de rotinas que permite o cumprimento de tarefas em menor período de tempo e a alocação mais eficiente da mão de obra especializada.

Nesta seara, o Poder Judiciário pretende reformular-se por inteiro em 2021, a partir do lançamento do programa Juízo 100% Digital, que concederá aos jurisdicionados o direito de escolher a tramitação virtual de seu processo judicial de forma integral, enquanto o STF caminha para se tornar a primeira Corte Constitucional 100% digital do mundo, já tendo, inclusive, inaugurado plataformas digitais como método alternativo de resolução de disputas por conciliação e mediação, as chamadas *on-line dispute resolution*.

Para concluir, é preciso lembrar que os dados apresentados no relatório "Justiça em números 2020", ano-base 2019, do CNJ, representam a esperança de dias melhores para a Justiça brasileira e os jurisdicionados, à medida que revelam uma melhora anual e gradativa, provocada pela redução da quantidade absoluta de processos no acervo e dos índices que medem o congestionamento dos Tribunais e a produtividade de magistrados e servidores. A perspectiva é otimista, mas a melhora apresentada nos últimos anos precisa ser mantida e aperfeiçoada nos vindouros.

A judicialização da vida no Brasil: nem tudo pode ser resolvido nos tribunais

Luís Roberto Barroso

Tudo acaba no Judiciário

Nos últimos tempos, a vida brasileira judicializou-se extensa e profundamente em todos os domínios relevantes. Não é difícil ilustrar essa constatação. No plano *ético* e dos *costumes*, juízes e tribunais foram chamados a decidir, por exemplo, se é legítimo o casamento entre pessoas do mesmo sexo; se uma mulher deve ter reconhecido seu direito de interromper uma gestação indesejada durante o primeiro trimestre de gravidez; e se a lei pode autorizar pesquisas com células-tronco embrionárias, o que importa na destruição de embriões congelados que sobraram dos procedimentos de fertilização *in vitro*.

Em questões econômicas, igualmente, temas complexos e de grande impacto chegaram às portas do Judiciário, como as que envolvem saber: se os titulares de caderneta de poupança têm direito à reposição de perdas que teriam sofrido por ocasião da mudança do padrão monetário decorrente do Plano Real; e se os municípios podem proibir os aplicativos para transporte urbano, do tipo Uber, Cabify ou 99. Em temas de natureza social, a lista também é longa e inclui questões controvertidas e delicadas, como as que demandam respostas às seguintes perguntas: é compatível com a Constituição o estabelecimento de cotas raciais para o ingresso em universidades? É legítimo o ensino confessional — isto é, ligado a uma religião específica — em escolas públicas? Deve o Poder Público fornecer medicamentos de alto custo não incluídos nas listas do SUS?

Mas não é só. Para além dessas questões transcendentes, existem outras tantas que fazem parte da rotina da vida e que terminam em pronunciamentos judiciais referentes a pequenas ou grandes atribulações do dia a dia. Seguem alguns casos ilustrativos, que inundam os Tribunais: bancos têm o dever de indenizar seus correntistas em caso de inscrição indevida em órgão de proteção de crédito, devolução equivocada de cheque e constrangimento em porta dotada de detector de metais na agência. Também já se pacificou que companhias aéreas estão obrigadas a reparar danos sofridos por seus clientes devido a *overbooking*, atraso que resulte na perda de compromisso relevante e extravio de bagagem. Na mesma linha, companhias telefônicas ou de eletricidade são responsáveis pelos prejuízos causados em razão de interrupção do serviço de telefonia celular ou de fornecimento de energia elétrica. A lista seria interminável.

Não há um dia sequer no Brasil em que alguma das principais manchetes do noticiário não envolva uma matéria decidida por algum tribunal. Às vezes, é pela importância geral do caso: casamento e união estável, duas formas de se formarem famílias, devem ter o mesmo tratamento jurídico relativamente à repartição dos bens do parceiro que venha a morrer? A definição é decisiva para um terço dos casais brasileiros, que não são casados formalmente. Outras vezes, o interesse decorre do caráter dramático da discussão: pais que desaparecem da vida dos filhos devem indenizá-los por "abandono afetivo"? A polêmica mobilizou o Superior Tribunal de Justiça e a opinião pública tempos atrás.

Em certos casos, ainda, é a natureza anedótica que dá visibilidade à discussão, como o acórdão que estabeleceu que a espuma do chope, conhecida como colarinho, deve ser considerada parte integrante do produto, sendo nula a multa aplicada pelo órgão de fiscalização. Enfim, os Tribunais estaduais e federais, os Tribunais Superiores e o Supremo Tribunal Federal entraram com destaque na paisagem política e no imaginário social. Embora a ascensão institucional do Poder Judiciário seja um fenômeno até certo ponto mundial, existem algumas características muito particulares na intensidade do fenômeno no Brasil. Entre nós, tem se verificado uma impressionante judicialização da vida, tanto do ponto de vista quantitativo quanto qualitativo.

A judicialização quantitativa

O termo judicialização tem sido utilizado para identificar duas situações diferentes. Existe, em primeiro lugar, uma judicialização *quantitativa*. Nesse sentido, a expressão judicialização da vida refere-se a uma certa explosão de litigiosidade no país, que se manifesta na existência de um número espantoso de ações judiciais em curso. Conforme a época, o critério e a origem da pesquisa, as estatísticas oscilam entre 70 a 100 milhões de processos em tramitação simultânea. É quase como se cada brasileiro adulto tivesse uma ação em juízo. Essa judicialização vertiginosa exibe uma ou outra faceta positiva. O excesso de litigiosidade revela ou o reiterado descumprimento de obrigações assumidas ou um exacerbado espírito de rivalidade. Em qualquer caso, não é bom.

A litigiosidade de massa revela, ademais, que o sistema de Justiça tem um conjunto de clientes preferenciais que consome boa parte do tempo e dos recursos. Esses clientes fidelizados, réus em mais da metade da totalidade das demandas, são liderados pelo Poder Público, em seus diferentes níveis, começando pelo INSS, recordista de ações. No setor privado, instituições financeiras e empresas de telefonia são igualmente responsáveis por uma fatia desproporcional dos escaninhos judiciais. Como o sistema não consegue dar vazão com rapidez à toda a demanda, torna-se moroso e ineficiente. Ou seja: acaba premiando quem não tem razão e consegue procrastinar longamente o desfecho do processo.

A judicialização qualitativa

Fenômeno diverso é a judicialização *qualitativa*. A expressão designa o fato de que boa parte das grandes questões nacionais — políticas, econômicas, sociais e éticas — passou a ter seu último capítulo perante os Tribunais. *Impeachment*, planos econômicos, ensino religioso em escolas públicas, direito ao esquecimento, direito de greve de servidores públicos, prisão após a condenação em segundo grau, processo legislativo, fidelidade partidária, distribuição de medicamentos, crise fiscal dos estados, ações afirmativas, foro privilegiado, descriminalização de drogas, limites da colaboração premiada... Enfim, não há tema relevante que não tenha chegado ao Judiciário.

Também aqui é possível identificar uma ou outra faceta positiva. As grandes questões nacionais terminam sendo judicializadas quando não são resolvidas a tempo e a hora pelas instâncias políticas tradicionais. O lado bom é que exista o Judiciário para atender a demandas sociais que não foram satisfeitas pelos outros Poderes. O lado ruim é que a judicialização de questões políticas em sentido amplo significa que elas não estão sendo equacionadas por quem deveria fazê-lo. A judicialização evidencia, assim, uma deficiência grave no funcionamento da política majoritária, que é aquela conduzida pelos órgãos eletivos — Legislativo e Executivo.

Judicialização, ativismo e desacertos judiciais

É importante assinalar que há uma distinção importante entre judicialização e ativismo. A *judicialização* é um fato, produto de um ordenamento jurídico que facilita bastante o acesso relativamente barato ao Poder Judiciário para discutir qualquer direito ou pretensão. O *ativismo judicial*, por sua vez, é uma atitude: ele designa um modo proativo e expansivo de atuação, produzindo resultados não expressamente previstos na Constituição ou na legislação. O contrário do ativismo é a autocontenção; vale dizer: uma atitude de deferência e de não interferência em áreas que, em princípio, estariam situadas no âmbito de atuação dos outros Poderes.

Em linha com as ideias que defendo, o Judiciário deve ser autocontido quando estejam em discussão temas referentes à economia, à Administração Pública e a escolhas políticas em geral. Por exemplo: transposição de rios, indicação de ministros ou demarcação de terras indígenas são bons exemplos de situações em que o Judiciário deve se ater a verificar se houve o devido processo legal, evitando interferir no mérito das decisões. De outra parte, temas envolvendo direitos fundamentais (como liberdade de expressão, liberdade religiosa, proteção de minorias) ou defesa da democracia (impedir o prolongamento de um modelo de financiamento eleitoral que gerou sucessivos escândalos de corrupção) podem legitimar um comportamento mais ativista.

Um comentário a mais. O cenário de judicialização ampla não significa que o Judiciário e o próprio Supremo Tribunal Federal acertem sempre. Ao contrário, também eles padecem de vicissitudes e cometem erros. Para além da lentidão e de uma certa dificuldade gerencial, a Justiça, que muitas vezes tarda, também falha. Uma futura antologia dos grandes equívocos judiciais certamente deverá incluir a venda de ilusões pela determinação da distribuição compulsória da fosfoetanolamina. Conhecida como "pílula do câncer", teve sua disponibilidade ordenada em milhares de ações, a despeito da ausência de pesquisas clínicas comprobatórias de sua eficácia ou de registro na Anvisa. No embalo da fantasia, houve até mesmo lei federal autorizando a produção e o uso da poção mágica. Após idas e vindas, a lei veio a ser suspensa pelo Supremo Tribunal Federal, pondo fim ao amadorismo legislativo e judicial no tratamento das questões de saúde.

Duas outras decisões disputam o pódio de pronunciamentos judiciais de efeitos gravemente negativos ou em falta de sintonia com seu tempo. A primeira delas foi a que declarou a inconstitucionalidade da cláusula de barreira, que restringia a atuação parlamentar de partidos políticos que não preenchessem patamares mínimos de votação em diferentes estados. A decisão trouxe como consequência a multiplicação de partidos políticos, que hoje excedem as três dezenas, a maioria sem representatividade nem mínima autenticidade programática. A segunda concorrente é a decisão que manteve o monopólio postal da Empresa Brasileira de Correios e Telégrafos na era da internet e do correio eletrônico. Foi mais ou menos o mesmo que aparar o vento com as mãos. Porém, no geral, o Supremo Tribunal Federal tem servido à causa da democracia e dos direitos fundamentais.

A importância do orçamento e os limites do Direito

Há dois pontos a acrescentar. O primeiro: há uma discussão ampla no Brasil sobre judicialização, mas há um debate largamente negligenciado que deveria precedê-la: é o que diz respeito ao orçamento. É na lei orçamentária que as sociedades democráticas definem suas prioridades, realizam suas opções políticas e fazem suas escolhas trágicas. Este é o momento em que se deve discutir quanto vai para a educação, para a saúde, para a previdência, para o funcionalismo público, para o transporte, para a publicidade institucional... Maior transparência na elaboração e na apresentação do orçamento à sociedade e melhor controle em sua execução poderiam impor ao Judiciário maior grau de autocontenção. Penso que isso seria especialmente verdadeiro ao se lidar com o fenômeno identificado como judicialização da saúde.

A segunda e ultima reflexão é a seguinte: o descrédito na política, nas últimas décadas — possivelmente desde o regime militar — afastou da vida eleitoral a maior parte dos jovens idealistas e com vocação para a causa pública. Muitos deles optaram por carreiras jurídicas no Ministério Público ou na Magistratura. Essa é uma das causas do ímpeto transformador que tem vindo do Judiciário, tanto em questões sociais quanto criminais. É preciso ter consciência, todavia, que juízes e tribunais têm possibilidades e limites próprios e intransponíveis. Transformações profundas e duradouras têm de vir da política, que, todavia, precisa se autotransformar para recuperar o espaço perdido.

Quinze decisões históricas do Supremo Tribunal Federal: empurrando a história

Faço a seguir uma seleção de quinze decisões do Supremo Tribunal Federal que, a meu ver, marcaram época. São julgamentos que versam sobre questões éticas, liberdades públicas, proteção de grupos vulneráveis, moralidade administrativa, persecução penal e processo político, entre outros. Como qualquer seleção em um universo de milhares de casos, tem um componente de escolha pessoal e alguma arbitrariedade.

1. *Proibição do nepotismo nos três Poderes*

Uma das piores tradições do patrimonialismo brasileiro sempre foi a apropriação do Estado, inclusive e especialmente dos cargos públicos. A nomeação de parentes sempre foi a expressão típica desse comportamento. A prática foi proibida pelo STF, em decisão que vedou a indicação de parentes de juízes e desembargadores, até o terceiro grau, para cargos de livre nomeação no Poder Judiciário. Na mesma data em que concluiu esse julgamento, o Tribunal estendeu a vedação aos Poderes Legislativo e Executivo. Fica excluída da restrição a nomeação para cargos estritamente políticos, como ministros ou secretários de Estado.

2. *Validação da lei que autorizou pesquisas com células-tronco embrionárias*

Este foi um dos primeiros casos em que se confrontaram a visão secular e a visão religiosa da vida. O Tribunal, em apertada votação por seis votos a cinco, considerou constitucional o dispositivo da Lei de Biossegurança que autorizava e disciplinava as pesquisas científicas com embriões humanos resultantes dos procedimentos de fertilização *in vitro*, desde que inviáveis ou congelados há mais de três anos. Parte das células encontradas em embriões até o 14º dia após a fecundação pode se diferenciar em qualquer dos 216 tecidos que compõem o corpo humano, constituindo uma importante fronteira da pesquisa médica e oferecendo perspectiva de cura para doenças que vão das lesões medulares até o diabetes, passando pelas distrofias musculares e o mal de Parkinson. O Tribunal entendeu que a destruição de embriões nessa hipótese — embriões que seriam, de todo modo, descartados em algum momento — não violava o direito à vida nem o princípio da dignidade da pessoa humana.

3. *Abolição simbólica da censura, com a derrubada da Lei de Imprensa do regime militar*

O Tribunal, por maioria, considerou que a Lei nº 5.250, de 1967, instituída para "regular a liberdade de manifestação do pensamento e da informação", no governo do Marechal Castelo Branco, era incompatível, em sua integralidade, com os valores e princípios da Constituição de 1988. De acordo com esse entendimento, o espírito autoritário da lei não poderia conviver com os padrões de liberdade de expressão e de liberdade de imprensa exigidos em um regime democrático. Segundo o voto do relator, nenhuma modalidade de censura prévia é aceitável; e nem mesmo a lei poderia instituí-la. Essa decisão foi fundamento para uma série de decisões posteriores, invalidando atos de censura praticados no âmbito do Poder Judiciário.

4. *Equiparação das uniões homoafetivas às uniões estáveis heteroafetivas*

Esta decisão ajudou a derrotar séculos de preconceito e assegurou aos casais homoafetivos os mesmos direitos dos casais heteroafetivos que viviam em união estável. Segundo o entendimento adotado enfaticamente pelo STF, a exclusão baseada na orientação sexual seria incompatível com o direito à busca da felicidade, com o princípio da igualdade, com a proibição do preconceito, com a cláusula geral de liberdade — da qual decorre a proteção à autonomia privada — e com a própria dignidade da pessoa humana. O Estado não pode negar a autodeterminação individual e impor determinada visão do que seja a boa vida. Pouco mais à frente, em 14 de maio de 2013, o Conselho Nacional de Justiça, em desdobramento desta decisão, assegurou o direito ao casamento entre pessoas do mesmo sexo, vedando aos juízos do registro civil sua recusa.

5. *Legitimidade das cotas raciais a favor de negros para ingresso em universidades públicas e em cargos públicos*

Em julgamento de 2012, o tribunal considerou constitucional o sistema de reserva de vagas com base em critério étnico-racial (cota de 20%), adotado pela Universidade de Brasília. O STF entendeu que a política de ação afirmativa a favor de grupos sociais historicamente discriminados não viola — antes prestigia — o princípio da igualdade, pelo tempo que perdurar o quadro de exclusão social. Em outra decisão, de 2017, também considerou legítima a reserva de 20% das vagas em concurso público para candidatos negros, como um dever de reparação histórica decorrente da escravidão e do racismo estrutural existente na sociedade brasileira.

6. *Julgamento da ação penal conhecida como "Mensalão"*

O julgamento do denominado "Escândalo do Mensalão" teve início em 2 de agosto de 2012 e foi concluído em 13 de março de 2014, após quase setenta sessões plenárias. O Tribunal entendeu comprovada a existência de um esquema de compra de votos no Congresso Nacional, com recursos provenientes de desvios de dinheiro público e empréstimos fraudulentos. Dos 38 réus cujas denúncias foram recebidas, 24 foram condenados, sendo que 20 deles à pena de prisão pelos crimes de corrupção ativa, corrupção passiva, peculato, lavagem de dinheiro e gestão fraudulenta de instituição financeira. A condenação de duas dezenas de empresários e políticos rompeu com o paradigma de impunidade que sempre vigorara em relação à criminalidade do colarinho branco, sobretudo quando associada ao universo político.

7. *Extinção da autorização prévia para divulgação de biografias*

O Tribunal considerou inconstitucional a exigência que até então fazia parte do Código Civil de autorização prévia da pessoa retratada ou de seus familiares para a divulgação de obras biográficas. A proibição de biografias não autorizadas criaria um país chapa branca, sem liberdade de informação e de crítica. A antiga regra permitia a proibição judicial de divulgação de obras dessa natureza, instituindo a possibilidade de censura prévia incompatível com a Constituição, em violação à liberdade de expressão e ao direito à informação.

8. *Proibição do financiamento eleitoral por empresas privadas*

Por maioria, o Tribunal declarou a inconstitucionalidade das normas que regulavam o financiamento de campanhas eleitorais por empresas. Não ficou totalmente claro se a maioria considerava ilegítimo o financiamento por empresas em qualquer caso ou naquele modelo existente, que permitia condutas moralmente inaceitáveis por contrariarem a decência política mínima que se exige em um Estado Constitucional de Direito. Tais práticas incluíam, por exemplo, a possibilidade de tomar empréstimos no BNDES e utilizar o dinheiro para financiar candidatos; doar para todos os candidatos com chance de vitória, revelando que a empresa estava comprando favores futuros ou sendo achacada; e a empresa doadora ser contratada pelo Poder Público após as eleições, permitindo que o favor privado fosse pago com dinheiro público. Os desdobramentos da Operação Lava Jato confirmaram, de maneira inequívoca, que boa parte da corrupção no país estava associada ao financiamento eleitoral por empresas que contratavam com a Administração Pública.

9. O impeachment *da presidente Dilma Rousseff*

Um dos principais papeis da Constituição e do STF é a proteção dos direitos fundamentais da minoria. No segundo semestre de 2015, a presidente Dilma Rousseff havia perdido a sustentação política no Congresso, e a maioria da população desejava sua saída do cargo. Nesse contexto, a presidência da Câmara conduzia seu processo de *impeachment* com regras erráticas, que iam sendo criadas de acordo com a conveniência do momento. O tribunal interveio para invalidar os atos praticados até então, determinando que fosse seguido o mesmo rito adotado em 1992, quando do *impeachment* do presidente Collor, que havia sido delineado pelo próprio STF e aprovado pelo Senado. A maioria considerou que a destituição de um presidente da República por crime de responsabilidade era um procedimento extremamente grave, que deveria ter regras predefinidas, sem estar sujeito a manipulações.

10. Interrupção da gestação na hipótese de anencefalia ou durante o primeiro trimestre de gestação

O STF, por duas vezes, pronunciou-se sobre o tema controvertido do aborto. Na primeira vez, reconheceu o direito de uma mulher interromper a gestação quando estivesse grávida de um feto inviável, no caso de anencefalia (formação sem o cérebro). A decisão foi do plenário da Corte, tomada por oito votos a dois. No segundo caso, a Primeira Turma do STF entendeu ser incompatível com a Constituição a criminalização da interrupção da gestação durante o primeiro trimestre. Por três votos a dois, prevaleceu a compreensão de que o aborto nessa situação viola direitos fundamentais da mulher, como os direitos sexuais e reprodutivos, a autonomia, a integridade física e psíquica e a igualdade. Também se afirmou que a criminalização produz impacto desproporcionalmente grave sobre as mulheres pobres, que ficam impedidas de utilizar o sistema público de saúde. Enfatizou-se, por fim, que praticamente nenhum país democrático e desenvolvido do mundo criminaliza a interrupção da gestação no primeiro trimestre.

11. Limitação do foro privilegiado

Por uma falha de desenho institucional, a Constituição brasileira reserva uma ampla competência criminal para o STF, fazendo-o atuar como Tribunal Penal de primeiro grau. É o chamado foro privilegiado, que beneficia, além do presidente, seus ministros e outros, todos os membros do Congresso Nacional. Em um momento de 2017, havia mais de quinhentos processos criminais (entre inquéritos e ações penais) contra parlamentares. Uma suprema corte não é concebida para desempenhar esse papel e, de fato, não o desempenha bem. Em maio de 2018, o Tribunal decidiu restringir drasticamente essa competência, limitando-a aos casos em que o crime houvesse sido cometido *no* cargo e *em razão* do cargo. Por exemplo: se a acusação for por um fato que o hoje deputado praticou quando era prefeito — hipótese bastante comum —, não cabe ao Supremo julgá-lo. Além disso, se o crime não guardar relação com o mandato parlamentar — por exemplo, violência doméstica —, tampouco. Essa alteração reduziu os casos de foro privilegiado perante o Tribunal a cerca da metade.

12. Habeas corpus *coletivo a favor de mães, gestantes e lactantes*

A 2ª Turma do STF reconheceu o cabimento de *habeas corpus* coletivo e o concedeu para substituir a prisão preventiva por prisão domiciliar para todas as mulheres gestantes, mães de filhos até doze anos ou de deficientes sob sua guarda. O entendimento baseou-se na compreensão de que o melhor interesse da criança prevalecia sobre o maior rigor da justiça penal. Ficaram de fora do benefício as mulheres que tenham praticado crimes com violência, grave ameaça ou contra os próprios descendentes.

13. Destinação de, pelo menos, 30% dos recursos dos fundos partidário e eleitoral para candidaturas de mulheres

Desde 1997, a lei exige que, pelo menos, 30% das candidaturas em vagas no Poder Legislativo sejam de mulheres. Porém, não se assegurava que as candidatas tivessem acesso a recursos financeiros mínimos para bancarem suas campanhas. Diante disso, o STF estabeleceu que os valores do fundo partidário — composto, em sua maior parte, de dinheiro público destinado à manutenção dos partidos — deveriam ser direcionados às mulheres no percentual mínimo de 30%. Esse percentual deve aumentar, proporcionalmente, caso o número de candidaturas femininas seja superior. Seguindo a mesma linha, o Tribunal Superior Eleitoral determinou que o mesmo critério fosse aplicado em relação ao Fundo Eleitoral, criado para o financiamento público de campanhas após o STF haver considerado inconstitucional o financiamento por empresas privadas.

14. Criminalização da homofobia

O Tribunal reconheceu a omissão do Congresso Nacional em editar lei criminalizando práticas discriminatórias e de violência física e moral contra integrantes do grupo LGBTI+, sendo certo que a Constituição exige a punição desse tipo de conduta. Diante disso, por maioria, enquadrou as práticas de homofobia e de transfobia na lei que define o crime de racismo. A ideia de racismo, nesse contexto, foi compreendida em sua dimensão social, que ultrapassa aspectos físicos ou biológicos, caracterizando manifestação de poder voltada à inferiorização e à estigmatização de grupos vulneráveis. A decisão ressalvou a liberdade religiosa de qualquer pessoa manifestar suas convicções desde que não envolva discurso de ódio e incite a hostilidade em razão da orientação sexual ou da identidade de gênero do indivíduo.

15. Proteção às comunidades indígenas contra a pandemia da covid-19

As populações indígenas apresentam grave vulnerabilidade imunológica a vírus em geral. À falta de medidas concretas e efetivas por parte do Governo Federal para sua proteção, o Tribunal determinou a elaboração emergencial de planos de prevenção e contenção da doença. Neles, foi incluída a obrigação de instalar barreiras sanitárias e de assegurar o direito de representantes indígenas participarem da sala de situação[1] e dos grupos de trabalho constituídos para apresentar soluções, em meio a outras providências. Também se admitiu, pioneiramente, o ingresso perante o STF da Articulação dos Povos Indígenas, a despeito de não ser registrada no Registro Civil e de não ser uma típica entidade de classe, das instituições que são convencionalmente admitidas pelo Tribunal.

As indicações para o Supremo Tribunal Federal ontem, hoje e amanhã

Felipe Recondo

Quais critérios um (ou uma) presidente da República leva em consideração para indicar alguém para o Supremo Tribunal Federal? Alguém que não poderá ser demitido, que tem garantias constitucionais que lhe dão total liberdade na hora do julgamento, que pode — a partir de suas decisões — paralisar políticas de governo, reverter decisões do Executivo, anular nomeações e, no limite, julgar aquele que o indicou para o cargo? Esta pergunta simples e direta demanda uma resposta longa, exploratória e, claro, com alguma dose de teorização.

A Constituição estabelece os critérios objetivos para o cargo de ministro do Supremo. Está no *caput* do artigo 101: "O Supremo Tribunal Federal compõe-se de 11 ministros, escolhidos dentre cidadãos com mais de 35 e menos de 65 anos de idade, de notável saber jurídico e reputação ilibada".

Nada muito diferente das constituições anteriores, como a de 1946 — na qual, segundo o artigo 99, "os Ministros do Supremo Tribunal Federal serão nomeados pelo presidente da República, depois de aprovada a escolha pelo Senado Federal, dentre brasileiros, maiores de 35 anos de notável saber jurídico e reputação ilibada".

Na primeira Constituição republicana, a redação tinha uma palavra a menos. E isso causou problemas e debates no Senado Federal. O artigo 56 estabelecia que o Supremo seria composto de quinze juízes "dentre os cidadãos de notável saber e reputação". Como o texto mencionava apenas "notável saber", o presidente Floriano Peixoto, em conflito aberto com o Supremo, nomeou para o Tribunal um notável... médico. Cândido Barata Ribeiro, senador e que já tinha sido derrotado quando indicado para prefeito do Distrito Federal, tomou posse no STF. Naquela época, assumia-se a cadeira e só depois o Senado apreciava a indicação. E o Senado, em sessão secreta, rejeitou sua nomeação justamente porque a Constituição ao exigir notável saber implicitamente demandava que este saber fosse jurídico. Barata Ribeiro permaneceu no cargo de 25 de novembro de 1893 a 24 de setembro de 1894.

A leitura desses pontos da Constituição agora complementados pela necessidade do conhecimento jurídico — mais de 35 anos depois — é clara, mas alguns desses valores comportam alguma elasticidade, uma certa dose de abstração ou de valoração. Por exemplo: como aferir se determinado candidato preenche ou não o requisito de notável saber? Ou se determinados fatos da biografia de um candidato comprometem de alguma maneira a reputação cristalina exigida pela Constituição?

A avaliação do notável saber e da reputação é feita pelo presidente da República e pelo Senado em seguida. São aferições que, evidentemente, são influenciadas por outros tantos fatores, como a situação política do governo e a coesão de sua base de sustentação, e por elementos subjetivos que ainda serão explorados aqui. Assim, vemos que mesmo o que parece mais objetivo nesse processo de indicação comporta uma amplíssima valoração.

E já houve, ao longo da história, amplos debates sobre as indicações e o preenchimento — ou não — desses pressupostos. Podemos voltar à primeira composição do Supremo para buscar exemplos. Henrique Pereira de Lucena, o barão de Lucena, nasceu em 27 de maio de 1835, em Pernambuco. Estudou Letras no Rio de Janeiro e depois formou-se em Direito na Faculdade do Recife. Iniciou a vida no serviço público como delegado de polícia da capital de Pernambuco. Em janeiro de 1890, foi designado para a Vara dos Feitos da Fazenda Nacional da Capital Federal.

Em 12 de novembro de 1890, foi nomeado para o STF, tomando posse com os demais ministros em fevereiro de 1891. Mas, como ele havia enveredado pela política, deixando a carreira jurídica em segundo plano, e gozava da confiança do marechal Deodoro da Fonseca, foi nomeado ministro da Agricultura e, depois, ministro da Justiça e ministro da Fazenda. Ou seja, além de juiz do STF, era também ministro do governo — algo impensável hoje.

Por isso, ele enfrentou contestações no Senado. "Se pudéssemos fazer chegar ao conhecimento do presidente da República o desacerto desse seu ato por um meio regular, deveríamos fazê-lo", disse Rui Barbosa em sessão do Senado em julho de 1891. Apesar dessas circunstâncias, a indicação de Lucena foi aprovada. Mas ele passou em branco no Supremo.

Sendo ministro da Fazenda até novembro de 1891, Lucena só assumiu de fato a cadeira no Supremo no início de dezembro. Em seguida, veio o recesso de janeiro. O barão de Lucena acabou aposentando-se em 15 de março de 1892. Fazendo-se as contas, teria aproximadamente dois meses de exercício efetivo do cargo de ministro do STF. Contudo, uma pesquisa feita por Daniel Aarão Reis, que comandou a biblioteca do Supremo por aproximadamente oito anos, revelou que ele não participou de nenhuma sessão do Tribunal.

Em outro momento, em 1912, o mesmo Rui Barbosa questionou no Senado a indicação de Pedro Mibielli para o Tribunal pelo então presidente da República, Hermes da Fonseca. Mibielli era magistrado de carreira e chegou a assumir o cargo de desembargador no Rio Grande do Sul, mas se dizia que, apesar dos talentos, era displicente e se abria para pedidos vindos da política. "Não se podem reunir essas notabilidades na cabeça de um homem sem que a opinião nacional o conheça, sem que ele se tenha imposto ao conceito da nação pela notoriedade de seus títulos de mérito",[1] escreveu Rui Barbosa na crítica que fazia à indicação de Pedro Mibielli para o STF.

A nomeação do ministro Pedro Mibielli, como se escreveu na época, estava naquela zona cinzenta das escolhas que não despertam grande entusiasmo, mas igualmente não causam indignação nem reprovação. Era uma escolha mediana, nem tão boa como se esperava, nem tão ruim a ponto de gerar rejeição.

Nomeações dessa natureza, se olharmos ao longo da história, antiga e recente, são bastante comuns. Evidentemente por ser algo bastante subjetivo — entusiasmo ou não, indignação ou não —, é impossível fazer uma mensuração desse fenômeno.

E aqui podemos caminhar para analisar os critérios subjetivos que embasam a escolha do presidente para o STF. Essa parte da discussão merece um estudo mais aprofundado, individualizado, em que devem ser analisados também aspectos do contexto político em que as indicações são feitas. Cada indicação tem sua história, suas circunstâncias, sua razão de ser. As nomeações por um mesmo presidente podem ter pontos de contato, semelhanças, mas cada processo é único. E isso torna o exame desses fatos mais difícil — e também mais fascinante.

Não existe no Brasil uma tradição de o presidente da República justificar sua escolha, de expor publicamente e de forma detalhada os critérios que levou em conta para escolher o candidato A em detrimento do candidato B.

"O presidente da República decidiu submeter à aprovação do Senado Federal o nome do ministro de Estado da Justiça e Segurança Pública, Alexandre de Moraes, para o cargo de ministro do Supremo Tribunal Federal. As sólidas credenciais acadêmicas e profissionais do doutor Alexandre de Moraes o qualificam para as elevadas responsabilidades do cargo de ministro da Suprema Corte do Brasil. Muito obrigado e boa noite", anunciou Alexandre Parola, porta-voz da Presidência da República em fevereiro de 2017. Nenhum comentário adicional, nenhuma razão, nenhum indicativo do que o presidente da República, Michel Temer, esperava dessa nomeação.

É como se o nome indicado fosse a própria explicação para a escolha. A interpretação sobre as razões da definição do nome cabe à imprensa, à academia, aos próprios integrantes do Supremo, aos parlamentares, à comunidade jurídica no geral.

Mas não são todas as escolhas feitas pelo presidente que são facilmente radiografáveis. Algumas das indicações dispensam, de fato, explicações mais detalhadas. É o caso de nomeações de perfis publicamente reconhecidos — pela academia, pela advocacia ou pela magistratura — como aptos a integrar o STF (por mais que este também seja um critério subjetivo). Ninguém se surpreendeu com a indicação de Teori Zavascki, de Luís Roberto Barroso, de Gilmar Mendes, de Eros Grau — para mencionar alguns pouquíssimos nomes.

Mas há escolhas — e o leitor qualificado desta obra pode livremente citar algumas, conforme sua avaliação — que suscitam muitas perguntas, que levantam mais dúvidas na opinião pública e na comunidade jurídica do que certezas. Escolhas que colocam sob questionamento a real motivação do presidente da República. Alguém liberal? Alguém pró-Estado? Um perfil mais conservador? Mais progressista? Ou alguém simplesmente de sua confiança? Alguém que demonstre fidelidade absoluta a seu projeto de poder (constitucional ou não)?

Infelizmente, não é comum que presidentes da República detalhem o que os motivou a selecionar determinado nome em detrimento de outros. É um trabalho de arqueologia buscar a origem das indicações. É necessário um esforço para colher informações de quem participou direta ou indiretamente do processo. É também preciso remontar o quadro político para entender o que estava na base da escolha.

Alguns registros históricos nos ajudam a decifrar o processo de escolha em diferentes momentos da história. Luís Viana Filho, chefe do Gabinete Civil de Castelo Branco, escreveu em suas duas obras sobre o governo como foram selecionados os nomes que seriam indicados ao Supremo depois da edição do Ato Institucional nº 2. Pelo texto, o Supremo passava a ser composto de dezesseis ministros. Castelo, portanto, tinha cinco nomes a apontar. Com mais ou menos detalhes, Viana descreveu os motivos para as nomeações:

> No dia imediato ao Ato, Castelo cuidou de convidar os novos ministros do Supremo Tribunal Federal, agora com dezesseis membros. Uma primeira lista incluiu os nomes de Mílton Campos, Prado Kelly, Oswaldo Trigueiro, Adauto Cardoso, Aliomar Baleeiro, Adalício Nogueira e Carlos Medeiros. Este encontrava-se em Juiz de Fora e tornou-se difícil encontrá-lo para obter a resposta, que foi favorável. Adauto preferia, porém, disputar as próximas eleições na Guanabara. E Milton Campos, também lembrado, não se sentia à vontade para aceitar a nova função depois do ministério, e alegou impossibilidade de morar em Brasília. No dia 29, transmiti o convite a Baleeiro e a Adalício, e a relação ficou completa com Prado Kelly, por quem sabia-se interessado o brigadeiro Eduardo Gomes; Carlos Medeiros, que já muito colaborava na legislação revolucionária; e Oswaldo Trigueiro, cujos trabalhos, como procurador-geral da República, o haviam colocado em primeiro plano.[2]

A indicação do procurador-geral da República para compor o Supremo foi algo que se repetiu ao longo da história. Depois de Trigueiro, quem seguiu esse mesmo roteiro foram Décio Miranda, Francisco Manuel Xavier de Albuquerque, Firmino Paz, Moreira Alves e Sepúlveda Pertence. Portanto, saber como esses nomes chegaram à PGR é a primeira etapa da pesquisa para conhecer as razões da nomeação para o STF.

Alfredo Buzaid, ministro da Justiça do governo Médici, foi responsável pela escolha de Moreira Alves para a PGR, etapa anterior à sua nomeação para o STF. Nesse caso, disse Moreira, não havia relação de amizade entre os dois. As referências que Buzaid tinha dele eram do concurso para professor da cadeira de Direito Romano para a Universidade de São Paulo, mas ele não sabia nem mesmo o nome correto de seu futuro candidato a PGR, como conta o próprio Buzaid:

> Eu me lembro de que um dia eu estava numa livraria e o Eliezer Rosa [professor de Processo do Rio de Janeiro, juiz de Direito e amigo de Buzaid] entrou, virou--se para mim e disse: "O senhor quer ir ao meu gabinete amanhã? Eu tenho um documento muito interessante para o senhor". Eu fui ao gabinete dele. Cheguei lá, era uma cópia de uma carta ao Eliezer Rosa em que ele descrevia o concurso de Direito Romano. E começava dizendo: "O Alves Moreira...". Portanto, ele não era nem sequer meu conhecido, porque trocou o meu nome. "O Alves Moreira — me lembro dessa expressão — é um mestre."[3]

Moreira dizia que sua indicação foi "por acaso das circunstâncias". E uma dessas circunstâncias foi que ele disputaria a vaga com outro candidato, indicado por Leitão de Abreu, um dos ministros de maior prestígio com o presidente Ernesto Geisel. Mas Geisel recusou terminantemente a possibilidade de escolher o candidato de Leitão de Abreu. Por quê? Porque ele era separado da mulher. "Esse homem não entra no meu Palácio", disse o presidente, conforme memória de Moreira Alves. "E [Geisel] disse ao professor Buzaid: 'O senhor escolha um outro'."[4] E foi assim que Moreira chegou ao STF, em 1975.

Já no período mais recente, há registros úteis para compreender o fenômeno das nomeações. Paulo Brossard, ministro da Justiça do governo

Sarney, dizia nunca ter cogitado ser ministro do Supremo. Quando o presidente pensou nessa possibilidade, em uma conversa no Palácio do Jaburu, Brossard reagiu, em bom gauchês: "Mas o que é isso, tchê?".

Sarney respondeu a Brossard que as escolhas que ele fazia eram fruto de muita meditação, pois considerava que a maior responsabilidade que tinha era a de nomear um ministro do Supremo. Sarney indicou para o STF três ministros: Brossard, Sepúlveda Pertence e Celso de Mello.

Depois, quando se avizinhava a data de sua aposentadoria no Supremo, Brossard enviou uma carta para o recém-empossado presidente da República Itamar Franco. "Uma das mais altas atribuições confiadas ao chefe do Estado, ao seu critério, sabedoria e patriotismo, reside na escolha dos magistrados superiores da República, precipuamente do mais alto deles", escreveu de Porto Alegre, em 30 de dezembro de 1992, portanto, um dia depois de Itamar Franco assumir a Presidência da República após a deposição de Fernando Collor.

Brossard só se aposentou em outubro de 1994, mas enviou essas palavras para que Itamar não fosse surpreendido. E se deu a liberdade, pelo cargo que ocupava e pelo conhecimento da história do Supremo, a fazer sugestões ao presidente da República:

> Pode ocorrer que surjam candidatos, mas é preciso não esquecer que ninguém, por mais eminente que seja, tem direito de postular o cargo, que não se pleiteia, e aquele que o fizer, a ele se descredencia; seu provimento é entregue à integridade, descortino e senso de responsabilidade do presidente da República, sujeito apenas ao prazer do Senado Federal.

Brossard lembrava que cargo de ministro do STF não se pleiteia nem se recusa — lembrando o precedente de Pedro Lessa, que ouviu frase semelhante do então presidente da República, Afonso Pena. A história do Supremo, contudo, está repleta de ministros que pleitearam o cargo — e de nomes que também o recusaram.

"Eu de mim ficarei feliz, por ti e pelo Supremo Tribunal Federal, que hoje tenho a honra de integrar, se o escolhido para substituir-me for, como espero, melhor do que eu", concluiu a carta Paulo Brossard. Mas essa vaga já tinha um dono. Quando convidou Maurício Corrêa para o Ministério da Justiça, Itamar Franco já tinha em mente nomeá-lo para o Supremo. Foi o que fez.

Quem cogitou se movimentar para ocupar essa vaga, uma simples cogitação, foi Nelson Jobim, conterrâneo de Brossard. Ele foi conversar com Fernando Henrique Cardoso, então candidato à presidência da República, sobre o assunto. E então delineou-se sua escolha para uma vaga futura, como ele mesmo descreveu depois em entrevista ao projeto História Oral da Fundação Getulio Vargas: "Escuta, Fernando, eu não sou candidato à reeleição e tal. O que é que *tu acha* da possibilidade de eu ser indicado para o Supremo?". Fernando Henrique teria respondido: "Não tem chance nenhuma, porque o Maurício Corrêa é que vai ser o indicado pelo Itamar. Mas, ô, Jobim, eu vou ganhar a eleição, e a primeira vaga que tiver, eu te indico". Depois de vencer as eleições, de fato Fernando Henrique nomeou Jobim para o Ministério da Justiça e, na primeira vaga do Supremo, o indicou.

É relevante ressaltar que nesse diálogo telegráfico que não havia, nas palavras do presidente Fernando Henrique, nenhum plano, nenhum detalhamento ou direcionamento que ele, como chefe de Estado, gostaria de dar para o Supremo na interpretação da Constituição. Apesar, naturalmente, de saber que Jobim era pragmático, com longa história na política e sensibilidade para os temas importantes para a governabilidade. Era um perfil ótimo para um governo que teria de enfrentar grandes reformas do Estado. Mas essa não foi a razão para sua escolha. "Isso é racionalização", afirmou o próprio Jobim anos depois de deixar o Supremo.

Na segunda vaga, a escolha também teve um quê de acidental. Ellen Gracie era desembargadora do Tribunal Regional Federal da 4ª Região e entrou na disputa por uma vaga do Superior Tribunal de Justiça. Figurou na lista tríplice, formada pelo próprio STJ. Tinha o apoio de Jobim e do ministro da Economia, Pedro Malan (por entender que Ellen Gracie era particularmente sensível a temas importantes para os projetos da economia, uma visão, portanto, pró-Estado). Fernando Henrique estava disposto a nomeá-la. Mas dois nomes importantes para o governo no Senado — Antônio Carlos Magalhães e Jader Barbalho — estavam trabalhando por outro nome na lista do STJ. Eles apoiavam a desembargadora baiana Eliana Calmon. Sem saída,

FHC disse a Jobim que, em uma próxima vaga, indicaria Ellen Gracie. E essa vaga se abriu no STF.

A indicação de Ellen muda-nos a perspectiva e permite-nos atacar um outro ponto. Até aqui, olhamos as indicações a partir do ponto de vista do presidente da República, analisando o processo de dentro do Palácio do Planalto. Natural que isso ocorra dada a proeminência do Poder Executivo em nosso sistema de governo. Mas esse processo precisa também levar em consideração a interação entre a escolha do presidente e a política, entre os interesses do governo e as pressões do Senado.

Isso ocorre em diferentes níveis, dependendo de várias circunstâncias, como momento político e base de sustentação e mesmo do perfil do indicado. No processo anterior à indicação propriamente dita, as cogitações de perfis já levam em consideração diversos desses fatores, como ocorre com qualquer proposição legislativa que parta do governo, ainda mais que dependa de aprovação por maioria qualificada. Alguns perfis, em alguns momentos, podem obedecer a uma construção maior por parte do governo junto ao Congresso.

Outras indicações, mesmo que não testadas previamente, contarão com a adesão natural dos parlamentares — seja porque a indicação é inconteste, dado o perfil do supremável, porque não pese nada contra o candidato, porque ele já tenha boas relações com o Congresso, porque sua indicação tenha nascido dentro do Parlamento ou porque há uma tendência quase natural de os senadores aderirem a indicações ao Supremo por saberem da força da base do governo em toda administração ou porque o custo de resistir a uma designação para o STF é alto, podendo indispor o parlamentar com alguém que permanecerá na Corte por décadas, inclusive podendo julgá-lo em processos criminais no futuro ou decidir uma questão cara para sua legenda. Isso vale também para a classe jurídica, incluindo organizações como a Ordem dos Advogados do Brasil, a Associação dos Magistrados Brasileiros e outras.

As duas possibilidades, portanto, não são excludentes. Algumas das nomeações, há exemplos disso que virão a seguir, exigem uma articulação política mais robusta do presidente ou interferem diretamente no nome a ser apontado em razão de circunstâncias várias. Outras delas demandam o esforço natural de qualquer governo para a aprovação de uma medida — depois de escolhido o nome, as lideranças governistas e o candidato passam a trabalhar junto aos demais parlamentares para apresentar as razões da nomeação e assim angariar os votos necessários.

Além desse fator de interação política, há outros quesitos subjetivos que são relevantes para as nomeações. E isso está ligado à metodologia que o presidente usa para selecionar os nomes, aos valores pessoais ou às avaliações que o chefe do governo faz do Tribunal e das funções dos ministros, a julgamentos que estejam pendentes, a políticas importantes para seu governo, à demanda por maior pluralidade na Suprema Corte, enfim, diversos ingredientes que — em maior ou menor grau — podem ser levados em consideração nesse processo.

Durante o governo Lula, houve um exemplo de laboratório dessas interações. O presidente precisava escolher o substituto do ministro Carlos Velloso, que se aposentou, aos setenta anos, em 2006.

Em 2005, estourou o escândalo do Mensalão — um esquema de compra de apoio político, financiado por dinheiro público, que envolveu nomes importantes do governo, fragilizou a base de sustentação de Lula e deu força à oposição. A investigação correria no STF, composto majoritariamente de ministros indicados por governos anteriores.

Era nesse novo e conturbado cenário em que Lula devia escolher o substituto do ministro Carlos Velloso, um nome que participaria depois do julgamento do inquérito do mensalão. Nessa época, alguns integrantes do Partido dos Trabalhadores — e mesmo do governo — já faziam uma crítica às primeiras indicações de Lula para o STF. Consideravam que o presidente deveria colocar no Supremo nomes mais afinados com a legenda, para defender as ideias governistas e diminuir o risco de derrotas importantes.

Havia, então, forças em sentidos opostos sobre a escolha que Lula faria para o STF. "Eu me lembro do Antônio Carlos Magalhães ter me ligado e dito: 'Se for um sujeito partidário, não vai passar'. Eu perguntei: 'Por exemplo?'. Ele respondeu: 'Luiz Eduardo Greenhalgh e Tarso Genro'. Eu disse que estava tudo bem",[5] relatou Thomaz Bastos. Greenhalgh e Genro eram dos quadros do PT. Atendiam a essa demanda de se colocar no Supremo alguém do partido. Mas ACM trabalharia para barrar a escolha. E, naquele momento, tinha poder para tanto.

Lula tinha o desafio de encontrar um nome em quem pudesse confiar naquele momento de crise para seu governo, que não fosse tão ligado ao PT, mas que tivesse a confiança da esquerda e que, por outro lado, dispusesse de credenciais externas que lhe garantiriam viabilidade política no Senado.

Ricardo Lewandowski surgiu como candidato nesse momento. Havia outros nomes — um deles apoiado por Márcio Thomaz Bastos, que era de dentro do governo, mas cuja indicação não prosperou com Lula. Essa seria, na verdade, mais uma indicação com a cara de Thomaz Bastos e menos com as feições de Lula. Lewandowski tinha suas ligações com a esquerda — tanto da academia, como Dalmo Dallari, quanto da política, como Luiz Marinho. No quesito "credenciais externas", era desembargador do Tribunal de Justiça de São Paulo e professor titular da USP.

Em uma solenidade no Palácio do Planalto, Lewandowski apareceu como convidado, sentou-se em uma das cadeiras diante de Lula, e o presidente, antes de iniciar seu discurso, desceu do púlpito e foi cumprimentar o então desembargador. Depois da solenidade, pegou Lewandowski pelo braço e levou-o ao gabinete. Todos os auxiliares do presidente perceberam que a escolha estava feita. "Você acha que o Lewandowski passa?", teria perguntado Lula a Thomaz Bastos. "Passa, assim, de rabo erguido",[6] respondeu o ministro. E foi como foi. Depois da indicação feita, ACM telefonou para Thomaz Bastos e deu-lhe os parabéns. ACM apadrinhou a escolha de Lewandowski e trabalhou para que fosse aprovada — rapidamente e sem constrangimentos.

Estudar o processo de cada uma das indicações, detectar quem foram os arqueiros dos candidatos (na expressão cunhada por quem conhecia como ninguém o assunto, Sigmaringa Seixas), saber o que o presidente tinha como critérios e desenhar como ocorreu de fato a peneira dos nomes, tudo isso nos ajuda a entender melhor o processo como um todo e nos permite avaliar o sucesso ou insucesso da escolha.

Essa é a conclusão com um olhar no passado. Mas é possível mirar adiante e deixar como questionamento: com a proeminência do Supremo no cenário político nacional, indicações para o STF poderão se tornar temas de promessas eleitorais? Presidentes podem, em algum momento, incluir em suas promessas de campanha indicar nomes com tais e tais atributos e ideologia?

Advocacia e jornalismo: duas profissões

Heraldo Pereira

Advocacia e jornalismo. Jornalismo e advocacia... Seja qual for a ordem de apresentação, esses substantivos da mesma classe gramatical, um masculino, outro feminino, se acham, não raramente, em uma espécie de conexão que é dada por pontos de contato originários em períodos dos mais diversos do país e do mundo. Alguns dos quais, surgidos na sequência de processos formais que levaram à profissionalização das duas atividades. O exercício regular de ambas torna esses ofícios repletos de singularidades, tanto para quem produz conteúdos, embasado em interpretações das Letras Jurídicas, quanto para quem busca fazer da comunicação social um trabalho voltado para os interesses da coletividade, da cidadania.

São profissões com características e linguagens próprias, que, na prática, podem estar mais próximas do que aparentam aos olhos do espectador que não se atém às características e peculiaridades necessárias ao exercício desses ofícios que, dadas as semelhanças, não raramente, levam cada vez mais pessoas a seguir pelos dois campos profissionais em paralelo. Assim é que se dão as rotinas duplas: a partir de redações jornalísticas, com o emprego de técnicas próprias, desde a colheita da informação até o processamento e produção do que é notícia; e dos profissionais do Direito, que se dedicam à prática do ofício nos espaços advocatícios, locais em que a tarefa é buscar o sentido real à dimensão de um verbo cujo significado revela o que, de substancial, está embutido nele mesmo.

O fato de as Letras Jurídicas e a Comunicação Social pertencerem, como categorias, ao ramo acadêmico das ciências humanas pode decorrer não de algum simples achado ocasional, característico nos dois setores de atividades humanas. São ambientes em que, dadas as peculiaridades de cada um, não se relevam, para efeito argumentativo, submetidos em suas rotinas aos rigores científico-metodológicos, mais apurados, requisitos para a identificação de objeto e fenômeno a serem, na pesquisa teórico-científica, descritos. São exigências de fundo, mais afeitas a descrições em que se tem em perspectiva o uso de instrumentos metodológicos específicos e de técnicas para abordagens nesses dois campos, sejam da prática profissional ou de pesquisas, ao qual o objeto de estudo é voltado, inclusive, para a formação e o desenvolvimento para o magistério.

Das premissas lançadas, se pode tentar vislumbrar uma perspectiva que apresente como referência a comunicação de mensagens em forma de notícias, com as peculiaridades trazidas por quem exerce a profissão de jornalista em um seguimento cujo conteúdo é destinado ao outro, à cidadania, em forma de mensagens coloquiais. É a partir desse todo que diferentes elementos emprestam fundamento à comunicação jornalística e à tarefa de transmitir informação. Em tempos atuais, a atividade é baseada em um paralelo originado na figura do "arauto" da Europa Medieval. Os arautos levavam mensagens de um lugar para o outro. Eram paladinos que defendiam causas ou ideias. Viriam a ser um dos fundamentos para a atividade do jornalismo mundo afora.[1]

Nesse período de múltiplas dimensões, de processos de colonização e disputas geopolíticas, foram revelados paradigmas para a captação e a transmissão de mensagens entre pessoas e desenvolveram-se ferramentas para uso individual e coletivo ou manifestações artísticas, culturais e religiosas que deixaram marcas que perduram continentes afora. Esses registros resistem ao tempo desde territórios africanos, acima e abaixo de áreas desérticas, e encontram identidade em outros achados da arqueologia tanto em regiões asiáticas quanto em sítios latino-americanos originários de populações instaladas ao longo das Américas.

Em um enlace que se referencia em um misto de historicidade, formas de comunicação e busca pela reconstrução de normatividades, os hábitos típicos de um determinado povo ou de formas objetivas do Direito, de influências pretéritas e contemporâneas, pode-se ir a uma abordagem de fenômenos relacionados a elementos da Sociologia e do Direito. E que não param por aí. Eles se interconectam e dialogam com temas de historicidade, a partir do que seja capaz de viabilizar a possibilidade de reconstrução arqueológica de fatos. Daí para a busca pelo que, a partir do autor, podem ser classificadas como "provas indiciárias".

De acordo com o historiador Carlo Ginzburg:

> Por milênios o homem foi caçador. Durante inúmeras perseguições, ele aprendeu a reconstituir as formas e movimentos das presas invisíveis pelas pegadas na lama, ramos quebrados, bolotas de esterco, tufos de pelos, plumas emaranhadas, odores estagnados. Aprendeu a farejar, registrar, interpretar e classificar pistas infinitesimais como fios de barba. Aprendeu a fazer operações mentais complexas com rapidez fulminante no interior de um denso bosque ou de uma clareira cheia de ciladas. [...] Se a realidade é opaca, existem zonas privilegiadas — sinais, indícios — que permitem decifrá-la.[2]

Marcas nem sempre perceptíveis, de episódios registrados para contemplar, formas de comunicação rudimentares e interconectadas, partindo-se de diferentes áreas com manifestações, também primitivas, nas Américas, cujas formas de comunicação vão influenciar os sistemas de regulação presentes nesses grupos, que são, por assim dizer, sistemas jurídicos. E da pretensa regulação da vida em formas sociais em que os dois segmentos — a Comunicação, para dar fundamento às formas de jornalismo; e o Direito, que vai fundamentar as formas de síntese de advocacia — vão se encontrar com formulações surgidas no território que deu origem a sistemas jurídicos próprios.

No Brasil, para a construção de um espaço jurídico em que normas objetivas são fontes imediatas do Direito e, em regra, positivadas nas casas legislativas, *o Civil Law*,[3] de inspiração romano-germânica, a codificação do Direito sistematizado teve como suporte fatores tênues de um desenho múltiplo. Todo esse panorama foi muito influenciado na *Common Law*[4] inglesa, nas tradições e nos costumes.

Desse espaço normativo, surgiram dois sistemas jurídicos distintos, ainda nos tempos imperiais, e já nos estertores da Constituição de maior longevidade, outorgada em 1824. Foi ainda no período do Segundo Império que iria se destacar uma figura referencial dessa identidade, que é expoente nas três profissões: o poeta, jornalista e advogado Luiz Gonzaga Pinto da Gama. Ele uniu o Direito à comunicação jornalística, tornando-se referência maior nas Letras Jurídicas e na Comunicação Social, no jornalismo impresso.

Originário do último período colonial do Brasil, artífice na construção de modelo de resistência legal e de luta pela superação do regime escravagista, Luiz Gama iria consolidar balizas para a construção de pós-colonialismo, unindo jornalismo e advocacia. Ou, na posição inversa dos substantivos, advocacia e jornalismo, tendo como pano de fundo sua própria história de vida.

Luiz Gama é filho de uma escravizada, cujo nome supostamente teria sido Luiza Mahin. Ela é personagem do livro *Defeito de cor*, de Ana Maria Gonçalves, descrita pelo filho como:

Mui bela e formosa,
Era a mais linda pretinha,
Da adusta líbia rainha,
e no Brasil pobre escrava!
Oh, que saudades eu tenho
Dos seus mimosos carinhos,
Quando c'os tenros filhinhos
Ela sorrindo brincava.[5]

Há todo um contexto de elementos políticos, mitológicos e familiares em torno da mãe de Gama. Do pai, sabe-se o nome. Há quem diga que era um fidalgo português que viveu na Bahia e que, para pagar dívidas de jogo, fez do filho um escravizado.

Da Bahia, Luiz Gama é levado para o Rio de Janeiro e, depois, para São Paulo, onde consegue se alfabetizar e conquista a alforria. Ele passa a ter uma atuação mista: da poesia para o jornalismo, e daí para a advocacia.

Como advogado, Luiz Gama obteve, por via da legalidade da época, a libertação de dezenas, talvez centenas, de escravos que, pelo direito sucessório de então, eram dados como parte da herança material a que familiares de senhores de escravizados tinham direito. Isso acontecia mesmo nos casos em que a alforria fazia parte da vontade do falecido, expressa em testamento.

Esse foi embrião do que viria a ser a construção para um modelo de República e solaparia as bases da Constituição de 1824, mesmo com a proclamação da Lei Áurea, que faria do Brasil o derradeiro país das Américas a vedar a prática do escravagismo. Esse fato levaria o cronista maranhense Astolfo Rocha a se referir àquele momento da seguinte maneira: "Quando se gritou a liberdade no torrão brasiliano, nenhuma província festejou com mais entusiasmo e estridor a áurea lei do que o Maranhão".[6]

Seria o prenúncio da mudança de um texto constitucional outorgado pelo Império por outro, também derivado da outorga da recém-nascida República. E seguiram-se, entre períodos de institucionalidade regular e de exceção, os textos de 1891, 1934, 1937 e 1946 e as Emendas Constitucionais de 1969/1967, e daí o advento da Assembleia Nacional Constituinte em 1986.

Na Constituinte de 1986, também se encontravam ali, entrelaçados, profissionais da advocacia e do jornalismo. Na saída do regime de exceção, essas duas profissões estavam lado a lado, como no caso do presidente da Associação Brasileira de Imprensa e jurista Barbosa Lima Sobrinho, membro da Comissão Provisória de Estudos Constitucionais para a Carta de 1988. Havia todo um debate sobre uma assembleia exclusiva, com parte do Senado tendo sido originária de legislatura anterior, inclusive de exceção, em um parlamento em parte eleito, também, para ser Congresso Nacional. Naquele ambiente, a advocacia e o jornalismo caminharam em conjunto: duas profissões no enlace com a cidadania.

Desde antes da década de 1980, já havia uma identidade muito grande entre as duas profissões, porque a advocacia, em todo o período republicano, ofereceu, de uma maneira muito efetiva, seus quadros para o jornalismo. E vice-versa. Não era incomum, muito pelo contrário, que os jornalistas — tanto os que estavam na linha de frente da notícia quanto os acadêmicos — fossem, primeiramente, advogados, bacharéis das Letras Jurídicas. É impressionante! Temos vários exemplos de colegas que durante o período republicano entraram no jornalismo pela advocacia e se tornaram figuras marcantes da Comunicação. E nos referenciamos a eles como doutores justamente por terem seguido essa trajetória.

Ainda hoje há registros desse fato. O decano no Supremo Tribunal Federal, Luiz Orlando Carneiro, é um representante dessa linhagem. Ele é natural do Rio de Janeiro, tem formação como advogado e, na nova capital federal, se destaca há décadas no desafio de traduzir para o grande público, inicialmente o dos jornais impressos e agora da internet, por meio do portal jurídico *Jota*, a linguagem técnica do Direito em forma de textos jornalísticos. É uma interface que leva o decano do jornalismo jurídico especializado a atuar em um mundo interconectado justamente pela facilitação das plataformas de comunicação.

É claro que o Direito tem uma linguagem técnica, mas há também uma demanda cada vez maior pelo uso de uma linguagem da Comunicação Social.

Tanto a advocacia quanto o jornalismo — duas profissões que guardam pontos de identidade entre si — vão encontrar nesse cenário até uma problematização semelhante, em função da interconexão dos tempos atuais que se dá por meio das plataformas facilitadoras de contato e de formas de linguagem diversificadas em aparência e significação. Mesmo assim, nada que se assemelhe a uma variação baseada na linguagem técnica do Direito e muito menos em uma linguagem direta, coloquial, inspirada nas premissas fundamentais do jornalismo profissional impresso.

O mundo cada vez mais interconectado das plataformas digitais adiciona problematizações outras aos territórios de ambas as profissões. Em vez do uso de uma linguagem técnica, para o fato relevante, o meio passa a ser inundado por códigos alheios ao que é das Letras Jurídicas e também da Comunicação, criando-se uma atmosfera outra. Porque, hoje, se faz a advocacia também por meio dessas plataformas. Ao peticionar, ao julgar, ao conciliar e ao realizar uma série de outras tantas tarefas, são usadas essas tecnologias. E não se tem segurança plena quanto aos territórios em que se pode desembarcar.

Há uma impressão, em escala generalizada, da publicidade das vidas, cuja privacidade era protegida pelo Direito, voltada predominantemente para a proteção de formas fraudulentas de comunicação. Essa ampliação toda se dá conosco: jornalistas e advogados participando, observando e tentando vislumbrar um prisma futuro em um ambiente ainda de pouca exatidão.

Julgamentos *on-line*, despachos virtuais, petições eletrônicas... Estes não são elementos distantes das transmissões de informações via internet, que possuem um arsenal eletrônico capaz de impor rotinas ditadas por outra percepção temporal, que talvez não se restrinja aos espaços em que estão inseridos jornalistas e advogados.

Alguém que está nos dois espaços de ação pode facilmente se perceber, vez por outra, como um jornalista que percorre o território da advocacia e, na mesma proporção, como um advogado na seara do jornalismo. Afinal, jornalismo e advocacia, estes substantivos da mesma classe gramatical, são complementares.

Entre intenção e consequência: os efeitos econômicos do Judiciário no Brasil

Marcos Lisboa
Luciana Yeung
Paulo Furquim de Azevedo

A proeminência do Judiciário na história brasileira é um fenômeno recente. Após décadas em que o Executivo mal sentia os efeitos de seus possíveis freios e contrapesos, as cortes ganharam, a partir da Constituição de 1988, um protagonismo sem precedentes nas diversas esferas da sociedade brasileira, tornando-se um ator relevante na saúde, educação, política e economia. Não é incomum um cidadão comum conhecer os nomes dos ministros da corte constitucional, algo impensável há três décadas. As decisões judiciais também afetam crucialmente a tomada de decisões de empresas e da administração pública, desde as triviais, como a contratação de um fornecedor, às mais complexas, como a definição de seu escopo de atuação ou desenho organizacional. Em síntese, mesmo que involuntariamente, o Judiciário molda e transforma decisões econômicas.

O protagonismo do Judiciário brasileiro é proporcional a seu tamanho em relação ao Produto Interno Bruto (PIB). De acordo com o Conselho Nacional de Justiça, em 2019, as despesas totais do Poder Judiciário brasileiro somaram R$ 100,2 bilhões, o que corresponde a 1,5% do PIB nacional.[1] Para efeitos de comparação, a Organização para a Cooperação e Desenvolvimento Econômico (OCDE) mostra que, entre os países-membros, aqueles com o maior peso do orçamento judicial sobre o produto nacional são Israel — com cerca de 0,8% — e Eslovênia — com 0,5%.

A natureza do gasto também destoa na comparação com os demais países. Enquanto no Brasil 90,6% do orçamento judicial vai para gastos com recursos humanos, nos países membros da OCDE esse percentual é, em média, de 65%. Mesmo em nações em que o sistema jurídico segue a tradição civil-francesa, similar ao sistema brasileiro, ele é de 77%.

Ainda que expressivos, os custos diretos do Judiciário não são os mais relevantes de seus efeitos sobre a ordem econômica. Litigiosidade excessiva, morosidade e imprevisibilidade das decisões judiciais afetam as ações de governos, empresas e indivíduos, criando fontes variadas de distorções, cujos custos são potencialmente mais relevantes do que os da manutenção da máquina judicial. São efeitos indiretos e não intencionais, que muitas vezes passam desapercebidos até pelos magistrados que, pelo exercício de sua função, os produziram. É este o tema a que se dedica este artigo. Sem a pretensão de ser exaustivo, seu propósito é ilustrar a amplitude e a variedade dos efeitos indiretos do Judiciário sobre a economia e apontar, ainda que de forma preliminar, possíveis caminhos para mitigá-los.

Como o Judiciário afeta as decisões econômicas

São inúmeros os papéis do Judiciário em garantir o funcionamento da ordem econômica. Transações entre pessoas físicas ou jurídicas beneficiam-se de uma terceira parte para assegurar o cumprimento de contratos; a aplicação de direitos de propriedade é parte fundamental do incentivo ao investimento; os freios ao Poder Executivo mitigam os riscos de expropriação de investimento; e, para não deixar a lista excessivamente extensa, a implementação de políticas públicas requer a aplicação das normas que as compõem, bem como o controle e a responsabilização dos agentes públicos.

Os custos econômicos indiretos do Judiciário não decorrem de suas funções da maneira como são delimitadas, mas da maneira como elas são exercidas. Por exemplo, atuações inconsistentes, jurisprudência instável e interferência sobre pactos livremente acordados afetam a segurança sobre os contratos, a regulação e o mercado de crédito, entre outros. Como mostra passagem de artigo publicado pela OCDE:

> Judiciários que funcionam bem são um fator determinante do desempenho econômico. Eles promovem a produção e a distribuição eficientes de bens e serviços, garantindo dois pré-requisitos essenciais das economias de mercado: segurança dos direitos de propriedade e cumprimento de contratos [...] Isso tem um impacto positivo no crescimento por meio de vários canais: promove a concorrência [...] promove a especialização em setores onde os investimentos específicos de relacionamento são mais importantes [...] contribui para o desenvolvimento dos mercados financeiros e de crédito, e facilita o crescimento das empresas. Por outro lado, a fraca aplicação de contratos pode levar as empresas a adotar tecnologias ineficientes (por exemplo, aquelas que minimizam a dependência de outras empresas), com efeitos prejudiciais na produtividade.[2]

O congestionamento das cortes, o elevado tempo de resposta e a imprevisibilidade das decisões judiciais, entre outros, comprometem a aplicação de normas, o que leva, no limite, organizações públicas e privadas a utilizarem estratégias para evitar o Judiciário, como que emulando um mundo em que essas normas não existissem. Tal é o efeito da morosidade sobre a eficácia das normas que estudos empíricos utilizam o congestionamento das cortes como medida que afeta o grau de impacto das normas. O tempo de resposta do Judiciário e a eficácia das normas andam juntos.

A primeira e mais imediata causa do congestionamento das cortes é a excessiva litigiosidade no Brasil, alta sob qualquer base de comparação. De acordo com um relatório da Clements Worldwide, o Brasil está entre os países mais litigiosos do mundo, ocupando o segundo lugar no *ranking* de advogados *per capita*, atrás apenas dos Estados Unidos.[3] Utilizando uma medida mais precisa de litigiosidade, de demandas judiciais por 100 mil habitantes, pesquisadores encontraram uma grande variabilidade entre os vários países de sua amostra: 5.806 para os EUA, 3.681 para a Inglaterra e 1.768 para o Japão.[4] Wollschlager, em trabalho restrito a países europeus, revela que o país mais contencioso é a Alemanha, com 12.300 casos, seguida pela Suécia, com 11.120. A estimativa do mesmo indicador para o Brasil revela que seu nível de litigiosidade superaria o de todos os demais países. Segundo dados da *Justiça em Números*,[5] em 2019 foram distribuídas 30,2 milhões de novas ações, o que corresponde a um indicador de 14.313 casos por 100 mil habitantes, ficando um pouco acima da Alemanha.

As medidas de estoque são ainda impressionantes. Segundo a mesma base de dados, em 31 de dezembro de 2019 havia 77,1 milhões de processos pendentes de decisão nos tribunais brasileiros, apesar de os juízes terem julgado 31,7 milhões de processos naquele mesmo ano. Assim, o Brasil apresenta um estoque de 51.564 casos para cada 100 mil pessoas. Essas cifras se refletem no estoque de casos pendentes por magistrado, chegando a superar 15 mil processos no caso de ministros do Superior Tribunal de Justiça (STJ).

Com relação ao número de magistrados, a medida de produtividade feita pelo Conselho Nacional de Justiça (CNJ) indica uma relação de 2.107 processos baixados por magistrado. Também foi avaliada a carga de trabalho (procedimentos pendentes e resolvidos, incluindo recursos internos), cuja média nacional ficou em 6.115 por magistrado, já excluídos os processos suspensos. Por esses números, percebe-se que há no Judiciário brasileiro não somente um problema de oferta, mas também de demanda dos serviços judiciais.

Como derivação imediata dessa "superlitigância", está a morosidade do processo judicial. A morosidade e a sobrecarga são mutuamente determinadas. O excesso de casos para cada juiz certamente explica a demora para a análise de um caso individual, mas essa demora também explica o estoque de casos de que cada juiz é responsável. E, de fato, as medidas de duração de processos judiciais são consistentes com o elevado nível de litigiosidade observado no Brasil.

O CNJ aponta que a baixa de um processo nas varas de 1º grau da Justiça Estadual ocorre depois de três anos e sete meses (1.030 dias). Se incluída a fase de execução, a duração quase dobra, chegando a sete anos (2.555 dias). Nas varas federais, as durações médias são de dois anos e dez meses (1.030 dias) para a baixa do processo e oito anos e três meses (3.010 dias) se incluída a fase de execução. As estimativas para os países-membros da OCDE são de 238 dias, em média, chegando a 600 dias para o país mais moroso do grupo, a Itália. Ainda de acordo com o CNJ, no 2º grau brasileiro, um processo da Justiça Estadual leva, em média, um ano para ser baixado; e, na Justiça Federal, dois anos e cinco meses (880 dias).

Judiciários morosos podem gerar um efeito regressivo no acesso à Justiça: poucos são aqueles que dispõem de recursos (financeiros, de tempo e de energia) para enfrentar uma ação judicial por longos períodos. Para conseguir isso, é preciso ter estrutura financeira e acesso a bons serviços advocatícios, o que é muito difícil para as classes mais baixas da sociedade. O que leva as partes a buscar o litígio, sobretudo nos casos em que sabem ser baixas as probabilidades de sucesso para uma das partes? Em outras palavras, seria o benefício de se protelar uma decisão judicial suficientemente grande para explicar a sobrecarga do Judiciário brasileiro?

Mesmo no caso extremo da certeza do desfecho do caso desfavoravelmente ao recorrente, há benefícios às partes de se protelar a decisão judicial. A origem desses benefícios está em elementos que tornam o custo do tempo menor para alguns litigantes do que a compensação judicial pela demora da decisão. Há duas razões principais para que isso ocorra. A primeira, de natureza de economia política, afeta o comportamento do poder público, reconhecidamente o maior demandante de serviços judiciais e, mais importante, o principal recorrente no caso de decisões desfavoráveis em instâncias inferiores.

Estima-se que pelo menos metade dos casos que tramitam pelas cortes brasileiras envolve especificamente o governo federal e que 60% envolve o setor público de alguma forma.[6] Dessa grande carga envolvendo o Estado, talvez a parcela de ações que mais mereça atenção seja aquela de natureza meramente protelatória.[7] Estas são provavelmente motivadas pelo ciclo eleitoral e pela consequente incerteza quanto à probabilidade de reeleição, que faz aumentar o interesse do Executivo em exercício em protelar suas dívidas judiciais pendentes.

A segunda razão para a existência de benefícios em se protelar uma decisão judicial afeta tipicamente os incentivos privados, podendo decorrer da diferença entre a taxa de juros privada e a utilizada na correção de débitos judiciais. Se o custo de oportunidade privado for diferente da taxa utilizada para a correção de débitos judiciais, uma das partes (o credor, se esta taxa for mais alta; ou o devedor, se esta taxa for mais baixa) tem incentivos econômicos para protelar a execução da dívida, que será tanto maior quanto maior for a morosidade do Judiciário.

Em assuntos concorrenciais e regulatórios, por exemplo, a concessão de liminar suspendendo os efeitos da decisão administrativa pode gerar benefícios supracompetitivos (ou seja, superior à remuneração do capital de acordo com a taxa de juros de mercado), tornando lucrativo protelar a decisão judicial, mesmo na certeza de seu desfecho. Uma pesquisa sobre a revisão judicial de decisões regulatórias observou que são frequentes as liminares que suspendem os efeitos da decisão administrativa de regulação dos mercados, esta, por princípio, voltada ao restabelecimento da concorrência, para posterior confirmação da mesma decisão.[8] A passagem do tempo permite a apropriação de benefício econômico supracompetitivo, montante suficiente para justificar o interesse em litigar pelo único benefício de se protelar a aplicação da lei.

Se, além disso, houver imprevisibilidade quanto ao desfecho da decisão judicial, maiores são os benefícios esperados de se recorrer desta. Isso porque, além dos benefícios de se protelar a decisão judicial definitiva, aumenta a probabilidade de reversão dela.

Quando o Judiciário atrai indivíduos que têm como objetivo principal protelar a decisão final, gera-se um problema típico de seleção adversa. Uma análise revelou números preocupantes com relação a *recursos meramente protelatórios*, que não buscam a solução de um conflito ou a execução de um direito, mas o simples retardamento no cumprimento de um dever legal: 74,5% dos magistrados identificam o uso desse tipo de recurso como sendo muito frequente na esfera federal; e 63,8% concordam que é comum na esfera estadual. Entretanto, os magistrados brasileiros são muito reticentes em punir esse tipo de prática, mesmo que a lei já preveja penalidades específicas.[9]

Uma consequência da excessiva demanda judicial para fins protelatórios é um efeito de redução da participação de demandas legítimas no Judiciário. O aumento de utilização dos serviços judiciais faz aumentar seu preço (representado pelo custo de oportunidade dos longos processos), o que desencoraja e diminui a participação daqueles que necessitam de uma instância para a solução de conflitos privados, para a garantia de direitos de propriedade e, mais genericamente, para o acesso ao direito.

Outro problema relevante é a imprevisibilidade das decisões judiciais. Seu efeito recai não somente sobre os casos que são objeto de uma decisão judicial imprevisível, mas sobre toda a sociedade que observa o padrão de decisão judicial para orientar suas ações. O papel fundamental de uma norma é orientar comportamentos. Se os sinais emitidos pelo Judiciário sobre como uma norma deve ser interpretada e aplicada são confusos (ou imprevisíveis), retira-se da norma sua principal função de orientar as ações das pessoas.

Algum grau de imprevisibilidade é esperado do sistema judicial. Afinal, um dos papeis do Judiciário é justamente o de pacificar situações duvidosas. Há, contudo, percepções de que alguns sistemas criam muito mais insegurança jurídica do que outros. Esse parece ser o caso recorrente na Justiça brasileira, em que se observa grande variância nas decisões.[10] Uma evidência da imprevisibilidade excessiva é a elevada taxa de reversão das decisões de primeira instância em tribunais superiores. Em uma análise de conflitos judiciais em contratos de crédito, observa-se uma taxa de reversão de mais de 50% entre o que foi decidido em Tribunais estaduais e a decisão final no Supremo Tribunal de Justiça.[11] Em síntese, há uma considerável variabilidade de decisões judiciais para exatamente o mesmo caso nas diferentes instâncias.

O problema da imprevisibilidade e morosidade é particularmente relevante em decisões regulatórias, que são originalmente de competência administrativa justamente por conta do elevado custo social do tempo de decisão. Empresas e consumidores de serviços de telecomunicação ou energia elétrica, entre outras áreas cobertas pela regulação administrativa, incorrem em um custo da demora de solução de conflitos que é desproporcionalmente grande, sendo este um dos principais fundamentos para alocar às agências de regulação a tarefa de fazer cumprir as normas. Na prática, contudo, o problema inicia-se em esfera administrativa, por conta da alteração frequente dos conselhos das agências reguladoras e da pouca observância de seus precedentes, mas se estende também para a revisão judicial que, muitas vezes, suspende o efeito da decisão administrativa, mesmo que esta venha a ser confirmada ao final do curso do processo.

A fim de estimar a magnitude da incerteza na revisão judicial de decisões administrativas, uma pesquisa mensurou a quantidade de vezes em que a validade de uma decisão administrativa é alterada no curso do processo, por meio de decisões liminares e finais.[12] No caso do Conselho Administrativo de Defesa Econômica (Cade), que tem cerca de 30% de suas decisões revertidas pelo Judiciário, seria desejável um indicador próximo a 0,3%, situação em que não haveria decisões inconsistentes dentro da esfera judicial. Contudo, o indicador observado para a média dos processos judiciais sobre decisões do Cade foi de 1,45, ou seja, o Judiciário emite sinais conflitantes mesmo para os casos em que a decisão administrativa é confirmada após o julgamento. Em um caso extremo, conhecido como Cartel dos Vigilantes, a validade da decisão administrativa foi modificada doze vezes no espaço de dois anos e meio, por meio de diferentes processos judiciais, decisões liminares e agravos.[13]

Há também uma característica adicional do Judiciário brasileiro que contribui para uma maior imprevisibilidade de sua ação. Tendo por esteio uma Constituição de grande amplitude temática e, nas palavras do ex-ministro do STF, Ayres Britto, "principiológica", é dado ao Judiciário um elevado poder de interpretação dos princípios constitucionais, o que confere uma amplitude excessiva de sua área de atuação. Praticamente todos os conflitos da sociedade são judicializáveis; e leis ordinárias podem ser reinterpretadas à luz dos princípios constitucionais, o que mitiga a capacidade de o Legislativo amarrar as mãos do Judiciário, o que poderia reduzir seu elevado poder de interpretação das normas legais.

A amplitude da atuação jurisdicional não teria consequências adversas sobre a incerteza das relações econômicas se fosse moderada pelo respeito das diretrizes dos órgãos de estado responsáveis por decisões técnicas. Esse é um equilíbrio institucional comum em países da tradição do Direito Consuetudinário (isto é, *common law*), como EUA e Reino Unido. Nessa modalidade do Direito, o Judiciário limita-se ao controle de abusos de órgãos técnicos e faz apenas intervenções pontuais em questões de mérito. A elevada amplitude de ação sem os limites autoimpostos pelo respeito às diretrizes dos órgãos técnicos é uma fonte de incerteza para os jurisdicionados.

Essa característica está na base da chamada judicialização da saúde, que atingiu proporções suficientes para absorver parte relevante dos recursos orçamentários dedicados à saúde e, sobretudo, subverteu a política de incorporação de tecnologias nessa área.[14] Definir o que deve ou não ser coberto pelo Sistema Único de Saúde (SUS) e pelos contratos entre as operadoras de planos de saúde e seus beneficiários é um elemento central da política de saúde. Essa tarefa, a princípio, cabe à Comissão Nacional de Incorporação de Tecnologias (Conitec) no SUS, que estabelece, por meio de uma análise de custo-eficácia, quais medicamentos e procedimentos médicos devem ser cobertos pelo sistema público, o que é, em linhas gerais, também seguido pela Agência Nacional de Saúde Suplementar (ANS) na regulação dos planos privados.

Magistrados julgam centenas de milhares de casos de fornecimento de medicamentos, decidindo a favor do pedido do demandante em aproximadamente 90% dos casos, em geral por decisão liminar sem considerar a análise técnica que fundamenta a política de saúde. Em menos de 1% das decisões judiciais, há alguma menção à Conitec e demais órgãos técnicos que poderiam qualificar sua decisão, como a Agência Nacional de Vigilância Sanitária (Anvisa) e os Núcleos de Assistência Técnica do Judiciário.[15] Em quase a totalidade dos casos, a decisão é tomada tendo apenas a prescrição do médico do demandante como razão de decidir, sem qualquer consulta aos órgãos técnicos.[16] Não é de se espantar que a judicialização da saúde não tenha contribuído para a melhoria das condições de saúde da população, porém teve efeitos profundos sobre o equilíbrio contratual entre operadoras de planos de saúde e seus beneficiários e sobre as compras públicas de medicamentos. Esse caso será detalhado no próximo tópico, que reúne alguns exemplos ilustrativos dos efeitos indiretos e não intencionais de decisões judiciais sobre a esfera econômica.

O Judiciário e seus efeitos colaterais sobre o sistema econômico

Neste tópico, serão apresentadas com mais detalhe e vida algumas ilustrações desses efeitos. Não é demais repetir: são apenas ilustrações de um fenômeno generalizado, que toma forma concreta nas inúmeras modalidades de contratos empresariais e financeiros, compras públicas e decisões de governança corporativa, de marketing, de fusões e de aquisições, ou seja, toda sorte de ação dos atores econômicos.

A primeira ilustração trata de contratos de *franchising* praticados pelo maior ícone dessa modalidade de contrato empresarial, o McDonald's. Uma decisão estratégica comum a todas as redes de *franchising* é a escolha entre lojas próprias e lojas franqueadas, sendo comum o estabelecimento de uma proporção mais ou menos fixa entre essas duas modalidades conforme as características do negócio, como valor da marca e problemas variados de risco moral na relação entre franqueador e franqueado. A decisão entre uma forma ou outra também depende do Judiciário, em que são resolvidos os eventuais conflitos em contratos de *franchising*. Uma loja própria, em contrapartida, é regida pela governança hierárquica, interna à organização, o que reduz sua dependência de uma terceira parte — Judiciário ou arbitragem — para a solução de conflitos.

É, portanto, razoável esperar que a proporção de lojas próprias seja maior em países em que o uso do Judiciário é mais custoso, como comprovou uma análise comparada do universo de redes de *franchising* nos EUA, França e Brasil.[17] Enquanto no primeiro país a proporção de lojas próprias era de 9,6%, no Brasil era de 36,7%. No caso específico do McDonald's, a rede mantinha 14% de lojas próprias nos EUA e 45% no Brasil, com tendência de queda moderada ao longo dos anos.

Essa estratégia foi profundamente alterada no início dos anos 2000, quando diversos franqueados, que haviam tomado empréstimo com correção cambial para a instalação de suas lojas, contestaram judicialmente o contrato com o McDonald's. Os pontos questionados nos diversos processos judiciais foram vários, como a prática de sobrepreço para a compra de insumos, a canibalização por meio da abertura de lojas próximas, a cobrança de aluguel como proporção do faturamento da loja (sendo o McDonald's proprietário dos terrenos em que se instalaram as lojas franqueadas) e, é claro, o endividamento em dólar, que tinha o McDonald's como avalista.

As decisões judiciais foram majoritariamente favoráveis aos franqueados. Além disso, o McDonald's foi impedido de cobrar aluguel em função do faturamento da loja, um componente importante do sistema de incentivos do contrato de *franchising* praticado pela rede.

É notável a mudança de estratégia da rede, que passou a comprar as lojas franqueadas (ou encerrar seus contratos), alcançando uma proporção de lojas próprias de 75%. Os franqueados remanescentes foram aqueles que não litigaram contra a rede no primeiro momento. Em síntese, as decisões judiciais encareceram o uso do contrato de *franchising*, levando a rede a utilizar com maior intensidade lojas próprias. Há, obviamente, um custo social relacionado a essa revisão estratégica motivada pelo padrão de decisões judiciais. Ao abdicar do contrato de *franchising* para centenas de lojas, o McDonald's também abdicou dos ganhos de eficiência em se prover uma estrutura de incentivos mais apropriada para lidar com os inúmeros problemas de risco moral que existem em uma relação de franqueamento.

O segundo exemplo trata dos efeitos do Judiciário sobre as compras públicas de medicamentos, uma área que, como já mencionado, foi afetada por centenas de milhares de ações judiciais no que se convencionou chamar "judicialização da saúde". Além de seus efeitos sobre a política de saúde, redefinindo por meio de decisões judiciais o grau de cobertura do SUS e dos planos de saúde, a judicialização da saúde modifica o processo de compras públicas de medicamentos. Por seu caráter de urgência, as compras derivadas de decisões judiciais são feitas sem o adequado planejamento licitatório. Além disso, as decisões judiciais são acompanhadas de sansões mais severas a seu descumprimento, na forma de sequestro de orçamento e sanções diretas à autoridade pública. Essas penas mais severas modificam os incentivos da autoridade pública, que passam a privilegiar a conclusão da compra (e o cumprimento da decisão judicial), mesmo que em prejuízo de uma compra eficiente.

Esses dois efeitos — a perda de planejamento e distorção de incentivos — são estimados para compras de medicamento no estado de São Paulo.[18] Compras urgentes, por decisão judicial, resultam em preços 44% mais altos do que em compras planejadas. O mecanismo que explica a perda de eficiência no processo de compra é a redução do número de ofertantes e intensidade de concorrência no leilão, visto que menos empresas conseguem se programar para a licitação. Quando analisadas compras igualmente urgentes, mas que diferem com relação à existência de sansões mais severas, os preços são 9% mais altos, o que pode ser atribuído à mudança de incentivos para a realização de uma compra eficiente. A prioridade passa a ser cumprir a decisão judicial e não comprar bem.

Os dois exemplos cumprem a função de mostrar os mecanismos por meio dos quais o Judiciário afeta as decisões econômica, impondo custos diversos ao criar distorções nas escolhas de empresas, autoridades públicas e indivíduos. Os exemplos são bem mais abundantes do que o espaço aqui disponível para listá-los. É digno de nota o trabalho de Jacopo Ponticelli e Leonardo Alencar[19] que investiga os efeitos da Lei de Falências de 2005. Essa lei funciona melhor quando as cortes são menos congestionadas (e morosas). Empresas localizadas em municípios cujas varas eram menos congestionadas tiveram investimentos 0,46 pontos percentuais a mais e 2,3% de produção também a mais; ou seja, cortes mais eficientes geram empresas financeiramente mais saudáveis. Há evidências de que instituições financeiras restringem o acesso a crédito quando observam um aumento na proporção de decisões judiciais que lhes são desfavoráveis.[20]

Esses custos decorrentes da distorção de decisões econômicas têm impactos agregados, que afetam o nível de investimento e desenvolvimento econômico. Um estudo comparado entre sete países (Argentina, Brasil, Canadá, Peru, Filipinas, Portugal e Espanha) constatou que a qualidade do funcionamento do Judiciário foi responsável pela redução do crescimento econômico e do volume de crédito.[21] O autor mostra que, se o Judiciário brasileiro apresentasse um desempenho comparável aos dos países-membros da OCDE, poderia ser observado um aumento de 14% no investimento, de 12% no emprego e de mais de 18% nas vendas.

Uma agenda para o Judiciário

O protagonismo crescente do Judiciário não ocorre sem custos. As principais decisões econômicas levam em consideração, implícita ou explicitamente, os custos relacionados à judicialização e à dificuldade de se fazer cumprir contratos e assegurar direitos de propriedade. A agenda voltada ao aumento da eficiência do sistema de Justiça é prioritária, podendo endereçar múltiplas frentes, como disciplinar o acesso ao Judiciário, por meio da revisão das custas judiciais, do aumento da velocidade de trâmite dos processos e da redução das possibilidades de recursos. Mais controversa, mas igualmente relevante, é a imposição de limites à amplitude de atuação das cortes, o que, como exemplificado no caso da judicialização da saúde, acaba por estimular a litigância excessiva.

Além disso, a disseminação de intervenções discricionárias do Judiciário tem tido efeitos colaterais, por vezes na contramão das intenções dos juízes ao analisar os casos particulares. São muitos os exemplos de mercados que deixaram de atender às partes, como no caso dos financiamentos de automóveis, em razão de decisões favoráveis a compradores inadimplentes, prejudicando as famílias de baixa renda que deixaram de ter acesso ao crédito.

Com base na intenção de proteger a parte que considera mais frágil, juízes acabam por alterar a jurisprudência, apesar dos contratos consensualmente estabelecidos pelas normas em vigor. A falta de análise técnica das implicações das decisões termina por resultar em prejuízos para o restante da sociedade. Nosso Judiciário voluntarioso interfere em acordos privados e em setores regulados em razão da avaliação precária de suas repercussões. Pouco analisamos as práticas judiciais dos demais países e a evidência empírica sobre os impactos de nossa jurisprudência.

Justiça reinventativa e jornalismo sem eficácia comprovada contra a desinformação

Márcio Chaer

Pontualmente às duas da tarde, nas quartas e quintas-feiras, os onze circunspectos ministros do Supremo Tribunal Federal, alinhados e por ordem de antiguidade, dirigem-se ao plenário. Às terças, há as sessões de Turmas. As matérias que serão votadas são do conhecimento de todos. Eles decidirão as questões de interesse dos brasileiros. Há sintonia entre os julgadores. Exatamente às quatro horas, na mesma sequência, os ministros, cheios de formalidades, se reunirão na mesma mesa redonda de quatro metros de diâmetro em que se encontraram antes da sessão, para confraternizar, relaxar as tensões e tomar café, como uma família.

O parágrafo acima é ligeiramente *fake*. Os ministros não conseguem chegar no horário. Em geral, por não dar conta dos despachos com advogados, procuradores e gente do governo que vão à corte para explicar oralmente aos julgadores o que o papel nem sempre consegue. O turbilhão de casos já não permite saber com antecedência o que será decidido no dia.

A maior parte dos casos tampouco envolve o interesse do cidadão. Trata da administração pública, do funcionalismo, dos governos estaduais, das estatais e da infinidade de leis federais, estaduais e atos do Executivo, do Legislativo e do próprio Judiciário que afrontam a Constituição.

A "sintonia" entre os julgadores é relativa. Já foi absoluta. Na velha República e no regime militar, na maior parte do tempo, os ministros mais pareciam um jogral. O Congresso e o Judiciário, atrofiados, eram dirigidos pelo Executivo. Havia discussões. A temperatura também subia. Mas as grandes decisões eram pré-fabricadas, conchavadas. Os parlamentares e os julgadores eram apenas avisados de como deveriam votar. Hoje, há quem reclame da falta de compadrio entre os ministros. Horrorizam-se com o fato de os julgadores divergirem, ter opiniões próprias a ponto de defendê-las fora do tom — o que a imprensa chama de "bate-bocas".

Despachos em público

O café dos ministros também não começa às quatro da tarde. É na hora que der. Ali do lado, atrás do plenário, no chamado Salão Branco — um conjunto de sofás espalhados em uma área de cerca de 150 m² —, alguns deles recebem advogados para despachos em público. Outros ficam em seus celulares trocando mensagens, conversando com seus gabinetes ou resolvendo algum assunto pessoal. Há sempre um enfermeiro por perto para medir a pressão dos ministros.

Mas houve um tempo em que a liturgia no Supremo era outra. A forma valia muito mais que o conteúdo. O motorista do ministro mais novo não podia jamais ultrapassar o carro do mais antigo. Mesmo em encontros sociais, aniversários e festas, ninguém saía do lugar antes do decano. A hierarquia contaminava as mulheres dos ministros, que prestavam continência a quem tinha o marido com mais tempo de serviço. Uma cultura que se perdeu.

A hipertrofia do Judiciário — decidida em 1988 pelo Congresso Constituinte, para calibrar a correlação de forças entre os poderes — tirou o STF de sua zona de conforto. A fiscalização passou a ser maior que a progressão geométrica do volume de processos. O sistema teve de se reconstruir. Melhorou muito. Mas está embrulhado em um paradoxo: em seu momento de maior produtividade e transparência, é quando tem sido mais apedrejado.

Não é diferente do que ocorre com a política, a economia ou a vida empresarial. O espaço antes ocupado pela imprensa foi sequestrado por animadores de auditório. Pratica-se um tipo de jornalismo sem comprovação de eficácia no tratamento contra a desinformação. Uma modalidade de jornalismo inventativo que se baseia em percepções, não em fatos.

O impacto desse fenômeno sobre os juízes foi forte. Se na administração pública o pânico do escândalo gerou o "apagão das canetas", no mundo judicial sobreveio a ditadura do politicamente correto. Acusações que envolvam sentimentos morais já entram em campo ganhando o jogo.

Arautos do Judiciário

A visão que se produz da Justiça já foi missão de profissionais habilitados do mundo jurídico e por jornalistas especializados no acompanhamento do Judiciário. Esse papel, hoje, está muitas vezes nas mãos de blogueiros, radialistas e outros que participam de um estranho torneio de linchamentos.

A cobertura da Justiça em Brasília tem entre os pioneiros expoentes como Luiz Orlando Carneiro, Juliano Basile, Rodrigo Haidar, Heraldo Pereira, Felipe Seligman, Felipe Recondo, Mariângela Gallucci, Silvana de Freitas e Marcos Losekann. Fora do eixo de Brasília, Fausto Macedo. Existe agora uma jovem guarda emergente, com Rafael Moraes Moura, Thais Arbex, Julia Chaib, Caio Junqueira e outros talentos que, assim como os veteranos, não têm o espaço que deveriam ter, já que o colorido que os leigos justiceiros dão aos escândalos que fabricam é muito mais apetitoso aos olhos da maioria dos editores.

Entre os jornalistas que não escrevem apenas sobre Direito e Justiça, mas cobrem o setor e são influentes, há ainda Mônica Bergamo, Julia Dualibi, Gabriela Prioli, Luis Nassif e Lenio Streck. Na outra ponta da gangorra, onde está a mídia tradicional — que perde leitores, mas preserva legitimidade —, surgiram os *sites* jurídicos, como o *Migalhas*, o *Jota* e o *ConJur*. O pioneiro, *Jus Navigandi*, criado no Piauí, dedica-se apenas à doutrina. Ou seja, só publica artigos. Esses quatro veículos recebem, mensalmente, 29 milhões de visitas, de acordo com o *site* Similar Web, no início de junho de 2021. Protagonista importante, mas que não produz notícias — seu forte é tecnologia —, o Jusbrasil ocupa o primeiro lugar no *ranking* de *Law & Government/Legal* ("Judicial e Governamental/Jurídico", em tradução livre), com 42 milhões de visitas mensais.

A equipe de solo

Os jornalistas que cobrem a área sistematicamente sabem, por exemplo, que a realidade que cerca os julgadores vai além das vontades pessoais de cada um. Quem olha de fora para dentro enxerga o STF, por exemplo, como onze ministros aboletados em uma bancada, votando como lhes dá na veneta. De dentro para fora, o cenário é outro. São 1.500 servidores disciplinados e compenetrados que se esforçam para não falhar. O trabalho é bem mais coletivo do que pode parecer. Além desses 1.500 funcionários, há os terceirizados. Para ser preciso, são 1.004 efetivos, trinta juízes designados, 244 em cargos em comissão, 101 cedidos de outros órgãos, 47 sem vinculação com a administração pública e 555 em funções comissionadas.

Cada gabinete tem em torno de 53 funcionários e funcionárias. O papel dos assessores e — mais recentemente — dos juízes auxiliares é fundamental. Um ministro não decide a torto e a direito. Há uma equipe para filtrar, questionar e, às vezes, até comentar nos corredores ou no refeitório como nasceu um voto incomum.

Com a onda populista que multiplicou o número de justiceiros no país, o sistema de segurança do tribunal teve de ser reforçado. O contingente de vigilantes, seguranças pessoais e policiais judiciais (da Polícia Federal, inclusive) chegou a ter um efetivo de seiscentas pessoas. Hoje são menos de quatrocentas. Não que a necessidade tenha diminuído, já que a balbúrdia em torno do tribunal não arrefeceu. Com os cortes orçamentários, a solução foi aprimorar os sistemas eletrônicos e de monitoramento.

No Brasil, basta uma rápida pesquisa para concluir que poucos assessores se tornaram ministros: Francisco Rezek, que assessorou Bilac Pinto;

Sepúlveda Pertence, assessor de Evandro Lins e Silva; e Nilson Naves, assessor de Leitão de Abreu, que se tornou ministro do Superior Tribunal de Justiça. Nos Estados Unidos, a "promoção" de *clerks*, como esses assessores são chamados, é mais comum. Um dos ministros que mais marcaram a Corte, antes *clerk*, foi Antonin Scalia.[1] Os norte-americanos também tratam com mais naturalidade seus assessores, que escrevem livros e dão entrevistas e palestras — inclusive no Brasil. No STF, Carlos Alberto Direito, ao saber que uma publicação com os perfis de cada ministro informaria o quadro de assessores, com a área de concentração de cada um deles, reuniu os colegas para propor um boicote ao trabalho. Ou seja, os ministros não dariam entrevistas caso os assessores fossem apresentados.

Olhar para o STF, para o STJ e demais tribunais sem enxergar a turma de retaguarda é pensar que pode haver banana sem bananeira. E tem o fator da aleatoriedade. Haverá algum ser humano que, assaltado em um dia, absolva assaltante no dia seguinte? Quanta compreensão terá uma operadora que deixe um juiz no fim de semana sem internet, telefone ou TV por assinatura?

Visibilidade e patrulhamento

Existe impessoalidade. Os ministros mais conectados à Igreja católica, por exemplo, como Menezes Direito, Cezar Peluso e Dias Toffoli nunca hesitaram contrariar suas convicções pessoais (ou da religião) em questões como aborto e uniões civis não ortodoxas. Proximidade pessoal, familiar e mesmo de ideias com julgadores, no mais das vezes, mais prejudica que ajuda quem é próximo.

O ex-consultor-geral da República, Saulo Ramos, chegou a escrever um livro para agredir Celso de Mello, indicado para o Supremo por ele. Magoado ao extremo, ele nunca se conformou por não ter um único pedido seu atendido pelo ministro. A quase totalidade das condenações a petistas, no processo que se tornou conhecido como Mensalão, foi decidida por ministros e ministras nomeados pelos governos do Partido dos Trabalhadores.

A extrema visibilidade da Corte, o acompanhamento que advogados e o Ministério Público fazem de cada movimento e o patrulhamento interno entre os ministros não deixam muito espaço para subjetivismos e favores, ainda que algumas escolhas, em clima de polarização, sejam consideradas questionáveis. Mas isso não vale para todas as épocas e todos os lugares. Nas cidades espalhadas pelo Brasil, sem a mesma visibilidade e o mesmo patrulhamento, há variações. Imagine-se um cenário. De um lado do ringue, a corporação armada que patrulha as ruas. A polícia que, em tese, dá segurança a famílias e casas. Do outro, um possível meliante que diz ter sido surrado, torturado ou preso ilegalmente. Responda rápido: de que lado ficar? Do lado da lei e da Constituição, claro. A Polícia Militar, em todo o Brasil, tem um carisma inegável. Não importa o idioma, a Constituição ou o que se pode chamar de ideologia.

As guardas civis metropolitanas viraram guardas pretorianas dos políticos municipais. Como evitar que isso aconteça? Mais: nos recônditos do país, será possível fugir do conluio entre o delegado, o promotor e o juiz — que frequentam o mesmo clube, a mesma padaria e as mesmas festas? E ainda tem o vereador e o prefeito... Se o leitor se colocar no papel de algum deles será mais fácil entender o panorama. Claro que o caminho é obedecer à lei e à Constituição.

Os conflitos nascem nas ruas, não no tribunal

Não é fácil para a população entender que o papel do Supremo e tribunais superiores é o de definir teses e paradigmas e não julgar os casos concretos. Outra dificuldade é entender a força dos precedentes, da doutrina e da jurisprudência. A tendência popular natural é achar que pessoas de quem não se gosta devem levar a pior, com razão ou sem.

José Gomes Canotilho disse, certa vez, que os problemas estão nas ruas, não na Constituição. É compreensível que o distinto público identifique o tribunal com as encrencas julgadas ali. Parafraseando o mestre português, as encrencas do país estão nas ruas. O fato de um tribunal julgá-las não lhe dá a paternidade do problema. Um exemplo disso é a palavra mágica "corrupção". Um juiz que condena inocentes pode virar ministro da Justiça ou presidente da República. O que absolve pode ser apedrejado.

Advirta-se, porém, que qualquer análise feita em um ano não vale para o ano seguinte. Às vezes, nem para a semana seguinte. Mas vejamos uma distinção entre o principal critério do regime militar (1964/1985) e da volta dos civis ao poder, para a escolha de ministros do Supremo e Tribunais Superiores.

Nos anos militares, o governante queria saber apenas se o julgador estaria com o "regime". O traço liberal, em termos econômicos, era tolerado com naturalidade. Mesmo que isso levasse o governo a pesadas derrotas indenizatórias ou à rejeição de tributos considerados inconstitucionais.

Com o restabelecimento do Estado de Direito, a *ideologia* muda. O critério permanente passaria a ser o do alinhamento com a noção e a busca da estabilidade econômica — meta obsessiva de todos que ocupam o Palácio do Planalto. Nos anos petistas, se José Dirceu ou José Genoino iriam para a prisão ou não, isso só interessava, realmente, à mídia. O que Lula ou Dilma queriam, de fato, era garantir a governabilidade em sua gestão. Ou seja: respaldo para suas medidas econômicas.

Rede Justiça de Comunicação

O portal do STF recebe cerca de 3,7 milhões de visitas por mês. O STJ recebe 2,7 milhões, de acordo com informações do início de junho de 2021. Esses tribunais dependem menos, hoje, da intermediação da mídia tradicional. A secretaria de Comunicação do STF, em junho de 2021, contava com 236 colaboradores (30 servidores e 206 terceirizados). Na equipe, 88 são jornalistas que cuidam do portal na internet e dos serviços de rádio, da TV Justiça, do *clipping*, da programação visual, da fotografia e da assessoria de imprensa.

Em seus primeiros vinte anos em Brasília, o Tribunal tinha um único assessor, Ézio Pires, poeta que trabalhava também no *Correio Braziliense*. A demanda era pequena. Raramente jornalistas se interessavam pelo que acontecia naquela ponta esquecida da praça dos Três Poderes. Tudo mudaria com a Constituição de 1988 — contudo, não imediatamente. A nova Carta só passou a ser aplicada, de fato, com a paulatina troca de ministros — que chegavam menos atrelados ao texto anterior. Mas não sem custo.

Fogo nada amigo

Os jovens ministros Celso de Mello e Marco Aurélio pagaram caro por se desvencilharem dos velhos padrões. Ao assumir a presidência do Tribunal, os dois enfrentaram um verdadeiro cerco preventivo dos colegas. A alegação era que, ao falar em nome do Tribunal, eles não estavam autorizados a verbalizar as ideias consideradas extravagantes que os dois cultivavam.

Ao resistir à pressão para manter no cargo o diretor-geral de seu antecessor, Celso de Mello teve uma posse atribulada. A começar pela saudação lida por Sydney Sanches, em tom de advertência. Em nome dos antigos, o orador enumerou as posições de Celso de Mello em seus votos e, diante dos então presidentes da República, da Câmara e do Senado, alertou-o de que, ao se manifestar publicamente, deveria esclarecer que suas opiniões não representavam o pensamento do Tribunal.

Outros percalços: nas vésperas da posse, a equipe que atendia aos serviços de fotografia, *clipping* e divulgação foi dispensada. Apenas o discurso lido por Sanches foi distribuído. O evento não teve as fotos oficiais de praxe, já que a segurança do plenário foi orientada a não permitir a entrada do substituto.

Médico sem fronteira

No caso de Marco Aurélio, o estopim foi o anúncio de que, em sua gestão, ele não manteria no Tribunal aposentados recontratados em cargos de confiança. O ministro informara o então diretor-geral da Casa de sua decisão logo depois de eleito. A medida atingiria Celio Menicucci, amigo do ministro Moreira Alves — que foi tirar satisfação com o presidente eleito e dizer que ele não poderia dispensar o chefe da Secretaria de Serviços Integrados de Saúde. Marco Aurélio reagiu energicamente.

O ministro considerava inadequado um servidor acumular dois salários e bloquear a entrada de novos nomes no Tribunal. Menicucci decidiu tomar a iniciativa de afastar-se, mas acabou sendo chamado de volta na gestão do ministro Maurício Corrêa, seu compadre.

A firmeza de Marco Aurélio naquele momento não ficou sem resposta. Os veteranos reuniram-se e editaram uma espécie de AI-5, que proibia o presidente da Casa de escolher ocupantes de cargos estratégicos sem a aprovação do colegiado. O cerceamento não conteve Marco Aurélio. Para não se submeter, o ministro manteve, por exemplo, seu diretor-geral por toda gestão como interino.

Com poderes inéditos, os ministros do Supremo tornaram-se famosos — para o bem e para o mal. Quem passou a perceber a existência do Tribunal em tempos recentes atribui a exposição e os atritos à TV Justiça. Na verdade, a visibilidade veio da Carta de 1988. E eventuais asperezas sempre existiram — como há de haver sempre que onze pessoas se reunirem, dia após dia, para disputas intelectuais, políticas ou ideológicas.

Em 1983, o manauara Xavier de Albuquerque, que fora procurador-geral da República, desistiu da toga depois de presidir o Tribunal. Ele informou à saída que sua úlcera não suportava mais os sucessivos atritos com Moreira Alves. O mineiro Francisco Rezek foi outro que alegou a mesma incompatibilidade para desistir do cargo. Outro que perdeu a paciência com o complexo Moreira Alves — um dos melhores ministros da história do Supremo — foi o colega Maurício Corrêa, durante as acirradas discussões sobre os livros antissemitas do editor Siegfried Ellwanger.

Há quem opere bem no conflito. O maior ou menor grau de segurança de cada um determina se o antagonismo no debate de ideias vai virar desavença e forçar votos que não existiriam sem a briga.

Arquipélago no Cerrado

A simpática loja da Suprema Corte norte-americana, mantida pela Sociedade de Amigos da Corte, vende badulaques, mimos e enfeites. Mas tem também livros que consolidam a contribuição de cada ministro para com o Direito do país e do mundo. No Brasil, o hábito são livros com artigos diversos feitos para homenagear o julgador. Vale a pena examinar a contribuição dos ministros que passaram mais tempo na casa nos tempos recentes.

O ministro Celso de Mello é um exemplo de quem deixou suas marcas na Corte e em centenas de milhares de petições e decisões pelo país — que se basearam em suas construções jurídicas para fundamentar pedidos ou sentenças. Ele realçou a defesa das garantias individuais e dos direitos fundamentais. Estabeleceu bases para a defesa dos direitos das minorias e comandou votações importantes no sentido de restringir o crescimento desenfreado do Executivo e a condescendência do Parlamento consigo próprio.

Marco Aurélio, que foi comparado por Celso ao "grande dissidente" dos Estados Unidos, o ministro Oliver Holmes, aqui recebeu o apelido de "Senhor Voto Vencido" — em razão de sua posição minoritária em boa parte das votações. Mas, como Oliver Holmes, com o passar das décadas, viu depois suas posições reconhecidas e adotadas pelas novas maiorias.

Gilmar Mendes trouxe de sua passagem pelo Ministério Público, pelo Ministério da Justiça, pela Casa Civil e pela Advocacia-Geral da União um incontrolável entusiasmo pela racionalização dos sistemas. Atento ao processo legislativo, trabalhou pela adoção de instrumentos de controle concentrado de constitucionalidade em ações diretas, com a aplicação de efeitos vinculantes. Por circunstância não planejada, acabou sendo também o principal contendor do voluntarismo propagado em nome da persecução penal.

Ricardo Lewandowski relatou matérias importantes como a adoção das cotas raciais no ensino público e a proibição do nepotismo na administração pública, além de ter um papel fundamental como revisor do inquérito do Mensalão. Ele também presidiu o Senado no julgamento do *impeachment* de Dilma Rousseff.

Tudo acaba no STF

A relação com o Poder Executivo, desde o restabelecimento do regime democrático teve altos e baixos. Mais baixos, na verdade. Com o Congresso, as coisas pioraram com a leva bolsonarista eleita em 2018. Vez por outra, suscitam-se Comissões Parlamentares de Inquérito ou processos de *impeachment* contra ministros.

O mantra parlamentar é de alegado ativismo judicial da Corte. O pitoresco é que todas as decisões reclamadas foram provocadas por parlamentares. Em geral, por artigos da Constituição que os congressistas nos 33 anos de vida da Carta ainda não regulamentaram.

Dois dos maiores críticos da concessão de *habeas corpus* por parte do Supremo, o ex-ministro da Educação Abraham Weintraub e o deputado Daniel Silveira, preso em fevereiro de 2021 por atos atentatórios contra o STF, não hesitaram em pedir o remédio heroico ao Tribunal, que queriam fechar.

Quando o Supremo determinou a prisão do deputado federal Natan Donadon, por peculato e formação de quadrilha, o Tribunal preservou o poder da Câmara de decidir sobre a cassação do mandato do parlamentar. Entre o espírito de corpo e o clamor público, a Câmara não cumpriu seu papel. O episódio é narrado no livro *30 anos de Constituição em 30 julgamentos*, do advogado Lenio Streck.

O deputado Carlos Sampaio, que fora integrante do Ministério Público, entrou com um mandado de segurança no STF para exigir a cassação. O relator, ministro Paulo Brossard, que fora senador, apontou a contradição: "Mas esse poder é dos senhores. Por que querem nos delegar?". E advertiu: "Já pensou se acabarmos gostando disso?".

Innovare: o exemplo do que dá certo

Sérgio Renault
Raquel Khichfy

Penso nas coisas como são
E me pergunto por quê?
Penso nas coisas como sonho,
E me pergunto por que não?

Oscar Wilde

Em 2003, foi criada a Secretaria de Reforma do Judiciário pelo então ministro da Justiça, Márcio Thomaz Bastos, para cumprir o desafio de promover a modernização do sistema de Justiça brasileiro. Criar um órgão no Poder Executivo para tratar de questão que dizia respeito a outro Poder foi uma decisão política ousada que procurava sinalizar a importância do Judiciário para o desenvolvimento do país e o fortalecimento da democracia. O envolvimento do Executivo, as condições políticas favoráveis no Congresso Nacional e a sensibilidade das lideranças do próprio Judiciário criaram uma janela de oportunidades para mudanças estruturais relevantes.

Nesse ambiente, em 2004, promulgou-se a Emenda Constitucional nº 45 da reforma do Poder Judiciário que criou o Conselho Nacional de Justiça, e foram aprovados inúmeros projetos de alteração da legislação processual. Havia, contudo, a percepção de que o melhor funcionamento do sistema de Justiça não dependia apenas de alterações legislativas. Era necessário fomentar mudanças culturais, com a implantação de sistemas de informatização modernos, a alteração de procedimentos administrativos e a implantação de modelos alternativos de solução de conflitos e formas criativas de ampliação do acesso à Justiça.

Pesquisas, estudos e diagnósticos foram feitos com o objetivo de permitir um melhor conhecimento sobre a realidade de nosso sistema de Justiça. Verificou-se, então, que havia um vigoroso movimento silencioso em curso dentro do Judiciário capaz de promover mudanças do próprio sistema. Eram iniciativas levadas adiante pelos próprios membros do Poder Judiciário com o objetivo de eliminar gargalos, reduzir a burocracia, simplificar procedimentos e tornar suas atividades cotidianas mais eficientes, menos maçantes e mais gratificantes. Juízes, promotores e defensores públicos buscavam caminhos criativos para sair do lugar-comum, encontrar soluções simples e melhorar a prestação jurisdicional.

Nesse contexto, criou-se o Prêmio Innovare. A partir de uma ideia simples do professor Joaquim Falcão, foi concebido o projeto cujo objetivo era identificar boas práticas geradas dentro do próprio sistema de Justiça que trouxessem benefícios relevantes para o sistema, seus agentes, os jurisdicionados e, em última instância, a própria sociedade. Era a valorização da prata da casa, dos agentes do sistema de Justiça, muitas vezes as maiores vítimas de sua inoperância, sua carência de recursos e suas precárias condições de trabalho. O Innovare, desde o início, não premia ideias nem projetos, mas somente boas práticas, iniciativas que estejam em funcionamento com resultados aferíveis. A identificação e a valorização dessas iniciativas permitem com que elas sejam conhecidas e passíveis de serem replicadas em outras realidades. O resultado positivo torna-se exemplo, estimula a criatividade, encoraja o pensar diferente e elimina resistências.

O Innovare instalou-se, inicialmente, na Secretaria de Reforma do Judiciário e contou desde sempre com a participação das entidades representativas das categorias profissionais que compõem o sistema de Justiça e um corpo de jurados altamente qualificado, com ministros dos tribunais superiores, juízes, promotores, defensores públicos, advogados e professores de Direito. A parceria das entidades de classe e a credibilidade dos jurados são inegavelmente fatores de sucesso do prêmio.

Com o decorrer dos anos, o projeto desvinculou-se do Ministério da Justiça e passou a ser administrado por uma instituição autônoma, criada exatamente para esse fim, o Instituto Innovare. O órgão de direção do Instituto é seu Conselho Superior, composto dos presidentes das entidades representativas das categorias profissionais que compõem o sistema de Justiça. Em seus primeiros anos, o Conselho foi presidido pelo ministro Márcio Thomaz Bastos, que posteriormente foi sucedido nessa função pelo ministro Carlos Ayres Britto. Em 2007, o Instituto passou a ser patrocinado pelo Grupo Globo, o que permitiu maior divulgação de suas atividades por meio da TV Globo. O então presidente do conselho de administração do grupo, Roberto Irineu Marinho, teve participação determinante na decisão do patrocínio e de sua manutenção por todos esses anos. Membro do Conselho Superior, Roberto Irineu revelou uma grande sensibilidade humana e pôde contribuir concretamente para o projeto que, desde o início, prestigiou a convite de seu amigo Márcio Thomaz Bastos.

O instituto reúne ainda consultores em todos os estados do país, cuja função é realizar a importante tarefa de checar a efetiva existência da prática inscrita e ainda entrevistar seu autor. Os relatórios produzidos pelos consultores são instrumentos fundamentais para o trabalho de avaliação e julgamento das práticas feito pelos jurados. O modelo e o trabalho realizado pelos consultores são também fatores de sucesso do prêmio.

As inscrições são feitas nas categorias profissionais dos juízes, promotores, defensores e advogados, com exceção da denominada Justiça e Cidadania, em que podem se inscrever profissionais de quaisquer áreas do conhecimento. O Instituto possui hoje um banco de dados com mais de 7 mil práticas inscritas em suas edições anuais realizadas desde 2004, o qual pode ser acessado por qualquer interessado.[1]

O Innovare tornou-se, com o passar do tempo, um saudável espaço de convivência de pessoas ligadas profissionalmente aos temas do Judiciário ou simplesmente interessadas em seu melhor funcionamento. É uma agenda positiva, onde são reveladas iniciativas que promovem a melhoria de um serviço essencial que é a prestação jurisdicional. Passados quase vinte anos de sua criação, o Innovare deixou de ser apenas um prêmio para se tornar um verdadeiro indutor de políticas públicas.

O Prêmio Innovare tem como objetivo o reconhecimento e a disseminação de práticas criativas e transformadoras que se desenvolvem no interior do sistema de Justiça do Brasil, independentemente de alterações legislativas. Mais do que reconhecer, o Innovare busca identificar ações concretas que signifiquem mudanças relevantes em antigas e consolidadas rotinas e que possam servir de exemplos para serem implantados em outros locais.[2]

Da descrição do objetivo do Prêmio Innovare, é importante destacarmos o que são práticas criativas e transformadoras do sistema de Justiça do Brasil. A criatividade, segundo Walther Hermann,[3] é "um processo que envolve o cérebro como um todo, implica a habilidade de desafiar suposições, reconhecer padrões, ver de novas maneiras, fazer conexões, arriscar-se e agarrar a oportunidade". Ou seja, é a capacidade de exercitar um olhar diferente sobre as mesmas coisas. É nesse ambiente de reconhecimento e rompimento de antigos padrões para operar mudanças efetivas nos problemas enfrentados por nosso sistema judicial que se encontram as práticas premiadas pelo Prêmio Innovare. São elas a união perfeita entre a sabedoria para enfrentar o problema e a ação concreta realizada para solucioná-lo. Magistrados, membros do Ministério Público, defensores públicos, advogados públicos e privados e sociedade civil empenham-se no diagnóstico do problema a ser enfrentado e, em seguida, concretizam transformações em suas atividades laborais, tendo como norte o alcance do modelo ideal para a entrega dos serviços da Justiça. É uma iniciativa intelectual que, por meio de um procedimento braçal e tangível, torna-se uma prática existente e com poder de impactar pessoas e transformar o campo judicial. O banco de práticas do Prêmio Innovare é um acervo qualificado das práticas que já concorreram em todas as edições realizadas, sendo considerado a base criativa para o advento de outras boas práticas e uma ampliação no repertório de diagnósticos e soluções para o enfrentamento das mazelas da Justiça. Ao contrário do que muitos pensam, a criatividade não é um dom inato a algumas pessoas. A criatividade pode ser aprendida, exercitada, treinada e aprimorada. As práticas que concorrem ao Prêmio Innovare são, portanto, iniciativas que concretizam ideias com capacidade de transformar e melhorar a vida de quem precisa da Justiça. A maioria delas pode ser enxergada como verdadeiras políticas públicas, uma vez que são realizadas pelos agentes públicos no exercício de suas funções e detém grande potencial de institucionalização, isto é, grande probabilidade de serem adotadas pela alta direção dos Tribunais como ferramenta de trabalho. Algumas práticas relacionam-se mais com a jurisdição; e outras, com a gestão, o que indica um rico e diversificado número de temas que são prioritários na agenda judicial, como defesa de direitos humanos, segurança pública, adoção tardia, enfrentamento à violência doméstica, soluções alternativas de conflitos, adoção de inteligência artificial para demandas repetitivas, sustentabilidade, gestão da crise da população carcerária, aumento do acesso à Justiça, capacitação de servidores, educação em direitos e combate à corrupção, entre outros. Nas palavras do professor Rodolfo Noronha, "a observação das práticas nos informa e nos permite novas conclusões sobre as instituições judiciais, sinalizando caminhos para novas reformas, novas legislações e para tomada de decisões conscientes".[4]

As práticas são apresentadas pelos seus idealizadores para concorrer à edição em curso e logo após são visitadas pelos consultores especiais do Prêmio Innovare. Essa é uma etapa importante que confere segurança e credibilidade ao processo, uma vez que é possível reunir mais informações sobre a iniciativa, contribuindo com o livre convencimento dos jurados. A escolha das práticas vencedoras é realizada pela comissão julgadora do Prêmio, formada em sua maioria por lideranças do sistema judicial brasileiro. A participação de pessoas muito importantes no processo de escolha, somada à segurança dos relatórios produzidos pelos consultores especiais, confere legitimidade às práticas, pois se trata de uma instituição que tem como membros os presidentes das associações representativas das classes jurídicas e, como jurados, pessoas com grande respeitabilidade e conhecimento sobre o universo jurídico e social. Durante a cerimônia de premiação, realizada anualmente em dezembro na sede do Supremo Tribunal Federal, não raro escutamos as manifestações dos vencedores no sentido de que a premiação aumenta o valor e o reconhecimento do trabalho empreendido, tanto entre seus pares quanto pelas pessoas atendidas pelas práticas, tornando-se um argumento garantidor para a continuidade e, até mesmo, para a institucionalização da iniciativa.

Um fato interessante ocorrido logo após a premiação da 17ª edição do prêmio, em 2020, ilustra sobre o que estamos falando. A vencedora da categoria Justiça e Cidadania, alguns dias após a cerimônia de premiação, recebeu convite, do governador de seu estado, para liderar uma das mais importantes secretarias, aumentando a visibilidade da iniciativa premiada que, no caso, foi criada para combater o racismo estrutural. A necessidade de símbolos, como o Prêmio Innovare, que confirmem os papéis sociais dos agentes, que reforcem posições importantes nos espaços de circulação de pessoas, coloca-o no lugar de um movimento bem-vindo para a Justiça e para a sociedade brasileira.

A partir dessa simbologia e da divulgação dos efeitos positivos gerados por uma premiação, nasce um movimento natural e consciente de pessoas para a efetivação de um ciclo positivo de boas práticas, e quem ganha com isso é a sociedade brasileira em sua totalidade. A divulgação dos premiados, ano após ano, estimula o comportamento positivo dos atores do sistema de Justiça, aproximando as pessoas em um universo mais amigável e tolerável, que é algo muitas vezes inexistente na Administração Pública. Assim, propicia a construção de um ambiente melhor e mais qualitativo, a partir da tomada de consciência dos membros do sistema judicial de seu importante papel de pacificar a sociedade não somente com a prestação jurisdicional propriamente dita, mas também resolvendo os entraves típicos da Justiça brasileira, inovando com simplicidade e não esperando por demoradas alterações legislativas. A partir das vivências em suas atividades, tomam consciência do que podem fazer, e os resultados são tão impactantes e positivos para a sociedade que são dignos de prêmio. É um movimento coletivo, o mutirão de todos para alcançarmos o bem comum.

A cada ano, o desafio de premiar as melhores práticas inscritas torna-se mais difícil, pois, além da quantidade de práticas deferidas para concorrer ao prêmio — uma média de 650 por ano —, todas são qualitativamente relevantes. Por esse motivo, o Prêmio Innovare, além de indicar os vencedores, concede homenagens e destaca uma prática entre todas as inscritas que atenda ao tema corrente da edição.

Na categoria Tribunal, o Prêmio Innovare já premiou 17 práticas e já homenageou 23, como práticas institucionalizadas para a proteção da criança e do adolescente que garantem documentos de cidadania a todas as crianças por meio da expedição de um Registro de Identidade Biométrico, que facilita a localização de crianças desaparecidas ou sequestradas; e práticas que estimulam a adoção de crianças e jovens com deficiência ou com idade muito superior à normalmente desejada pelos casais que se habilitam a adotar.

Na categoria Juiz, foram 17 premiadas e 28 homenageadas. São práticas para combater a corrupção eleitoral, aproximar mães presidiárias dos filhos que aguardam o cumprimento da pena para voltar a ter contato diário com elas; regularizar a identificação de indígenas com documentos traduzidos para o português; conferir maior rapidez aos processos de pedidos de gratuidade de remédios ou internações urgentes para garantir a vida das pessoas; conciliar com a Administração Pública, no caso de execuções fiscais; e estimular a concessão de empregos aos jovens que, ao completarem dezoito anos, deixam os abrigos que vivem sem qualquer esperança de sucesso na vida que se inicia.

Na categoria Ministério Público, são 16 premiadas e 25 homenageadas. Práticas sobre inclusão de crianças deficientes no ensino regular, que permaneciam em suas residências, escondidas, em razão das dificuldades de adaptação em uma escola sem preparo para recebê-las. Práticas que atuam fortemente na preservação do meio ambiente, utilizando recursos tecnológicos para o monitoramento minuto a minuto das áreas que sofrem exploração ilegal de madeira e queimadas. Práticas que educam e combatem a corrupção por meio de palestras para crianças em escolas públicas.

Na categoria Defensoria Pública, foram 15 premiadas e 23 homenageadas até hoje, a maioria delas direcionada à proteção dos direitos humanos de pessoas, sejam elas presas em flagrantes e que se encontram vulneráveis, tanto fisicamente quanto emocionalmente, ou aquelas que já estão em regime de cumprimento de pena. Práticas muito eficientes no que diz respeito à conscientização dos direitos das pessoas hipossuficientes, especialmente mulheres em situação de violência doméstica, mulheres que sofreram violência obstétrica e simplesmente não sabem que foram vítimas de um crime, crianças e mulheres escapeladas por executarem seus trabalhos em barcos familiares da Amazônia sem o devido equipamento de proteção. Práticas que aproximam da Justiça pessoas que vivem em áreas isoladas graças ao deslocamento de defensores públicos até essas comunidades. Práticas que prestam assistência jurídica e social à população de rua da capital do Rio de Janeiro.

Na categoria Advocacia, tivemos 13 premiados e 20 homenageados entre práticas de advogados privados que perseguem incansavelmente a verdade quando todas as esperanças já não existem mais, devido a erros judiciários ou condenações injustas em razão de provas insuficientes. Advogados públicos verdadeiramente empenhados em facilitar a composição de acordo com a administração pública e que favorecem o contribuinte. Advogados que se dedicam a inspirar crianças e adolescentes ensinando o significado da Constituição Brasileira em muitas escolas públicas de São Paulo.

Na categoria Justiça e Cidadania, que recebe iniciativas da sociedade civil, temos seis premiados e sete homenageados. São práticas de professores para o combate ao racismo a partir de campanhas eficientes e de grande alcance social e territorial; práticas de médicos que previnem doenças dentro dos enormes presídios brasileiros; práticas de associações para garantir segurança e amparo a moradores de comunidades no Rio de Janeiro. Verdadeiros heróis na proteção de crianças, mulheres e homens expostos ao perigo da violência constante nesses locais.

Todas as práticas premiadas e homenageadas obedeceram ao rito da premiação, começando pela apresentação da iniciativa no portal eletrônico do Prêmio Innovare, seguida de visitas e entrevistas dos consultores especiais, pela análise dos jurados e, por fim, pela seleção das vencedoras em cada edição. A organização do Prêmio Innovare, todo ano, tem a honra de apresentar ao público um conjunto de boas práticas até então desconhecidas da maioria dos brasileiros que espelham a realidade do momento histórico do país. Espera-se que sejam disseminadas, respeitando as características próprias de cada localidade brasileira e que cumpram sua maior finalidade: tornar a Justiça mais rápida, mais acessível, mais apta a combater a impunidade e dar conta dos grandes desafios do Judiciário, apoiando nossa consolidada democracia a melhorar a vida das pessoas. O Innovare é um celeiro de boas práticas e um agente de integração nacional.

Advocacia e diversidade

Sônia Rao
Dora Cavalcanti

Todos sabiam sobre a nova rotina de Eurídice, mas ninguém ousava perguntar o que tanto ela escrevia. Foi numa noite de outubro, quando os escritos de Eurídice já estavam bastante avançados, que ela soltou entre uma e outra garfada a informação que satisfez a curiosidade da família.
"Estou escrevendo um livro. É sobre a história da invisibilidade."
O jantar seguiu em silêncio. Ninguém se importou em saber mais sobre o livro, se por acaso ela queria ver a obra publicada, se era uma história de amor ou de aventura, e quem era ela para começar a escrever assim. Havia a convicção de que Eurídice só podia ser levada a sério quando dizia que o jantar estava na mesa, ou que era hora de acordar para a escola. Seus projetos estavam confinados ao universo daquela casa.

A vida invisível de Eurídice Gusmão, Martha Batalha

O recorte temporal desse texto tem início em janeiro de 1993, quando começamos a trabalhar juntas no escritório de Márcio Thomaz Bastos, e estende-se até os dias de hoje, em que somos, respectivamente, as sócias mais seniores de nossos escritórios de advocacia criminal.

Em comum, trazíamos na bagagem a formação em escolas particulares, seguida por cinco anos de um curso de excelência na Faculdade de Direito da Universidade de São Paulo. No Largo de São Francisco, tivemos aula com expoentes de várias áreas do Direito, muitos deles advogados, em sua maioria homens. Nas áreas de Penal e Processo Penal, as referências femininas eram poucas, mas de primeira grandeza: as professoras Ada Pellegrini Grinover, Ivete Senise Ferreira e, mais tarde, Maria Thereza Rocha de Assis Moura, desde 2006 ministra do Superior Tribunal de Justiça.

Uma consulta às fotos das respectivas formaturas confirmou a lembrança que tínhamos. Em meio aos rostos ansiosos com o que o futuro traria, figuravam formandos da capital e do interior do estado, eventualmente alguns de fora de São Paulo, todos brancos.

Hoje, um passeio pela Faculdade de Direito da USP revela um corpo discente em transformação. As políticas afirmativas, em especial a aprovação da política de cotas em 2018 no Largo de São Francisco, deram conta de iniciar uma mudança na fotografia dos formandos das Arcadas que se mantinha há 190 anos. O Centro Acadêmico XI de Agosto, berço político de tantos congressistas e governantes, teve sua primeira presidente em 1998, e uma presidente negra em 2020. Isso não é pouco, principalmente quando analisamos o mercado jurídico brasileiro.

Segundo reportagem publicada no portal *Jota* em 2020, apesar de as mulheres representarem, em média, 57% do quadro de associados em escritórios de advocacia, seguem sendo minoria em cargos de chefia.[1] De acordo com um levantamento feito pela Women in Law Mentoring Brazil, em 8 de março de 2021, as mulheres representam apenas 34,9% dos sócios em escritórios no país, situação oposta, no entanto, quando olhamos para suas bases.[2]

Chamado de "teto de vidro", esse cenário de diferenças entre o topo profissional da carreira (cedido geralmente aos homens) e seus primeiros degraus — separados para as mulheres — reflete com precisão matemática a existência de barreiras sutis, mas não imperceptíveis, de obstáculos à oportunidade na carreira do gênero feminino.

Apesar de tão simples racional, no entanto, esse quadro nem de longe espelha com sinceridade a realidade no ambiente profissional. Considerando-se não somente o claro cenário de desigualdade de oportunidades entre homens e mulheres no mercado de trabalho, enraizado na cultura mundial desde os tempos em que se constituiu o que hoje se entende por *sociedade*, as inúmeras tarefas que preenchem o dia de uma mulher inquestionavelmente afastam a legítima possibilidade de competirem de "igual para igual" com os homens. Ser mulher, advogada bem-sucedida e possuidora de um alto cargo no escritório é a receita perfeita para uma vida familiar de concessões e sacrifícios.

Entretanto, os tempos estão mudando.

Embora seja extensa a lista de necessárias adaptações, nos últimos 25 anos muitas transformações ocorreram no campo da advocacia. Nos dias de hoje, pela primeira vez, a Ordem dos Advogados do Brasil possui mais profissionais do sexo feminino inscritas do que seus colegas homens: são 612.966 contra 610.981.[3] Na advocacia criminal, ainda um tanto comedida se comparada às outras áreas, contamos com 33% de mulheres aguerridas e prontas para encarar tão árdua missão.[4]

Não obstante a nítida evolução profissional das advogadas, ainda assim valem as perguntas: quantas delas fazem uso da palavra perante a Suprema Corte e com que frequência? Qual é o comparativo com os homens? Hoje, a lista dos escritórios de advocacia criminal que estampam o nome de advogadas mulheres já é tão longa que roubaria alguns parágrafos deste texto. Entretanto, ampliando minimamente os horizontes do universo restrito da elite da nossa profissão, os números incomodam e merecem reflexão.

Do ponto de vista racial, a disparidade é gritante. A desigualdade racial impera não só entre os cargos do alto escalão, mas em todos os níveis hierárquicos dos escritórios de advocacia. De acordo com uma pesquisa desenvolvida em 2016 pelo Centro de Estudos das Sociedades de Advogados, em parceria com o Centro de Estudos de Relações de Trabalho e Desigualdades, menos de 1% de todo o quadro profissional dos escritórios é composto de pessoas pretas. Ainda segundo o estudo, "nas seleções promovidas para a contratação de estagiários — principal meio de ingresso aos escritórios de advocacia — o número de candidatos negros é ínfimo ou, em alguns casos, inexistente".[5]

Segundo o último Censo do Judiciário, organizado pelo Conselho Nacional de Justiça em 2018, as mulheres são 56,6% dos servidores do sistema judiciário brasileiro, mas apenas 20% ocupam cargos de desembargadoras nos Tribunais. Em termos de raça, apenas 18% dos magistrados se declararam negros, enquanto nos Tribunais Superiores esse número cai para 1,3%.[6]

Mas não cessam aí as modalidades de discriminação e seletividade nos segmentos profissionais. Um estudo realizado pelo Center for Talent Innovation, também em 2016, indicou que 61% dos profissionais no Brasil optaram por não revelar sua orientação sexual ou por alterar o próprio comportamento no meio corporativo por receio de serem prejudicados no ambiente de trabalho.[7]

Na OAB, a realidade não é diferente. Somente em dezembro de 2020 é que o Conselho Federal aprovou a paridade de gênero e as cotas raciais de 30% na composição das chapas que disputarão as próximas eleições da entidade. Na votação no Colégio de Presidentes, que antecedeu a submissão da proposta de paridade ao conselho, o embate foi acirrado, tendo o presidente Felipe Santa Cruz dado o voto de Minerva para o desempate a favor das mulheres. Percebe-se que não será nada fácil implantar uma política de liderança mais igualitária e diversificada.

Aliás, a galeria de retratos da Ordem — povoada exclusivamente por homens — funciona como um balde de água fria sobre os anseios e sonhos dos jovens profissionais das chamadas "minorias", achatando a perspectiva de se verem falando publicamente pela classe no futuro, representando, a bem da verdade, um real incentivo às avessas à formação de novas lideranças na advocacia.

O desafio que o meio jurídico tem pela frente na construção de um mercado de trabalho mais plural e igualitário não é pequeno, mas quais são os próximos passos? Qual a reflexão diante do cenário posto a mobilizar a mudança?

A busca pela justiça é o que sustenta o exercício da advocacia criminal. É uma profissão que demanda muito comprometimento, total atenção, estudo constante. Envolve muita proximidade com o sofrimento, com o medo, com a perda. Mas também proporciona momentos de verdadeira euforia. Só os criminalistas conhecem a sensação de absoluta felicidade que a soltura de um preso proporciona.

Movida pelo horror à injustiça, a advocacia criminal não pode conviver com a maior de todas elas, o preconceito. Mesmo parecendo óbvio, infelizmente não é o que revela a realidade. Em um país que ainda convive com um vergonhoso racismo estrutural, com um sistema carcerário medieval, ocupado majoritariamente pela população preta — também sempre em maioria entre as vítimas da violência policial —, acabamos por não sentir a perplexidade que a ausência de diversidade no universo jurídico deveria causar em todos nós.

Assim é que, mesmo cientes de que vivemos em um país onde os brancos são minoria, a verdade é que nos acostumamos a frequentar escritórios e tribunais onde a presença negra, nos espaços de poder e de destaque, é mínima ou mesmo nenhuma.

Criados em ambiente de privilégios, embora acostumados a nos indignar sempre que lutamos pela liberdade, pelo direito de defesa, pelo Estado de Direito, acabamos por desenvolver uma certa indiferença diante desse cenário tão absurdo, tão contrário a tudo o que defendemos no exercício de nossa profissão.

Não existe justiça sem diversidade. Nas palavras do professor Adilson José Moreira, "uma sociedade se torna democrática na medida em que o sistema jurídico está comprometido com a proteção das liberdades individuais, com os direitos sociais e também com as práticas inclusivas".[8]

No dia a dia, muitas vezes esse comprometimento pode ser traduzido na palavra respeito, respeito pela história e pela dignidade das pessoas que estão a seu lado, e também daquelas que talvez jamais cruzem sua trajetória profissional e de vida.

Não podemos deixar de ressaltar, nessa linha, a importância das políticas afirmativas que vêm sendo implementadas no Brasil nos últimos anos, com significativa participação da comunidade jurídica. Como destacado anteriormente, quem visita hoje as universidades, por exemplo, se depara com um cenário de crescente diversidade. As políticas de cotas, que tiveram até mesmo a constitucionalidade questionada perante o Supremo Tribunal Federal,[9] são um sucesso e representam um grande avanço no sentido da inclusão.

No âmbito dos escritórios de maior porte, é possível observar o surgimento de ações afirmativas em processos seletivos e uma preocupação crescente com a criação de um ambiente de trabalho mais inclusivo.[10] Bancas renomadas têm desenvolvido ações afirmativas com o objetivo de promover a inclusão de estudantes e profissionais autodeclarados(as) pretos(as). A advogada Clarisse de Souza Rozales, ativa na causa da diversidade, vai além ao defender o projeto: "A diversidade é tudo. Quando a gente tem uma cabeça só, um jeito só, a gente só pensa de uma forma. Quanto mais pessoas envolvidas, mais a gente tem retorno".[11]

Apesar de ser um consenso, a necessidade de ampliarmos a diversidade, é preciso tirar as ideias do papel, revisar conceitos distorcidos de meritocracia e implementar políticas de impacto que mudem o retrato da advocacia brasileira. Afinal, só não gostam das cotas aqueles que nunca precisaram delas.

Não nos ocorreu jamais que advogadas não tivessem a mesma competência que advogados. Nos quinze anos em que trabalhamos juntas, a igualdade de gênero era exercitada cotidianamente, com percalços e sustos variados. De lá para cá, buscamos incentivar o desenvolvimento profissional de outras advogadas e valorizar a força que emerge dos vínculos que se estabelecem entre profissionais mulheres.

Sabemos que raça e orientação sexual tampouco influem na desenvoltura profissional de quem quer que seja. Ainda assim, as barreiras explícitas e também as invisíveis atrasam a construção de um cenário menos conservador. O sentimento de urgência é daquelas e daqueles que sonham com a mudança, que precisam da mudança.

Eu acredito na Justiça!

Roberto Irineu Marinho

"A quem e o que terá de dar uma arte que tenha o nome de Justiça?" A pergunta, lançada por Sócrates a Polemarco há quase 2.500 anos, como aparece na República de Platão, ecoa desde então como um dos maiores desafios da humanidade. Afinal, o que é a Justiça? Cada sociedade procura, segundo as crenças de seu tempo, uma definição. Tenho sido um espectador mais atento das respostas que o Brasil vem buscando para essa pergunta desde 2003. Foi quando meu saudoso e querido amigo Márcio Thomaz Bastos me convidou para participar do Prêmio Innovare, que anualmente reconhece e premia práticas que têm contribuído para a melhora na prestação da Justiça. Testemunhei notáveis evoluções no setor e acompanhei, frustrado, alguns tropeços nesse caminho. Acredito que o saldo seja extremamente positivo.

A gestão de Márcio à frente do Ministério da Justiça foi fundamental ao iniciar um processo exitoso. O Brasil vivia razoável calmaria (pelo menos para os padrões nacionais). Quase dez anos de moeda estável e sem inflação permitiam ao país sonhar com mudanças sociais mais ousadas. Márcio acreditava que era necessário realizar uma profunda reforma no Estado brasileiro em busca de eficiência — e que o Poder Judiciário seria o embrião ideal para essa reforma.

O pontapé inicial dos acontecimentos que transformariam a Justiça no Brasil foi a criação da Secretaria da Reforma do Judiciário, que teve como primeiro ocupante outro amigo de muitos anos, o advogado Sérgio Renault. A partir desse ato, Márcio negociou a aprovação da Emenda Constitucional nº 45, que criou o Conselho Nacional de Justiça e o Conselho Nacional do Ministério Público. Usou, para isso, de sua grande habilidade política e do poder de convencimento forjado por anos de tribuna na defesa dos casos mais difíceis da advocacia criminal. É preciso registrar: teve o apoio político do recém-eleito presidente Luiz Inácio Lula da Silva.

Esses acontecimentos desencadearam um intenso debate, que não se limitou ao mundo jurídico. Chocaram-se diferentes visões sobre o modelo de Judiciário que melhor atenderia ao país. De um lado, os tradicionalistas, que viam no CNJ uma intromissão descabida no funcionamento de um dos Poderes da República. Na outra frente, Márcio comandava os defensores de um Judiciário mais cioso da efetividade dos serviços que prestava. Além disso, defendia mais transparência e um olhar externo (administrativo e correcional) do CNJ sobre o funcionamento do Judiciário, especialmente no âmbito administrativo, a fim de que excessos fossem coibidos (supersalários, nepotismo, baixa produtividade, desvios de conduta de magistrados etc.). Essa discussão mobilizou o país e prolongou-se por alguns anos. Por fim, o Supremo Tribunal Federal decidiu pela constitucionalidade das atribuições do CNJ, especialmente quanto às suas funções correcionais, sendo o marco final desse litígio o julgamento no STF, em 2011, da Ação Direta de Inconstitucionalidade (ADI) nº 4.638, proposta pela Associação de Magistrados Brasileiros, que ratificou os poderes do CNJ.

A criação do CNJ e a mudança de mentalidade quanto à gestão da Justiça trouxeram avanços relevantes para a prestação jurisdicional (termo que aprendi com meus amigos juristas e que representa a Justiça distribuída à população). Foram criadas metas de desempenho para juízes e desembargadores, com efeitos importantes sobre o acervo de processos que aguardam julgamento, estabelecidas métricas para a avaliação de juízes e tribunais (não quanto à qualidade de suas decisões, assunto que diz respeito apenas à própria Justiça, mas em relação à efetividade de seu trabalho); estimulou-se a digitalização dos autos processuais de papel; e implementaram-se recursos de informática. Além disso, cresceu o rigor na avaliação correcional de desvios de conduta praticados por magistrados.

Não seria possível neste artigo uma avaliação profunda das mudanças na Justiça após a criação do CNJ. Entretanto, um olhar superficial sobre o relatório "Justiça em números" em sua edição de 2020 é revelador: embora tenha aumentado em mais de 20 milhões o número de novas ações, foram obtidos os melhores resultados da série histórica, que se iniciou em 2009. O número total de casos pendentes ainda é grande, 77 milhões, mas está em queda em relação a anos anteriores. O volume de processos encerrados em 2019 também aumentou, alcançando extraordinários 35,4 milhões. O índice de produtividade por magistrado também foi o maior da série histórica, com média de 2.107 processos baixados por magistrado. O "Justiça em números" também aponta um crescimento na digitalização da Justiça. Em 2019, nove em cada dez ações foram iniciadas em um computador. Em 2009, a relação era inversa: um a cada dez processos era digital.

Todas essas são notícias muito boas. Mas ainda há um caminho longo. É preciso adotar técnicas de *business intelligence* e de inteligência artificial para desafogar ainda mais os tribunais e reduzir o custo de seu funcionamento. Investimentos em soluções alternativas de conflitos, como conciliação, mediação e arbitragem, também terão de ser acentuados. E é preciso tornar mais previsíveis as decisões, a fim de prestigiar a jurisprudência dos tribunais superiores e desestimular aventuras judiciais. O futuro da Justiça no Brasil tem de ser aquele que a torne mais célere e eficaz.

Em paralelo a essa extraordinária transformação estrutural do Poder Judiciário que a criação do CNJ representou, o STF assumiu um papel de grande relevância na definição de temas cruciais. As transformações sociais aceleraram-se desde o início do século XXI, e a sociedade exigiu avanços no tratamento legal desses temas. Todo modelo de Justiça precisa considerar os anseios de seu tempo. O STF não se furtou a assumir essa missão. Diante da morosidade do processo legislativo em atender aos anseios da sociedade por leis mais modernas, a Suprema Corte foi instada a aplicar a Constituição a toda sorte de conflitos. Decisões como a que liberou as pesquisas com células-tronco, a que declarou não haver crime na interrupção de gestações de fetos anencefálicos e o reconhecimento legal das uniões homoafetivas são exemplos em que o STF aplicou a Constituição ao espírito dos tempos atuais, corrigindo situações que já eram enxergadas pela maioria como injustas.

No período que abordo aqui, o STF também teve um papel crucial na defesa da democracia. Em decisões e manifestações públicas de seus sucessivos presidentes, o STF foi firme em demarcar as fronteiras entre os três Poderes e não deixou dúvidas sobre a submissão que todos devem à Constituição Federal. Nossa jovem democracia, que viveu um breve momento de tranquilidade no fim dos anos 1990, sofreu desde a ocasião algumas ameaças — algumas veladas, outras mais claras. Em todas elas, o STF foi firme e não transigiu. Agiu como todos esperávamos. Enfrentamos dois processos de *impeachment* e várias e gravíssimas acusações contra presidentes da República e autoridades que frequentavam o Palácio do Planalto, e o STF soube preservar sua posição institucional de defesa da constitucionalidade com autonomia e firmeza.

Não menos importante para a consolidação da democracia foi o papel do STF na garantia das liberdades de expressão e de informação. Diversas foram as decisões da Suprema Corte que ratificaram a opção constitucional pela liberdade de manifestação do pensamento e pela livre circulação das informações de interesse da sociedade. São valores que me são especialmente caros, como jornalista e empresário de Comunicação Social. Como exemplos, podem ser citadas a declaração de inconstitucionalidade da Lei de Imprensa herdada da ditadura; a declaração de inconstitucionalidade da proibição de sátiras durante as eleições, que ficou conhecida como ADI do Humor; a decisão que declarou a inconstitucionalidade da imposição de horários para a exibição de programas de televisão, conhecida como a ADI da Classificação Indicativa; a decisão que repeliu o uso do chamado direito ao esquecimento como obstáculo para a livre divulgação de informações; e a conhecida ADI das Biografias, na qual a Corte consagrou a liberdade de divulgação de informações biográficas, independentemente de autorização do biografado. É desta última decisão a célebre frase da ministra Cármen Lúcia, que se tornou um grito de guerra contra a censura de qualquer natureza: "Cala boca já morreu!".

É um histórico de decisões tão extenso e contundente que demostra o quanto o Supremo tem honrado seu dever de zelar pelas liberdades garantidas por nossa Carta.

Também no campo do combate à corrução, o período desde o começo do século XXI trouxe grandes avanços para a Justiça brasileira. Havia entre nós a triste certeza de que ricos e poderosos não eram jamais punidos por seus desvios, e por muito tempo a corrupção grassou impune, depauperando as finanças públicas e corroendo moralmente o país. Se é certo que ela não morreu e há muito ainda a ser feito, é preciso reconhecer que a história recente nos premiou com acontecimentos nunca vistos por aqui. Primeiramente, com o desmantelamento do esquema de corrupção que ficou conhecido como Mensalão, que levou à prisão várias figuras políticas poderosas e alguns empresários. Em seguida, com a Lava Jato, uma das maiores operações de combate à corrupção de que se tem notícia no mundo, e que também resultou na prisão de inúmeros políticos e empresários. Embora esta última enfrente uma onda revisionista no momento em que escrevo este artigo, acredito que o período será lembrado pela história como um momento de evolução civilizatória no país. É certo que precisamos encontrar um equilíbrio entre a atitude intolerante com o desvio de dinheiro público e o direito de defesa, que também é uma garantia constitucional, mas espero que isso seja feito sem que tenhamos que abandonar os avanços recentemente alcançados. A corrupção é uma chaga contra a qual todos devemos nos unir.

Todos esses acontecimentos demonstram, a meu ver, que os últimos vinte anos foram um período rico e de muitas realizações para a Justiça brasileira. Acredito que hoje ela é melhor e mais eficiente do que era no começo desse ciclo. Sempre será necessário fazer mais, mas é preciso reconhecer o caminho percorrido.

Voltando ao ano de 2003, e ao Prêmio Innovare, a iniciativa teve como idealizadores o próprio Márcio Thomaz Bastos e o jurista Joaquim Falcão, meu amigo de longa data. O Innovare é uma dessas joias com as quais raramente nos deparamos. Foi o produto de um momento histórico peculiar, no qual pessoas de grande valor e bons ideais se reuniram para viabilizar um projeto que se destinava, e se destina, unicamente a fazer o bem. Não são premiadas ideias, mas projetos em andamento, com resultados práticos aferíveis, que beneficiem pessoas reais.

O Innovare ratificou meu encantamento com a riqueza e a diversidade da população brasileira — e com o espírito de solidariedade e empreendedorismo de nosso povo. A cada ano, recebe centenas de inscrições de todos os estados do Brasil. São juízes, desembargadores, promotores, defensores, advogados ou pessoas sem formação jurídica que se dedicam a melhorar a vida de outros brasileiros por meio das mais diversas iniciativas. Em comum, todas elas têm o fato de que ocorrem espontaneamente e sem o recebimento de qualquer contrapartida: apenas pelo prazer de fazer o bem.

No Innovare, vi práticas, vindas de Roraima até o Rio Grande do Sul, que buscavam eficiência administrativa para reduzir o tempo de duração dos processos e tornar a Justiça mais célere, mas vi, principalmente, a Justiça sair dos gabinetes e ir aonde estão os mais necessitados, nos casebres das favelas, nas palafitas à beira dos rios e nas desumanas penitenciárias de nosso país. Vi o socorro às pobres meninas escalpeladas pelos eixos dos barcos na região Norte, a Justiça Itinerante levando documentos, fazendo casamentos e divórcios nos grotões e dando cidadania a pessoas até então "invisíveis". Vi convênios que facilitam a obtenção de remédios para os necessitados, projetos que ajudam aqueles que foram condenados injustamente e não tiveram defesa adequada para provar sua inocência. Vi os que já tinham cumprido integralmente suas penas e mesmo assim permaneciam presos alcançarem novamente a liberdade. Vi iniciativas que dão assistência aos filhos de mães encarceradas. Enfim, no Innovare, tomei conhecimento de uma realidade que nega o próprio conceito de justiça, mas pude ver também a própria Justiça procurando corrigir essa realidade. Vi a natureza humana naquilo que ela tem de mais belo: o amor pelo próximo.

Também no Innovare fiz grandes amigos. Conheci pessoas sérias e dedicadas a seus ofícios: ministros do Supremo Tribunal Federal e do Supremo Tribunal de Justiça, juízes, desembargadores, promotores, defensores públicos e advogados. Durante muitos anos, testemunhei o esforço dessas pessoas para harmonizar sua difícil agenda com a avaliação das centenas de práticas inscritas a cada ano na premiação. Nas reuniões de julgamento, tive o prazer de assistir a debates acalorados, nos quais essas grandes autoridades, acostumadas a decidir as questões que definem os destinos do país, defendem apaixonadamente as práticas que escolheram. Fazem isso com genuíno interesse e aquele sentimento de justiça que deve mover os verdadeiros juízes. Ao final das reuniões, compartilhávamos a antecipação do prazer de ver aqueles profissionais que inscreveram suas práticas recompensados na cerimônia de premiação. Seus rostos felizes e orgulhosos de receber o troféu de um ministro do STF ou do STJ, certos de que com o prêmio viria também o reconhecimento de seus pares.

Muitas práticas, depois de ganharem notoriedade no mundo jurídico em razão do Innovare, foram reproduzidas em outras regiões do país e puderam beneficiar outras pessoas. É essa a virtude principal da premiação.

Ao longo desses anos, o Innovare foi para mim um filtro humanista, por meio do qual passei a enxergar de forma diferente as pessoas que produzem cotidianamente o que chamamos de justiça. Seus erros e fraquezas eventuais tornaram-se mais humanos, como são a meus olhos meus próprios erros e fraquezas. Suas virtudes ganharam um colorido especial. Entendi que, assim como nós, da Comunicação, eles também contam histórias. E, diariamente, tocam a vida de pessoas reais.

Sei que os desafios que se apresentam para nosso país são extraordinários e demandam grande esforço e união de todos. Tenho confiança de que a Justiça de nosso país estará à altura desse desafio e dará à pergunta do filósofo, que ecoa há milênios e nos inquieta, a melhor resposta que nossa civilização pode dar.

Uma resposta universal, ao garantir os direitos de todo e qualquer homem, mas também brasileira, atenta às nossas especificidades.

Sociedades só são capazes de viver felizes e em paz quando todos concordam em se submeter a leis legítimas, aplicadas de forma isenta. Essa é uma definição simples, mas verdadeira, de democracia.

Eu acredito na Justiça porque venero a democracia.

Os autores

Adriana Cruz é mestre em Direito Constitucional e Teoria do Estado pela Pontifícia Universidade Católica do Rio de Janeiro (PUC-Rio) e doutora em Direito Penal pela Universidade do Estado do Rio de Janeiro (Uerj) Juíza titular da 5ª Vara Federal Criminal do Rio de Janeiro, é também professora de Direito Penal na PUC-Rio.

Alberto Zacharias Toron é advogado criminalista, mestre e doutor em Direito Penal pela Universidade de São Paulo (USP), professor de Direito Processual Penal na Fundação Armando Alvares Penteado (Faap), ex-presidente do Instituto Brasileiro de Ciências Criminais (IBCCRIM) e ex-diretor federal da Ordem dos Advogados do Brasil (OAB).

Andréa Pachá é desembargadora do Tribunal de Justiça do Rio de Janeiro (TJRJ) e presidente do Comitê de Gênero do TJRJ e do Fórum de Direito, Arte e Cultura da Escola de Magistratura do Estado do Rio de Janeiro. Ouvidora do TJRJ de 2013 a 2018, foi membro do Conselho Nacional de Justiça de 2007 a 2009 e responsável pela criação do Cadastro Nacional de Adoção e pela implantação das Varas de Violência Contra a Mulher em todo o Brasil, pelo que recebeu do Senado o Diploma Mulher Bertha Lutz. Foi vice-presidente da Associação de Magistrados Brasileiros (AMB) e da Associação de Magistrados do Rio de Janeiro (Amaerj). Graduada pela Universidade do

Estado do Rio de Janeiro e mestre em Direitos Humanos e Saúde Pública pela Fundação Oswaldo Cruz. Escritora finalista do Prêmio Jabuti, participa do Prêmio Innovare desde a primeira edição.

Antonio Cláudio Ferreira Netto é advogado, graduado pela Universidade do Estado do Rio de Janeiro e, desde 2008, diretor jurídico do Grupo Globo e diretor-executivo do Instituto Innovare.

Antonio Fernando de Souza é bacharel em Direito pela Universidade Federal do Paraná (UFPR). Foi membro do Ministério Público Federal, inicialmente como procurador da República e, posteriormente, como subprocurador-geral da República. Foi procurador-geral da República, procurador-geral eleitoral e presidente do Conselho Nacional do Ministério Público (CNMP). Exerceu, em diversos períodos, o magistério superior.

Carlos Ayres Britto é mestre e doutor em Direito Constitucional pela Pontifícia Universidade Católica de São Paulo (PUC-SP). Atua como professor dos cursos de mestrado e doutorado da Uniceub e é membro da Academia Brasileira de Letras Jurídicas e da Academia Internacional de Direito e Economia. Foi ministro e presidente do Supremo Tribunal Federal (STF), do Tribunal Superior Eleitoral (TSE) e do Conselho Nacional de Justiça (CNJ).

Cármen Lúcia Antunes Rocha é graduada em Direito pela Pontifícia Universidade Católica de Minas Gerais (PUC Minas). Obteve o título de mestre em Direito Constitucional pela Faculdade de Direito da Universidade Federal de Minas Gerais (UFMG). É professora titular da PUC Minas. Em 2006, tomou posse no cargo de ministra do Supremo Tribunal Federal , na vaga decorrente do então ministro Nelson Jobim, tendo sido aprovada pelo Senado Federal e nomeada pelo presidente da República.

Daniel Sarmento é advogado, professor titular de Direito Constitucional da Universidade do Estado do Rio de Janeiro, além de mestre e doutor em Direito Público pela mesma instituição, tendo sido pesquisador visitante da

Universidade de Yale. Integrou o Ministério Público Federal e coordena a Clínica de Direitos Fundamentais da Uerj.

Daniel Vianna Vargas é juiz-instrutor do Superior Tribunal de Justiça, juiz-auxiliar do Tribunal Superior Eleitoral e mestre pela Universidade do Estado do Rio de Janeiro, onde atualmente conclui o doutorado.

Dora Cavalcanti é graduada pela Faculdade de Direito da Universidade de São Paulo em 1994. É diretora-fundadora do Innocence Project Brasil, que tem o compromisso de exonerar pessoas condenadas injustamente e de promover o aperfeiçoamento do sistema de Justiça Criminal brasileiro. É também conselheira nata do Instituto de Defesa do Direito de Defesa, organização voltada a promover o acesso à Justiça e a fortalecer o direito à ampla defesa que ajudou a criar em 1990.

Felipe de Santa Cruz Oliveira Scaletsky é advogado e presidente do Conselho Federal da Ordem dos Advogados do Brasil.

Felipe Recondo é jornalista, formado pela Universidade de Brasília (UnB). É sócio-fundador do portal *Jota*, um dos mais importantes *sites* de notícias e artigos sobre a Justiça brasileira, e escritor.

Grace Mendonça é mestre em Direito Constitucional, especializada em Direto Processual Civil. Foi advogada-geral da União entre 2016 e 2018 e é membro-consultora da Comissão de Estudos Constitucionais do Conselho Federal da Ordem dos Advogados do Brasil. Desde 2016, faz parte da comissão julgadora do Prêmio Innovare.

Gustavo Binenbojm é professor titular da Faculdade de Direito da Universidade do Estado do Rio de Janeiro e doutor e mestre em Direito Público pela mesma instituição, além de *Master of Laws* pela Yale Law School. Atua como procurador do estado do Rio de Janeiro e é membro da Comissão de Estudos Constitucionais do Conselho Federal da Ordem dos Advogados do Brasil (OAB).

Heraldo Pereira é jornalista desde 1978. Advogado, com especialização em Direito Público pelo Instituto Brasileiro de Ensino, Desenvolvimento e Pesquisa, é mestre em Direto Constitucional pela Universidade de Brasília (UnB).

Iberê de Castro Dias é juiz titular da Vara da Infância e Juventude Protetiva do município de Guarulhos. Vencedor do Prêmio Innovare pelas práticas "Adote um boa noite" e "Trampo justo". É membro da comissão julgadora do Prêmio Innovare desde 2020.

Igor Sant'Anna Tamasauskas é advogado e doutor em Direito de Estado.

Ives Gandra da Silva Martins Filho é ministro do Tribunal Superior do Trabalho (TST), mestre em Direito pela Universidade de Brasília e doutor pela Universidade Federal do Rio Grande do Sul (UFRGS).

Joaquim Falcão é membro da Academia Brasileira de Letras (ABL), professor de Direito Constitucional da Fundação Getulio Vargas (RJ) e conselheiro da Transparência Internacional. Graduado em Direito pela Pontifícia Universidade Católica do Rio de Janeiro , é mestre em Direito pela Harvard Law School, onde foi pesquisador visitante, e doutor em Educação pela Universidade de Genebra.

José Antonio Dias Toffoli é ministro do Supremo Tribunal Federal desde 2009. Presidiu o STF e o Conselho Nacional de Justiça entre setembro de 2018 e setembro de 2020.

José Carlos Cosenzo é presidente do Conselho Superior do Ministério Público e procurador de Justiça do estado de São Paulo. Foi presidente da Associação Nacional dos Membros do Ministério Público (Conamp) e é membro da comissão julgadora do Prêmio Innovare.

Luciana Yeung é professora associada e coordenadora do Núcleo de Análise Econômica do Direito do Insper, fundadora e ex-presidente da Associação

Brasileira de Direito e Economia, diretora da Associação Latino-americana e Ibérica de Direito e Economia e editora-chefe da *Revista de análise econômica do Direito*.

Luis Felipe Salomão é ministro do Superior Tribunal de Justiça ministro do Tribunal Superior Eleitoral e corregedor-geral eleitoral.

Luís Roberto Barroso é ministro do Supremo Tribunal Federal, além de presidente do Tribunal Superior Eleitoral. Também atua como professor titular de Direito Constitucional na Universidade do Estado do Rio de Janeiro e é *senior fellow* na Harvard Kennedy School.

Luiz Fux é presidente do Supremo Tribunal Federal e ex-presidente do Tribunal Superior Eleitoral. Atua como professor livre-docente em Processo Civil na Faculdade de Direito da Universidade do Estado do Rio de Janeiro, mesma instituição pela qual é doutor em Direito Processual Civil. É membro da Academia Brasileira de Letras Jurídicas e da Academia Brasileira de Filosofia.

Márcio Chaer é empresário e jornalista. É diretor da empresa que produz o *site* Consultor Jurídico e da consultoria Original 123. Trabalhou nos jornais *Folha de S. Paulo*, *Gazeta Mercantil*, *Jornal do Brasil* e *Jornal da Tarde* e nas revistas *Veja*, *Exame*, *Playboy* e *IstoÉ*.

Marcos Lisboa é doutor em Economia pela Universidade da Pensilvânia e presidente do Insper. Atuou como diretor executivo do Itaú Unibanco, foi presidente do Instituto de Resseguros do Brasil e atuou como secretário de Política Econômica do Ministério da Fazenda de 2003 a 2005. Foi professor assistente de Economia na Escola Brasileira de Economia e Finanças da Fundação Getulio Vargas entre 1998 e 2002 e, anteriormente, como professor assistente de Economia no departamento de Economia da Universidade de Stanford.

Maria Tereza Aina Sadek é doutora em Ciência Política pela Universidade de São Paulo, com pós-doutorado pela Universidade da Califórnia e pela

Universidade de Londres. Atualmente, é colaboradora da Fundação Getulio Vargas (RJ), pesquisadora sênior, diretora de pesquisas do Centro Brasileiro de Estudos e Pesquisas Judiciais e professora na USP. Sua área de concentração é a Teoria Política, com foco em Poder Judiciário, Ministério Público, Defensoria Pública, acesso à Justiça, Constituição, Justiça e democracia.

NELSON JOBIM é advogado e bacharel em Ciências Jurídicas e Sociais pela Universidade Federal do Rio Grande do Sul. É ministro aposentado do Supremo Tribunal Federal, ex-presidente do STF, do Conselho Nacional de Justiça e do Tribunal Superior Eleitoral. Foi ministro de Estado da Defesa e de Estado da Justiça, além de deputado federal pelo PMDB-RS por dois mandatos, além de ter atuado como professor de Direito na Universidade Federal de Santa Maria (UFSM), na Universidade de Brasília, nas Escolas da Magistratura da Associação de Juízes do Rio Grande do Sul e no Ministério Público do Rio Grande do Sul.

PAULO FURQUIM DE AZEVEDO é professor-titular do Insper, onde também coordena o Centro de Regulação e Democracia. É graduado em Administração Pública, pela Fundação Getulio Vargas e mestre e doutor em Economia, pela Faculdade de Economia e Administração da Universidade de São Paulo (FEA-USP). Foi professor visitante no Massachusetts Institute of Technology (MIT) e pesquisador-visitante na Universidade da Califórnia — Berkeley. Foi conselheiro do Conselho Administrativo de Defesa Econômica, bem como professor da Escola de Economia da FGV-SP, da USP-Ribeirão Preto e da Ufscar. É bolsista de Produtividade do CNPq, tendo sido também parecerista e membro de conselhos editorais de diversas revistas científicas. Já coordenou projetos temáticos junto à FAPESP, na área de instituições de mercado, junto ao Inter-American Development Bank na área de políticas de desenvolvimento e ao Centro de Estudos Educação e Sociedade e Conselho Nacional de Justiça, na área de Estudos Empíricos em Direito.

PEDRO FREITAS foi diretor jurídico de algumas das maiores empresas globais brasileiras líderes em mineração, logística, telecomunicações, construção e desenvolvimento de projetos em energia, transportes, aeroportos e portos. Foi sócio-gestor da Veirano Advogados e também membro de seu conselho de administração. É membro-fundador e vice-presidente do Instituto Innovare e, em 2017, foi eleito para o Conselho da Fundação Renova, que cuida da recuperação de áreas impactadas pelo acidente da barragem de rejeitos da mineradora Samarco, em Minas Gerais e no Espírito Santo.

Pedro Paulo Lourival Carriello é defensor público do Estado do Rio de Janeiro, atuando na representação dos tribunais superiores. Foi presidente da Associação dos Defensores Públicos do Rio de Janeiro entre 2004 e 2005.

Pierpaolo Bottini é advogado e livre-docente de Direito Penal da Universidade de São Paulo. Esteve à frente da Secretaria de Reforma do Judiciário do Ministério da Justiça e do Departamento de Modernização Judiciária do mesmo órgão. Foi membro efetivo do Conselho Nacional de Política Criminal e Penitenciária e da Comissão de Juristas instituída na Câmara dos Deputados para a revisão da Lei de Drogas. É Coordenador do Observatório de Liberdade de Imprensa do Conselho Federal da Ordem dos Advogados do Brasil.

Raquel Khichfy é advogada e coordenadora do Instituto Innovare desde 2004.

Renato Campos Pinto de Vitto é defensor público do estado de São Paulo. Foi assessor da Secretaria de Reforma do Judiciário, procurador do estado de São Paulo, diretor-geral do Departamento Penitenciário Nacional e assessor-chefe do Departamento de Monitoramento e Fiscalização do Conselho Nacional de Justiça durante a gestão Cármen Lúcia.

Roberto Irineu Marinho é vice-presidente do conselho de administração do Grupo Globo, um conglomerado de empresas líderes no mercado brasileiro de mídia e entretenimento. Iniciou a carreira no jornal *O Globo*, onde trabalhou em várias áreas, desde aprendiz de linotipista a repórter, até ser promovido a diretor. Em 1978, foi indicado a vice-presidente executivo da TV Globo. Em 1990, tornou-se vice-presidente do Grupo Globo e, a partir de agosto de 2003, após o falecimento do Dr. Roberto Marinho, seu presidente, cargo que exerceu até janeiro de 2018. Atualmente, é vice-presidente do Grupo Globo. Roberto Irineu Marinho nasceu em 1947 e é casado e pai de quatro filhos.

Sebastião Botto de Barros Tojal é advogado e doutor em Direito do Estado e professor da Faculdade de Direito da Universidade de São Paulo.

Sérgio Rabello Tamm Renault é advogado, foi secretário da Reforma do Judiciário de 2003 a 2005 e é presidente do Instituto Innovare.

Sônia Rao é advogada criminal e sócia do escritório Ráo & Lago Advogados. Formada em Direito pela Universidade de São Paulo, integrou a Comissão de Direitos Humanos e de Prerrogativas da Seccional Paulista da Ordem dos Advogados do Brasil e o Conselho Deliberativo do Instituto de Defesa do Direito de Defesa. Foi conselheira da Associação dos Advogados de São Paulo e da Associação dos Advogados Criminais de São Paulo.

Notas

Conselho Nacional de Justiça e seus indicadores: um debate interminável – *Nelson Jobim*

1. A isonomia assegura que todas as pessoas são iguais perante a lei.
2. Emenda Constitucional (EC) é a forma prevista para alteração de dispositivos do texto constitucional. Tendo em vista que a Constituição brasileira é classificada como rígida, o procedimento para sua reforma tem regras mais complexas, se comparado ao procedimento de criação e alteração das demais leis.
3. Controle de constitucionalidade de uma lei, a partir do caso concreto e exercitado por qualquer juiz ou Tribunal.
4. Declara a inconstitucionalidade de uma lei em tese, independentemente de um caso concreto.
5. Sistema Judiciário Nacional: Indicadores Estatísticos

   1. Insumos dotações e graus de utilização

   Gastos

   1.1. Porcentagem do gasto do Sistema Judicial (SJ) sobre o Produto Interno Bruto (PIB)

$$G_1 = \frac{SJ}{PIB}$$

   Em que

   SJ ⇨ Gasto total do SJ

   PIB ⇨ Nacional e de cada estado

A apuração abrangerá cada uma das estruturas do SJ (Magistratura, Ministério Público e Defensoria Pública, estaduais e federais), por estados, regiões e federal.

1.2. Porcentagem do gasto do SJ sobre o gasto público total

$$G_2 = \frac{SJ}{GT}$$

Em que

SJ ⇨ Gasto total do SJ

GT ⇨ Gasto público total (federal, estadual e municipal)

A apuração abrangerá cada uma das estruturas do SJ (Magistratura, MP e DP, estaduais e federais), por estados, regiões e da federação.

1.3. Porcentagem do gasto do SJ com pessoal

$$G_3 = \frac{P_{rh}}{SJ}$$

Em que

P_{rh} ⇨ Gasto total com pessoal no SJ

SJ ⇨ Gasto total do SJ

A apuração abrangerá cada uma das estruturas do SJ (Magistratura, MP e DP, estaduais e federais), por estados, regiões e federal.

1.4. Porcentagem do gasto do SJ com bens e serviços

$$G_4 = \frac{B_S}{SJ}$$

Em que

B_S ⇨ Gasto total com bens e serviços do SJ

SJ ⇨ Gasto total do SJ

A apuração abrangerá cada uma das estruturas do SJ (Magistratura, MP e DP, estaduais e federais), por estados, regiões e federal.

1.5. Porcentagem do gasto do SJ por habitante

$$G_5 = \frac{SJ}{h_1}$$

Em que

SJ ⇨ Gasto total do SJ

h_1 ⇨ Número de habitantes da região analisada

A apuração abrangerá cada uma das estruturas do SJ (Magistratura, MP e DP, estaduais e federais), por estados, regiões e da federação.

Integrantes

1.6. Juízes por 100 mil habitantes, com diferenciação de gênero

$$G_6 = \frac{M_{ag}}{h_2}$$

Em que

M_{ag} ⇨ Número de magistrados da região analisada

h_2 ⇨ Número total de habitantes da região analisada dividido por 100.000

1.7. Pessoal auxiliar por 100 mil habitantes

$$G_7 = \frac{P_{aux}}{h_2}$$

Em que

P_{aux} ⇨ Total de pessoal auxiliar

h_2 ⇨ Número total de habitantes da região analisada dividido por 100.000

1.8. Advogados por 100 mil habitantes

$$G_8 = \frac{A_d}{h_2}$$

1.9. Promotores públicos por 100 mil habitantes

$$G_9 = \frac{P_{rp}}{h_2}$$

1.10. Defensores públicos por 100 mil habitantes

$$G_{10} = \frac{D_p}{h_2}$$

1.11. Estudantes de Direito ingressados por 100 mil habitantes

$$G_{11} = \frac{e_d}{h_2}$$

Remuneração

1.12. Remuneração média

$$Rm = \frac{F_p}{P_e}$$

Em que

F_p ⇨ Folha de pagamento total do SJ

P_e ⇨ Número total de integrantes do SJ

Obs.: A apuração abrangerá cada uma das estruturas do SJ (Magistratura, MP e DP, estaduais e federais), por estados, regiões e federal.

1.13. Remuneração média sobre renda *per capita*

$$R_{R/r} = \frac{R_m}{r_{pc}}$$

Em que

$R_{R/r}$ ⇨ Relação entre retribuição e renda

R_m ⇨ Retribuição média por estado, região e nacional

r_{pc} ⇨ Renda *per capita*

A apuração abrangerá cada uma das estruturas do SJ (Magistratura, MP e DP, estaduais e federais), por estados, regiões e federal.

<u>Recolhimentos</u>

1.14. Recolhimento de taxas sobre gastos do Judiciário

$$I_1 = \frac{T}{SJ}$$

Em que

T ⇨ Taxas recolhidas

SJ ⇨ Gasto total SJ por estado, região e federal

1.15. Recolhimento de multas sobre gastos do Judiciário

$$I_2 = \frac{m}{SJ}$$

Em que

M ⇨ Multas por estado, região e federal

1.16. Outros recolhimentos sobre gastos do Judiciário

$$I_3 = \frac{i}{SJ}$$

Em que

I ⇨ Recolhimentos diversos, por estado, região e federal

<u>Informática</u>

1.17. Órgãos com plena dotação de computadores

$$e_1 = \frac{j_{\inf}}{j_t}$$

Em que

j_{inf} ⇨ Órgãos com parque computacional completo

j_t ⇨ Número total de órgãos do Judiciário, por estado, região e federal

1.18. Órgãos com gestão processual informatizada

$$e_2 = \frac{j_{sis}}{j_t}$$

Em que

j_{sis} ⇨ Órgãos com sistema informatizado para gestão processual, por estado, região e federal

<u>Área física</u>

1.19. Superfície média (ocupação de área em m^2)

Será calculada individualmente para cada corte, estratificando por estado, região, nacional, primeiro e segundo graus, superiores e o STF.

2. Litigiosidade e carga de trabalho

2.1. Casos novos por 100 mil habitantes

$$C_1 = \frac{CN}{h_2}$$

Em que

CN ⇨ Casos novos (processos entrados no ano) nas diversas estruturas do SJ

2.2. Casos novos por juiz

$$C_2 = \frac{CN}{M_{ag}}$$

2.3. Taxa de crescimento de casos

Análise de série histórica da demanda jurisdicional de cada corte utilizando diversos parâmetros de pesquisa, como região, estado, ramo de Justiça e outros. Comparação por gráficos e definição de pontos de inflexão.

Para o STF, será calculada e apresentada graficamente a taxa de crescimento mensal pelos dez assuntos mais frequentes, por ramo de Justiça e por estado de origem.

2.4. Carga de trabalho

$$\kappa = \frac{CP + CN - D}{M_{ag}}$$

Em que

⇨ Carga de trabalho;

CP ⇨ Casos pendentes (saldo de processos do ano anterior)

CN ⇨ Casos novos processos entrados no ano)

D ⇨ Desistências

Obs.: Nas várias estruturas do SJ.

2.5. Taxa de congestionamento

$$\Gamma = \frac{CP + CN - D}{D_f}$$

Em que

Γ ⇨ Taxa de congestionamento

D_f ⇨ Número de decisões finais

Obs.: Nas várias estruturas do SJ.

2.6. Taxa de recorribilidade

$$\tau = \frac{P_{1^a}}{P_{R\grave{a}2^a}} \qquad \upsilon = \frac{P_{R1^a}}{P_{STF}}$$

Em que

τ ⇨ Taxa de recurso

P_{1^a} ⇨ Processos julgados

$P_{R\grave{a}2^a}$ ⇨ Recursos

Aplicável do primeiro ao segundo grau; do segundo grau aos Tribunais Superiores e ao STF; e dos Tribunais Superiores ao STF.

2.7. Taxa de provimento de recursos

$$\rho = \frac{R_j}{R_p}$$

Em que

ρ ⇨ Taxa de provimento de recurso

R_j ⇨ Recursos julgados

R_p ⇨ Recursos providos

Aplicável a todos os graus recursais.

3. Acesso à Justiça

3.1. Gasto com justiça gratuita sobre o PIB

$$A_1 = \frac{JG}{PIB}$$

3.2. Gasto com justiça gratuita sobre gasto público total

$$A_2 = \frac{JG}{GT}$$

3.3. Gasto com justiça gratuita sobre gasto do Poder Judiciário

$$A_3 = \frac{JG}{SJ}$$

3.4. Gasto com justiça gratuita por habitante

$$A_4 = \frac{JG}{h_1}$$

3.5. Gasto com justiça gratuita sobre casos totais por matéria

$$A_5 = \frac{JG}{CT}$$

3.6. Gasto com justiça gratuita por tipo

$$A_6 = \frac{JG}{M_{at}}$$

Em que

M_{at} ⇨ Total de casos em cada matéria jurídica

6. Resolução é a norma jurídica destinada a disciplinar assuntos do interesse interno do Congresso Nacional.

7. A Ação Direta de Inconstitucionalidade (ADI) tem por finalidade declarar que uma ação é inconstitucional, ou seja, contraria a Constituição Federal.

8. O desembargador é o juiz de Segunda Instância, que julga os processos que não tiveram solução finalizada no primeiro julgamento, podendo acatar a decisão anterior ou modificá-la.

9. Os juízes de primeiro grau julgam os processos pela primeira vez. Os juízes de segundo grau são os desembargadores, que julgam os processos que não tiveram solução finalizada no primeiro julgamento.

10. A AMB, apesar de seu nome, é uma associação da magistratura estadual. A magistratura da União tem suas próprias associações: a Associação de Juízes Federais (Ajufe) e a Associação Nacional da Magistratura do Trabalho (Anamatra).

11. O STF tem vedação ao nepotismo em seus quadros desde 1985 (Regimento Interno, artigo 357, Emenda Regimental 2 — hoje §2º do artigo 357).

12. A Ação Declaratória de Constitucionalidade (ADC ou ADCON) controla a constitucionalidade e busca declarar que determinada lei seja declarada de forma efetivamente constitucional.

Transparência e Poder Judiciário – *Cármen Lúcia Antunes Rocha e Maria Tereza Aina Sadek*

1. A constitucionalidade verifica se leis e atos normativos estão de acordo com a Constituição Federal ou Estadual.

2. Leal, Victor Nunes. Coronelismo, enxada e voto. São Paulo: Alfa Omega, 1975. p. 13, nota 45.

3. Inc. XIV do artigo 5º.

4. Inc. XIV do artigo 5º.

5. Artigo 220

6. Inciso II do artigo 206.

7. Inciso II do artigo 1º da Constituição de 1988.

8. Incisos XIV e XXXIV do artigo 5º da Constituição do Brasil.

9. Artigo 93, inciso IX.

10. Artigo 113, inciso 35.

11. FAGUNDES, Miguel Seabra. *O controle dos atos administrativos pelo Poder Judiciário.* São Paulo: Saraiva, 1984. p. 309.

12. Correição é a atividade pela qual o corregedor inspeciona, corrige e retifica as atividades dos cartórios e varas do Poder Judiciário.

13. Jurisprudência é o conjunto de decisões e interpretações das leis feitas pelos Tribunais Superiores, adaptando as normas às situações de fato.

14. REDESCOBRIR. Intérprete: Gonzaguinha. Compositor: Gonzaguinha. In: COISA mais maior de grande — pessoa. EMI, 1981, 1 vinil.

A Justiça especializada e a experiência da Justiça do Trabalho – *Ives Gandra da Silva Martins Filho*

1. São Paulo: LTr Editora, 2000.

2. São Paulo: LTr Editora, 2011.

3. É na primeira instância onde, normalmente, se inicia o processo judicial; o local em que atuam os juízes de primeiro grau que produzem sentenças.

4. A Segunda Instância é marcada pela decisão de um colégio de desembargadores, que apreciam os recursos que buscam modificar ou manter as decisões dos juízes da Primeira Instância. Já a Instância Superior é popularmente conhecida como Terceira Instância, devido à possibilidade de as ações serem revistas novamente em caso de novos recursos, o que se entende que o Superior Tribunal de Justiça (STJ), o Tribunal Superior do Trabalho (TST), o Tribunal Superior Eleitoral (TSE) e o Superior Tribunal Militar (STM) compõem uma Instância acima da Segunda.

O poder investigatório do Ministério Público – *José Carlos Cosenzo*

1. Direitos difusos são os direitos de pessoas indeterminadas e ligadas por circunstâncias de fato, como, por exemplo, o direito da humanidade a respirar ar puro.
2. Corpo de membros do Ministério Público.
3. Teoria segundo a qual o Ministério Público precisa ter no mínimo um indício de suspeita para levar uma investigação adiante.
4. Art. 4º, § único, 40 e 46, § 2º do Código de Processo Penal.
5. Que está em posição superior a uma lei ordinária.
6. Garantia constitucional concedida aos magistrados e membros do Ministério Público de não serem transferidos, salvo por relevante interesse público.

A proteção dos vulneráveis e a Defensoria Pública – *Pedro Paulo Lourival Carriello e Renato Campos Pinto De Vitto*

1. Conforme discurso proferido na cerimônia de assinatura. Disponível em: https://www.conjur.com.br/2003-abr22/leia_discurso_lula_assinar_convenio_es?pagina=2. Acesso em: 8 jun. 2021.
2. Disponível em: https://bibliotecadigital.seplan.planejamento.gov.br/bitstream/handle/iditem/192/ Diag_defensoria.pdf?sequence=3&isAllowed=y. Acesso em: 8 jun. 2021.

Advocacia Pública no Brasil – *Grace Mendonça*

1. Conforme previsto na Constituição de 1967, art. 138, §2º: "A União será representada em Juízo pelos Procuradores da República, podendo a lei cometer esse encargo, nas Comarcas do interior, ao Ministério Público local".
2. Como inserto no artigo 3º Decreto nº 93.237/1986. Ademais, o §1º do artigo 3º também incluía no âmbito da Advocacia Consultiva da União os órgãos jurídicos dos Gabinetes Militar e Civil da Presidência da República e da Secretaria-Geral do Conselho de Segurança Nacional e do Serviço Nacional de Informações.
3. A Lei Complementar nº 73/1993 dispõe sobre as funções institucionais e a organização da Advocacia-Geral da União.
4. "Entes" é a nomenclatura utilizada para se referir a municípios, estados, União e Distrito Federal.
5. RE nº 1.064.618 — ED-AGR, relator ministro Roberto Barroso, Diário da Justiça Eletrônico, 23 mar. 2019.

6. No âmbito do RE nº 663.696, com o relator ministro Luiz Fux, Diário da Justiça Eletrônico, 28 fev. 2019, o Plenário do STF fixou a seguinte tese, Tema nº 510: "A expressão 'Procuradores', contida na parte final do inciso XI do art. 37 da Constituição da República, compreende os Procuradores Municipais, uma vez que estes se inserem nas funções essenciais à Justiça, estando, portanto, submetidos ao teto de 90 inteiros e 25 centésimos por cento do subsídio mensal, em espécie, dos ministros do STF".

7. A título de exemplo, precedente firmado no âmbito da ADI nº 2.681, com o relator Celso de Mello, Diário da Justiça Eletrônico, 28 ago. 2018.

8. Art. 5º LXXVIII — a todos, no âmbito judicial e administrativo, são assegurados a razoável duração do processo e os meios que garantam a celeridade de sua tramitação.

Advocacia e Justiça no Brasil – *Felipe de Santa Cruz Oliveira Scaletsky*

1. Herrera Flores, Joaquín. *A reinvenção dos direitos humanos*. Florianópolis: Fundação Boiteux, 2009.

2. Spieler, Paula; Queiroz, Rafael. Advocacia e resistência: estratégias jurídicas de defesa de perseguidos políticos em meio à legislação repressiva da ditadura de 1964. In: Spieler, Paula (coord.). *Advocacia em tempos difíceis:* ditadura militar 1964-1985. Curitiba: Edição do Autor, 2013.

3. Ibidem, p. 46.

4. Ibidem, p. 27.

5. bertoluci, Marcelo. A imunidade material do advogado como corolário dos direitos da cidadania. Tese de doutorado em Ciências Criminais. PUC-RS: Porto Alegre, 2018.

6. Cappelletti, Mauro; GARTH, Bryant. *Acesso à Justiça*. Trad. Ellen Gracie Northfleet. Porto Alegre: Sérgio Antônio Fabris, 1988. Disponível em: http://irib.org.br/app/webroot/publicacoes/diversos003/pdf.PDF. Acesso em: 17 fev. 2019, p. 8.

7. Ibidem, p. 32.

8. costa, Elcias Ferreira da. *Deontologia jurídica. Ética das profissões jurídicas*. Rio de Janeiro: Forense, 2002. p. 79.

9. *A inviolabilidade do direito de defesa*, 3. ed. Belo Horizonte: Del Rey, 2011. p. 4-5.

10. barroso, Luís Roberto. A razão sem voto: o Supremo Tribunal Federal e o governo da maioria. *Revista Brasileira de Políticas Públicas*, Brasília, v. 5, n. esp., 2015.

11. Os atos normativos são aqueles que têm como objetivo explicar a correta aplicação das leis. São atos do Poder Executivo, como os decretos, os regulamentos, os regimentos, as resoluções e as deliberações.

12. Ibidem, p. 36.

13. Ibidem, p. 25.

14. *Cidadania no Brasil:* o longo caminho. Rio de Janeiro: Civilização Brasileira, 2018. p. 246.

15. Discurso "O Poder Judiciário aos trinta anos da Constituição de 1988". Disponível em https://www.conjur.com.br/dl/nao-podemos-desanimar-houve-avancos.pdf. Acesso em: 1º out. 2020.

16. A medida provisória (MP) — é um ato com força de lei, adotado pelo presidente da República. Essa medida é usada em situações de urgência ou de grande importância, em que não é possível esperar pelo processo legislativo comum. Após a adoção da medida, o Poder Legislativo discute e vota a lei. A medida tem prazo de vigência de, no máximo, sessenta dias e pode ser prorrogada apenas uma vez pelo mesmo tempo. Para que a MP possa se tornar uma lei e siga produzindo efeitos, ela deve ser aprovada pelo Congresso Nacional — primeiro na Câmara dos Deputados e, depois, no Senado Federal.

17. HC 98.237, relator ministro Celso de Mello, 15 dez. 2009, 2ª T, *Diário da Justiça Eletrônico*, 6 ago. 2010.

18. *Joaquim Nabuco*. Seleção e introdução de Gilberto Freyre; prefácio de Munhoz da Rocha Netto, 3. ed. Brasília: Edições Câmara, 2019. Série Perfil Parlamentar, nº 58.

As empresas privadas e o Poder Judiciário: por uma nova relação – *Pedro Freitas*

1. Forma de guerra na qual o Direito é usado como arma. Basicamente, seria o emprego de manobras jurídico-legais como substituto de Força Armada, visando a alcançar determinados objetivos de política externa ou de segurança nacional.

2. Ferguson, Niall. *The Great Degeneration*. London: Penguin Books, 2014.

3. *Valor*, 12 jul. 2021.

4. *Valor*, 20 jun. 2021.

5. *Valor*, 15 jul. 2021.

6. *Valor*, 12 jul. 2021.

7. *Valor*, 19 jul. 2021.

8. Zorzato, Fátima. *O que faz a diferença, as características e oportunidades que criam o grande líder.* São Paulo: Companhia das Letras, 2020.

9. A Vale apoiou o Innovare em sua fase inicial, quando o prêmio foi concebido por mim, que lá estava; Sérgio Renault, então secretário de Reforma do Judiciário; e Joaquim Falcão, que naquela época "punha de pé" a hoje celebrada Faculdade de Direito da Fundação Getulio Vargas,

no Rio de Janeiro, todos sob a inspiração do saudoso Márcio Thomaz Bastos, na época ministro da Justiça, e com a ajuda de Armando Strozenberg, que "achou" o inspirador nome Innovare, e de Raquel Khichfy, que cuida de seu bom funcionamento desde o início. A Associação dos Magistrados Brasileiros (por seus presidentes, os desembargadores Claudio Galdino e Rodrigo Collaço) e a Associação Nacional dos Membros do Ministério Público (por seu presidente José Carlos Cosenzo) deram um imprescindível apoio desde os primeiros dias do prêmio.

10. O Consenso de Washington foi uma recomendação internacional elaborada em 1989, que visava a divulgar a conduta econômica neoliberal com a intenção de combater as crises e misérias dos países subdesenvolvidos, sobretudo os da América Latina.

11. Cunha, Luciana Gross; Gabbay, Daniela Monteiro, Ghirardi, José Garcez et al. (Eds.). *The Brazilian Legal Profession in the Age of Globalization*. Cambridge: Cambridge University Press, 2018.

12. Idem.

13. Hughes, Bryan. *The Impact of the Financial Crisis — The Business of Law*: Strategies for Success. London: International Bar Association, 2012.

14. Cunha, Luciana Gross; Gabbay, Daniela Monteiro, Ghirardi, José Garcez et al. (Eds.). *The Brazilian Legal Profession in the Age of Globalization*. Cambridge: Cambridge University Press, 2018.

15. Idem.

16. Idem

17. Tribe, Laurence; Matz, Joshua. *Uncertain Justice, the Roberts Court and the Constitution*. London: Picador, 2014.

18. Belknap, Anthony Kronman. *The Lost Lawyer*. Cambridge: Harvard University Press, 2001.

19. *Valor*, 23 jul. 2021.

20. *O Globo*, 1 ago. 2021.

A competição – *Joaquim Falcão*

1. Brasil. Conselho Nacional de Justiça. *Justiça em números 2020*: ano-base 2019. Brasília: Conselho Nacional de Justiça, 2020.

2. Ipespe. *Relatório jusBarômetrosp — Barômetro da Justiça de São Paulo*, 1. ed. São Paulo: Ipespe, 2021, p. 11.

3. Oliveira, Fabiana Luci de; Cunha, Luciana Gross. Os indicadores sobre o Judiciário brasileiro: limitações, desafios e o uso da tecnologia. *Revista Direito gv*, v. 16, n. 1, p. 9, 2020.

4. Idem.

5. SADEK, Maria Tereza. Acesso à Justiça: um direito e seus obstáculos. *Revista* USP, São Paulo, n. 101, p. 62, mar./abr./maio 2014.

6. Direito positivo é o conjunto de todas as regras e leis que regem a vida social e as instituições de determinado local e durante certo período de tempo.

7. Jurisdição é a capacidade de tomar para si, suas instituições e suas normas o conflito a ser decidido.

8. O *attorney general* dos Estados Unidos é responsável por representar judicialmente o governo e servir como conselheiro jurídico do presidente. É um cargo que guarda semelhança com o advogado-geral da União do Brasil.

9. Sendo que o presidente da CBF do Brasil, José Maria Marin, por exemplo, praticou crime na Suíça e ficou preso nos Estados Unidos até 2020. Sobre o tema, ver também ROSENFELD, Everett: Why the FIFA case is being prosecuted in the US? CNBC, 27 maio 2014.

10. Acerca do tema, ver MANZANELLI, Pablo; BARRERA, Mariano A.; WAINER, Andrés; BONA, Leandro. Deuda externa, fuga de capitales y restricción externa. Desde la última dictadura militar hasta la actualidad. *Centro de Economía y Finanzas para el Desarrollo de la Argentina*, documento de trabajo n. 68, p. 47 e ss, abr. 2015.

11. Idem.

12. *Republic of Argentina*, ver NML *Capital, Ltd.*, 573 U.S. 134, 2014.

13. Idem.

14. Idem.

15. "In re: Petrobras Security Litigation — United States District Court — Southern District of New York — Judge Jed S. Rakoff". Decisão do dia 22 de junho de 2018 do juiz Jed Rakoff, que homologou o acordo de 3 bilhões de dólares entre a Petrobras e acionistas norte-americanos em ação coletiva. Também sobre o tema Lava Jato, ver GASPAR, Malu. *A organização*. Rio de Janeiro: Companhia das Letras, 2020.

16. QUINN EMANUEL TRIAL LAWYERS. DOJ's Use of Expansive Legal Theories Broaden FCPA Jurisdiction. *Business Litigation Reports*, abr. 2014.

17. Embora a palavra tráfico, segundo o dicionário *Michaelis*, advenha da expressão *tràffico*, em italiano, usa-se aqui um neologismo latino.

18. GRUPO DE ESTUDOS DOS NOVOS ILEGALISMOS; OBSERVATÓRIO DAS METRÓPOLES. A expansão das milícias no Rio de Janeiro: uso da força estatal, mercado imobiliário e grupos armados. *Relatório parcial*. Rio de Janeiro: UFF-UFRJ, 2020, p. 5.

19. Também, sobre a operabilidade e a distinção entre tráfico e milícia, ver Piquet, Leandro. Crime organizado no Brasil: o caso do PCC e sua transnacionalização. Palestra proferida ao Ibre/fgv no dia 5 de junho de 2021. Sobre o que se chamou de *Lex Traficus*, ver também: Piquet, Leandro. Ameaça do crime organizado à segurança pública no Brasil. *Revista Interesse Nacional*, v. 10, pp. 60-70, 2010.

20. Sobre o tema das milícias e sua ambição de poder político, ver Manso, Bruno Paes. *República das milícias*. São Paulo: Todavia, 2020.

21. Operação no Jacarezinho deixa 25 mortos, provoca intenso tiroteio e tem fuga de bandidos. *G1*, 6 maio 2021. Disponível em: https://g1.globo.com/rj/rio-de-janeiro/noticia/2021/05/06/tiroteio-deixa-feridos-no-jacarezinho.ghtml. Acesso em: 5 jul. 2021.

22. Cinco pessoas morrem em desabamento de prédios na Muzema, comunidade na Zona Oeste do Rio. *G1*, 12 abr. 2021. Disponível em: https://g1.globo.com/rj/rio-de-janeiro/noticia/2019/04/12/imovel-desaba-na-zona-oeste-do-rio.ghtml. Acesso em: 5 jul. 2021.

23. Prédio desaba em Rio das Pedras, na Zona Oeste do Rio, deixando dois mortos e quatro feridos. *G1*, 3 jun. 2021. Disponível em: https://g1.globo.com/rj/rio-de-janeiro/noticia/2021/06/03/predio-desaba-na-zona-oeste-do-rio.ghtml. Acesso em: 5 jul. 2021.

24. O prefixo *crypto*, de criptografia ou criptomoeda, é uma expressão latinizada originada do grego *kryptos*.

25. Nakamoto, Satoshi. Bitcoin: A Peer-to-peer Eletronic Cash System, 2008. Disponível em: https://bitcoin.org/bitcoin.pdf. Acesso em: 25 out. 2021.

26. El Salvador já adotou legalmente o uso da criptomoeda no país. A China também já adotou um modelo semelhante de *Lex Crypto*. Se conseguir, domina o mercado financeiro mundial.

27. cerdeira, Pablo. Libra. As criptomoedas voltaram. E com tudo. *LinkedIn*, 24 jun. 2019. Disponível em: https://www.linkedin.com/pulse/libra-criptomoedas-voltaram-e-com-tudo-pablo-cerdeira. Sobre o tema, ver também Cerdeira, Pablo. A bolha do *bitcoin* vai estourar? E daí? *LinkedIn*, 5 dez. 2017. Disponível em: https://pt.linkedin.com/pulse/bolha-do-bitcoin-vai-estourar-e-dai-pablo-cerdeira. Acesso em: 25 out. 2021.

28. *O assassinato do comendador*, v. 1, 2. Rio de Janeiro: Alfaguara, 2018.

O encarceramento em massa – *Pierpaolo Bottini e Alberto Toron*

1. Disponível em: https://g1.globo.com/monitor-da-violencia/noticia/2021/05/17/com-322-encarcerados-a-cada-100-mil-habitantes-brasil-se-mantem-na-26a-posicao-em-ranking-dos-paises-que-mais-prendem-no-mundo.ghtml. É importante observar que o número de encarcerados diminuiu devido à pandemia de covid-19. Acesso em: 19 out. 2021.

2. Disponível em: https://www.ibccrim.org.br/noticias/exibir/6774/, https://g1.globo.com/monitor-da-violencia/noticia/2020/02/19/brasil-tem-338-encarcerados-a-cada-100-mil-habitantes-taxa-coloca-pais-na-26a-posicao-do-mundo.ghtml e https://www.cartacapital.com.br/sociedade/brasil-terceira-maior-populacao-carceraria-aprisiona-cada-vez-mais/. Acesso em: 19 out. 2021.

3. Von Liszt, Franz. *Tratado de Direito Penal alemão.* Trad. José Hygino Duarte Pereira. Rio de Janeiro: F. Briguiet & C., 1899, p. 113.

4. *Noticiário da Câmara Federal*, 22 ago. 2007. O relatório final pode ser encontrado na Biblioteca Digital da Câmara dos Deputados (www.bd.camara.gov.br).

5. ccj da Câmara aprova projeto que aumenta pena máxima para 50 anos. Disponível em: www.conjur.com.br. Acesso em: 19 out. 2021.

6. *A divisão do trabalho social*, v. i. Lisboa: Presença, 2. ed., s/d, p. 128.

7. Ibidem, p. 129.

8. Condição em que tanto a eficácia social quanto a moralidade cultural das normas tendem a zero.

9. *A lei e a ordem.* Brasília: Instituto Tancredo Neves, 1987, p. 106.

10. Ibidem, p. 106.

11. Sociedade criminógena. *Revista de Direito Penal.* Rio de Janeiro: Forense, v. 31, 1982, p. 95.

12. delmas marty, Mireille. *Modelos e movimentos de política criminal.* Rio de Janeiro: Revan, 1992, p. 177.

13. Toledo, Francisco de Assis. *Princípios básicos de Direito Penal.* São Paulo: Saraiva, 1986, nota à 3ª ed., apud Tubenchlak, James et al. (coord.). *Crimes hediondos (alguns aspectos importantes)*, nº 3. Rio de Janeiro: Instituto do Estudos Jurídicos, 1991, pp. 217/218.

14. *Fundamentos del Derecho Penal.* Barcelona: Bosch, 1984, p. 393. (Tradução livre.)

15. Disponível em https://www.cnj.jus.br/sistema-carcerario/mutirao-carcerario/ e https://www.cnj.jus.br/cnj-engaja-poder-judiciario-no-enfrentamento-a-crise-prisional/. O mutirão teve início em 2008. Em 2019, alguns estados passaram a adotar o mutirão de forma eletrônica.

16. *Habeas corpus* nº 143.641, julgado em 20 fev. 2018.

17. *Habeas corpus* nº 172.136, relator ministro Celso de Mello, julgado em 10 out. 2020.

18. Recurso Extraordinário nº 580.252, relator ministro Gilmar Mendes, julgado em 16 fev. 2017.

19. Recurso em *habeas corpus* nº 136.961, *Diário da Justiça Eletrônico*, 30 abr. 2021.

A importância da Justiça Eleitoral para o Estado Democrático – *Luis Felipe Salomão e Daniel Vianna Vargas*

1. MENDES NETO, João Paulo. A democracia na sociedade moderna fundada nos direitos fundamentais. In: MACEDO, Elaine Harzheim; FREITAS, Juliana Rodrigues. *Jurisdição eleitoral e direitos políticos fundamentais*. São Paulo: Método, 2015, p. 80.

2. FERRAJOLI, Luigi. *A democracia através dos direitos*: o constitucionalismo garantista como modelo teórico e como projeto político. São Paulo: Revista dos Tribunais, 2015, pp. 12 e 30.

3. SARLET, Ingo Wolfgang. *A eficácia dos direitos fundamentais*. 2. ed. Porto Alegre: Livraria do Advogado, 2001, pp. 64 e 66.

4. FERRAJOLI, Luigi. "Pasado y futuro del Estado de derecho".. Trad. Pilar Allegue. In: CARBONELL, Miguel (org.). *Neoconstitucionalismo(s)*. 3ª. ed. Madrid: Editorial Trotta, 2009, pp. 18-19.

5. ROESLER, Claudia Rosane. O sistema de seleção de juízes nas democracias constitucionais. In: *Novos estudos jurídicos*, v. 12.. Itajaí: Univale, pp. 35-42, 2007.

6. BARROSO, Luís Roberto. Neoconstitucionalismo e a constitucionalização do Direito (o triunfo tardio do Direito Constitucional no Brasil). In: SOUZA NETO, Cláudio Pereira de; SARMENTO, Daniel. *A constitucionalização do iDreito*: fundamentos teóricos e aplicações específicas. Rio de Janeiro: Lumen Juris, 2007, p. 217.

Justiça Negocial – *Sebastião Botto de Barros Tojal e Igor Sant'Anna Tamasauskas*

1. *A fragmentação administrativa do Estado*. Belo Horizonte: Fórum, 2011.

2. *Concertação administrativa interorgânica:* Direito Administrativo e organização no século XXI. São Paulo: Almedina, 2017.

3. *Toward a New Common Sense: Law, Science and Politics in the Paradigmatic Transition*. New York: Routledge, 1995.

4. Tema tormentoso, em se tratando da ficção jurídica da personalidade de uma empresa.

5. The Governance of Fragmegration: Neither a World Republic Nor a Global Interstate System. *Studia Diplomatica*, 5, pp. 15-40. Bruelas: Egmont Institute, 2000.

6. TEUBNER, Gunther. *Networks as Connected Contracts*. Trad. Michelle Everson. Oxford: Hart Publishing, 2011.

7. LEWIS, Theodore Gyle. *Network Science:* Theory and Practice. New Jersey: John Wiley & Sons, 2009.

8. Barbási, Albert-László. *Network Science*. Cambridge: University Printing Home, 2016.

9. Tamasauskas, Igor Sant'Anna. O acordo de leniência anticorrupção: uma análise sob o enfoque da teoria de redes. Tese de doutoramento apresentada à Faculdade de Direito da Universidade de São Paulo, 2020.

10. Tojal, Sebastião Botto de Barros. De que ensino jurídico precisamos? Disponível em: https://www.jota.info/opiniao-e-analise/artigos/de-que-ensino-juridico-precisamos-direito-20052021, Acesso em: 4 jun. 2021.

A proteção de minorias vulneráveis – *Daniel Sarmento*

1. Frases de Bolsonaro, o candidato que despreza as minorias. *Isto É*, 24 set. 2018. Disponível em: https://istoe.com.br/frases-de-bolsonaro-o-candidato-que-despreza-as-minorias/. Acesso em: 15 out. 2021.

2. Ninguém ignora, contudo, que, mesmo após a adoção do sufrágio universal, elites numericamente minoritárias continuam mantendo influência desproporcional na política, em razão sobretudo da excessiva penetração do poder econômico nessa esfera.

3. As cláusulas pétreas são artigos da Constituição Federal que não podem ser alterados nem mesmo por Emenda Constitucional (ec).

4. Vale ressaltar que o Conselho Nacional de Justiça instituiu, em 2015, a reserva de 20% das vagas para negros e negras nos concursos públicos para o Poder Judiciário, inclusive para a magistratura. Não existem, porém, mecanismos similares para acesso e promoção aos Tribunais, em que praticamente não há juízas e juízes negros. O stf, em toda a sua história secular, teve apenas um ministro que se declarava negro, Joaquim Barbosa.

5. O reconhecimento do direito à união homoafetiva ocorreu no julgamento conjunto da adi 4.377 e da adpf 132, relatadas pelo ministro Ayres Britto, e julgadas em 2011. O direito ao casamento entre pessoas do mesmo sexo, por sua vez, foi reconhecido pelo cnj com base nessa decisão do stf e institucionalizado por meio da Resolução cnj nº 175/2013.

6. É importante registrar que essas decisões não ocorreram "no vazio". Elas foram precedidas de intensa mobilização social do movimento lgbtq+ fora das cortes, bem como de inúmeras decisões precursoras de outras instâncias, concedendo algum tipo de proteção às famílias homoafetivas.

7. Emprego aqui categorias desenvolvidas por Oscar Vilhena Vieira em "A desigualdade e a subversão do Estado de Direito". In: Sarmento, Daniel; Ikawa, Daniela; Piovesan, Flávia. *Igualdade, diferença e direitos humanos*. Rio de Janeiro: Lumen Juris, 2008.

8. A Arguição de Descumprimento de Preceito Fundamental (ADPF) é uma ação de controle concentrado de constitucionalidade trazida pela Constituição Federal de 1988 que tem como finalidade o combate ao desrespeito a preceitos fundamentais da Constituição.

9. A ideia da igualdade como tratamento das pessoas "com o mesmo respeito e consideração" é central no pensamento de Ronald Dworkin e foi desenvolvida em várias de suas obras, como *Taking Rights Seriously.* Cambridge: Harvard University Press, 1977.

10. O reconhecimento da constitucionalidade das cotas raciais em universidades ocorreu na ADPF 186, relatada pelo ministro Ricardo Lewandowski, e julgada pelo STF em 2012. Já a validade das cotas raciais instituídas pelo legislador em concursos públicos foi declarada pelo Supremo na ADC 41, relatada pelo ministro Luís Roberto Barroso e julgada em 2017.

11. A grade conceitual aqui proposta vale-se, em parte, da elaboração da filósofa norte-americana Nancy Fraser, que abordou inicialmente a injustiça nas esferas da redistribuição e reconhecimento, agregando depois a esfera da participação (vide Nancy Fraser, "From Redistribution to Recognition? Dilemmas of Justice in a 'Postsocialist' Age". In: *Justice Interruptus: Critical Reflections on the "Postsocialist" condition*. Routledge: New York, 1997. pp. 11-39; e "Reframing Justice in a Globalizing World". In: *Scales of Justice: Reimagining Political Space in a Globalizing World*. New York: Columbia University Press, 2009. pp. 16-18). Neste texto, adiciono duas outras dimensões da injustiça contra grupos vulneráveis: as liberdades básicas e a justiça socioambiental.

12. Sobre a trajetória da desigualdade econômica no Brasil, com foco na concentração de renda do 1% mais rico da população, confira-se Pedro H. G. Ferreira de Souza: *História da desigualdade e concentração de renda entre os ricos no Brasil 1926-2013*. São Paulo: Hucitec, 2018.

13. Inquérito Nacional sobre Insegurança Alimentar no Contexto da Pandemia da Covid-19 no Brasil, da Rede Brasileira de Pesquisa em Soberania e Segurança Alimentar e Nutricional (Rede PENSSAN), disponível em http://olheparaafome.com.br/VIGISAN_Inseguranca_alimentar.pdf. Acesso em: 20 out. 2021.

14. IBGE. *Desigualdades sociais por cor e raça no Brasil*, 2019. Disponível em https://biblioteca.ibge.gov.br/visualizacao/livros/liv101681_informativo.pdf. Acesso em: 20 out. 2021.

15. FEDERICI, Silvia. *O ponto zero da revolução:* trabalho doméstico, reprodução e luta feminista. São Paulo: Elefante, 2019.

16. FRASER, Nancy. *The Old is Dying and the New Cannot Be Born: From Progressive Neoliberalism to Trump and Beyond*. New York: Verso, 2019.

17. Fraser, Nancy. Social Justice in the Age of Identity Politics: Redistribution, Recognition and Participation. In: Fraser, Nancy; Honneth, Axel. *Redistribution or Recognition: A Political-Philosophical Exchange*. London/New York: Verso, 2003. p. 7.

A atuação do Ministério Público Federal no combate à corrupção – *Antonio Fernando Barros e Silva de Souza*

1. O valor supera os 70 bilhões de reais por ano, segundo estimativas feitas a partir de estudos da Fundação Getúlio Vargas, em 2009, e da Federação das Indústrias do Estado de São Paulo, em 2010.
2. Estado de Direito é o Estado regido por normas democráticas de Direito, com eleições livres, periódicas e decididas pelo povo, bem como o respeito das autoridades públicas aos direitos e garantias fundamentais.
3. Higidez refere-se a atos que se encontram de acordo com a legislação e estão prontos a produzir efeitos.
4. A democracia e o poder invisível. In: *O futuro da democracia*. Rio de Janeiro: Paz & Terra, 2004. p. 105.
5. O que possibilitou que a denúncia fosse ajuizada antes da aprovação do relatório da CPMI.
6. As demais infrações penais cometidas por outras pessoas identificadas na investigação foram remetidas para a apuração perante os juízos competentes.
7. Foram condenados 24 dos 38 denunciados submetidos a julgamento, pois dos quarenta inicialmente denunciados um faleceu no curso do julgamento e outro realizou transação penal. Ou seja, firmou um acordo com Ministério Público, aceitando cumprir uma pena antecipada — e, assim, o processo foi arquivado.

Desafios para um Judiciário inclusivo – *Adriana Cruz*

1. Fala do desembargador federal Roger Raupp Rios, na prévia ao 4º Encontro Nacional de Juízas e Juízes Negros em 17 de setembro de 2020.
2. bueno, Samira; cerqueira, Daniel (Coord). Atlas da violência 2020. *Instituto de Pesquisa Econômica Aplicada; Fórum Brasileiro de Segurança Pública*. Disponível em: https://www.ipea.gov.br/atlasviolencia/download/24/atlas-da-violencia-2020. Acesso em: 15 jul. 2021.
3. benevides, Bruna G; nogueira, Sayonara Naider Bonfim. Dossiê assassinatos e violência contra travestis e transexuais brasileiras em 2020. Disponível em: https://antrabrasil.files.wordpress.com/2021/01/dossie-trans-2021-29jan2021.pdf. Acesso em: 15 jul. 2021.

4. Pessoas que trabalham menos de quarenta horas semanais e gostariam de trabalhar mais. Disponível em: https://agenciadenoticias.ibge.gov.br/agencia-noticias/2012-agencia-de-noticias/noticias/25879-pretos-ou-pardos-representam-dois-tercos-dos-subocupados-em-2018. Acesso em: 15 jun. 2021

5. No ano de 2018, autodeclarados brancos ganharam, em média, 73,9% a mais do que negros. O rendimento-hora da população branca foi 68,3% superior ao da população preta e parta. A informalidade foi maior entre pretos e pardos (47,3%), o que indica maior precarização nas relações de trabalho deste grupo, assim como mais elevada sua presença em atividades com menores rendimentos: agropecuária (60,8%), construção (62,6%) e serviços domésticos (65,1%). A população de pretos e pardos esteve submetida a mais restrições em todos os índices analisados na série: internet (23,9%), saneamento básico (44,5%), educação (31,3%), condições de moradia (15,5%) e proteção social (3,8%). De acordo com o relatório, "todos esses valores estão acima dos percentuais registrados para homens ou mulheres brancas. Fonte: Síntese de Indicadores Sociais 2019. Disponível em: https://biblioteca.ibge.gov.br/visualizacao/livros/liv101678.pdf. Acesso em: 15 jun. 2021.

6. O artigo 3º diz respeito aos objetivos fundamentais da República Federativa do Brasil: construir uma sociedade livre, justa e solidária; garantir o desenvolvimento nacional; erradicar a pobreza e a marginalização e reduzir as desigualdades sociais e regionais; e promover o bem de todos, sem preconceitos de origem, raça, sexo, cor, idade e quaisquer outras formas de discriminação.

7. Disponível em: https://www.cnj.jus.br/wpcontent/uploads/2019/09/a18da313c6fdcb6f364789672b64fcef_c948e694435a52768cbc00bda11979a3.pdf. Acesso em: 4 jun. 2021.

8. Disponível em: http://justa.org.br/wp-content/uploads/2019/06/justa_dados_genero_raca_site-3.pdf. Acesso em: 25 set. 2019.

9. Disponível em: https://www1.folha.uol.com.br/poder/2020/02/mulheres-sao-so-1-a-cada-5-desembargadores-no-pais-e-em-sp-perdem-ate-para-os-chamados-luiz.shtml. Acesso em: 21 maio 2021.

10. CRUZ, Adriana. Intolerância, perseguição religiosa e a cegueira do direito: análise sob o marco da lei antiterrorismo. Disponível em: https://www.jota.info/opiniao-e-analise/artigos/intolerancia-perseguicao-religiosa-e-a-cegueira-do-direito-15072020. Acesso em: 7 jul. 2021.

11. MBEMBE, Achille. *Necropolítica:* biopoder, soberania, estado de exceção, política de morte. São Paulo: N-1 Edições, 2018.

12. PIRES, Thula Rafaela de Oliveira. Racializando o debate sobre direitos humanos: limites e possibilidades da criminalização do racismo no Brasil. *SUR*, v.15, n. 28, pp. 65-75, 2018.

13. Conselho Nacional de Justiça. Portaria 108, 8 jul. 2020.

14. Conselho Nacional de Justiça. Relatório de atividade "Igualdade racial no Judiciário". Disponível em: https://www.cnj.jus.br/wp-content/uploads/2020/10/Relatorio_Igualdade-Racial_2020-10-02_v3-2.pdf. Acesso em: 15 jul. 2021.

15. KILOMBA, Grada. *Memórias da plantação:* episódios de racismo cotidiano. Trad. Jess Oliveira. Rio de Janeiro: Cobogó, 2019, pp. 43-45.

A Constituição como a lei das leis e a democracia como o princípio dos princípios constitucionais – *Carlos Ayres Britto*

1. TELLES JÚNIOR, Goffredo. *Direito Quântico:* ensaio sobre o fundamento da ordem jurídica. São Paulo: Saraiva, 2014.

2. KELSEN, Hans. Autobiografia. Rio de Janeiro: Forense Universitária, 2012; BOBBIO, Norberto. *Teoria geral do Direito.* São Paulo: Martins Fontes, 2010.

Liberdade de imprensa – *Antonio Claudio Ferreira Netto*

1. Discurso pelo vigésimo aniversário de *A Voz da América*, serviço internacional de radiodifusão do governo norte-americano, realizado em 26 de fevereiro de 1962 na cidade de Washington.

Liberdade de expressão artística, humor e tolerância: o caso da censura judicial ao especial de Natal da Porta dos Fundos – *Gustavo Binenbojm*

1. ADI nº 4.451, relator ministro Alexandre de Moraes, Tribunal Pleno, julgado em 2 jun. 2018, *Diário da Justiça Eletrônico*, 6 mar. 2019, pp. 20-21.

2. ADI nº 4.451, relator ministro Alexandre de Moraes, Tribunal Pleno, julgado em 21 jun. 2018, publicado em 6 mar. 2019, voto do ministro Gilmar Mendes, p. 8.

3. STF, HC nº 83.996, Segunda Turma. Relator ministro: Carlos Velloso; redator do acórdão: ministro Gilmar Mendes, em 17 ago. 2004, em 26 ago. 2005.

4. STF, HC nº 82.424. Relator para o acórdão, ministro Maurício Corrêa, julgamento em 17 set. 2003.

5. A Arguição de Descumprimento de Preceito Fundamental (ADPF) nº 130 foi a ação de descumprimento de preceito fundamental na qual o Supremo Tribunal Federal considerou que a Lei de Imprensa aprovada no regime militar (Lei nº 5.250/1967) era incompatível com as garantias de liberdade de expressão, informação e imprensa, consagradas na Constituição de 1988.

Por um Judiciário mais humano – Andrea Pachá

1. A Corregedoria Geral de Justiça tem a atribuição de fiscalizar as atividades dos órgãos e serviços judiciários de Primeira Instância, assim como as atividades dos cartórios extrajudiciais.

2. MÁRQUEZ, Gabriel García. *Viver para contar*. Trad. Eric Nepomuceno. Rio de Janeiro: Record, 2003. p. 5.

3. Transigir é o mesmo que fazer um acordo.

Uma visão otimista da Justiça brasileira, sob a perspectiva econômica – *Luiz Fux*

1. ARAÚJO, Fernando. *A tragédia dos baldios e dos anti-baldios. O problema económico do nível óptimo de apropriação*. Coimbra: Almedina, 2008. p. 62.

2. HARDIN, Garrett. The Tragedy of the Commons. *Science*, v. 162, n. 3.859, p. 1.244, dez. 1968. Disponível em: http://science.sciencemag.org/content/162/3859/1243. Acesso em: 8 fev. 2021.

3. Idem.

4. HARDIN, Garrett. The Tragedy of the Commons. *Science*, v. 162, n. 3.859, p. 1.244, dez. 1968. Disponível em: http://science.sciencemag.org/content/162/3859/1243. Acesso em: 8 fev. 2021.

5. ARAÚJO, Fernando. *A tragédia dos baldios e dos anti-baldios. O problema económico do nível óptimo de apropriação*. Coimbra: Almedina, 2008. p. 63.

6. HARDIN, Garrett, op. cit., pp. 1.244.

7. Idem.

8. ARAÚJO, Fernando, op. cit., pp. 62-63.

9. WOLKART, Erik. *Análise econômica do processo civil. Como a Economia, o Direito e a Psicologia podem vencer a "Tragédia da Justiça"*. 2. ed. São Paulo: Thomson Reuters Brasil, 2020. p. 84; ARAÚJO, Fernando, op. cit., pp. 69-70.

10. WOLKART, Erik, op. cit., p. 84.

11. WOLKART, Erik. *Análise econômica do processo civil. Como a Economia, o Direito e a Psicologia podem vencer a "Tragédia da Justiça"*. 2. ed. São Paulo: Thomson Reuters Brasil, 2020. p. 85.

12. Idem; GICO JR., Ivo. A tragédia do Judiciário. *Revista de Direito Administrativo*, v. 267, pp. 176, 180, set./dez. 2014. Disponível em: http://bibliotecadigital.fgv.br/ojs/index.php/rda/article/view/46462/44453. Acesso em: 9 fev. 2021.

13. Segundo o princípio da inafastabilidade da jurisdição, "a Lei não excluirá da apreciação do Poder Judiciário lesão ou ameaça a direito". Confere, pois, efetividade aos direitos de ação e de petição.

14. Já o princípio do contraditório e da ampla defesa determina "aos litigantes, em processo judicial ou administrativo, e aos acusados em geral são assegurados o contraditório e ampla defesa, com os meios e recursos a ela inerentes". Garante, portanto, o direito fundamental à defesa da pessoa que seja parte em um processo, a qual pode utilizar todos os meios e recursos admitidos pela legislação.

15. WOLKART, Erik, op. cit., p. 85; GICO JR., Ivo, op. cit., pp. 176, 178.

16. Informação obtida no sítio do Conselho Nacional de Justiça na rede mundial de computadores. Disponível em: https://www.cnj.jus.br/gestao-estrategica-e-planejamento/estrategia-nacional-do-poder-judiciario-2009-2014/indicadores/03-taxa-de-congestionamento. Acesso em: 10 fev. 2021.

17. WOLKART, Erik, op. cit., p. 85; GICO JR., Ivo, op. cit., p. 178.

18. BRASIL. Conselho Nacional de Justiça. *Relatório Justiça em números 2020:* ano-base 2019. Brasília: CNJ, 2020. p. 93. Disponível em: https://www.cnj.jus.br/wp-content/uploads/2020/08/WEB-V3-Justiça-em-Números-2020-atualizado-em-25-08-2020.pdf. Acesso em: 10 fev. 2021.

19. Idem.

20. Idem.

21. Ibidem, p. 112.

22. Idem.

23. BRASIL. Conselho Nacional de Justiça. *Relatório Justiça em números 2020:* ano-base 2019. Brasília: CNJ, 2020. p. 112. Disponível em https://www.cnj.jus.br/wp-content/uploads/2020/08/WEB-V3-Justiça-em-Números-2020-atualizado-em-25-08-2020.pdf. Acesso em: 10 fev. 2021.

24. ARAÚJO, Fernando. *A tragédia dos baldios e dos anti-baldios. O problema económico do nível óptimo de apropriação.* Coimbra: Almedina, 2008. p. 75.

25. FUX, Luiz; BODART, Bruno. *Processo civil e análise econômica.* 2. ed. Rio de Janeiro: Forense, 2021. p. 28.

26. FUX, Luiz; BODART, Bruno. *Processo civil e análise econômica.* 2. ed. Rio de Janeiro: Forense, 2021. p. 34; GICO JR., Ivo. A tragédia do Judiciário. *Revista de Direito Administrativo*, v. 267, p. 170, set./dez. 2014. Disponível em: http://bibliotecadigital.fgv.br/ojs/index.php/rda/article/view/46462/44453. Acesso em: 9 fev. 2021; WOLKART, Erik. *Análise econômica do*

processo civil. Como a Economia, o Direito e a Psicologia podem vencer a "Tragédia da Justiça". 2. ed. São Paulo: Thomson Reuters Brasil, 2020. pp. 85-86.

27. FUX, Luiz; BODART, Bruno, op. cit., p. 37; POLINSKY, A. Mitchell; SHAVELL, Steven. Economic Analysis of Law. *Stanford Law and Economics Olin Working Paper*, n. 316; *Harvard Law and Economics Discussion Paper*, n. 536, pp. 21-22, nov. 2005. Disponível em: https://ssrn.com/abstract=859406. Acesso em: 11 fev. 2021; SHAVELL, Steven. *Foundations of Economic Analysis of Law*. Cambridge, Massachusetts: The Belknap Press of Harvard University Press, 2004. p. 390; SHAVELL, Steven. The Social Versus the Private Incentive to Bring Suit in a Costly Legal System. *NBER Working Paper*, n. 741, pp. 1-2, set. 1981. Disponível em: https://ssrn.com/abstract=349130. Acesso em: 11 fev. 2021.

28. FUX, Luiz; BODART, Bruno. *Processo civil e análise econômica*. 2. ed. Rio de Janeiro: Forense, 2021 p. 36.

29. Ibidem, p. 37. SHAVELL, Steven. The Social Versus the Private Incentive to Bring Suit in a Costly Legal System. *NBER Working Paper*, n. 741, pp. 1-2, set. 1981. Disponível em: https://ssrn.com/abstract=349130. Acesso em: 11 fev. 2021.

30. FUX, Luiz; BODART, Bruno, op. cit., p. 38; POLINSKY, A. Mitchell; SHAVELL, Steven. Economic Analysis of Law. *Stanford Law and Economics Olin Working Paper*, n. 316; *Harvard Law and Economics Discussion Paper*, n. 536, pp. 22-23, nov. 2005. Disponível em: https://ssrn.com/abstract=859406. Acesso em: 11 fev. 2021; SHAVELL, Steven. *Foundations of Economic Analysis of Law*. Cambridge: The Belknap Press of Harvard University Press, 2004. pp. 391-393; SHAVELL, Steven, op. cit., pp. 1-2.

31. FUX, Luiz; BODART, Bruno. Notas sobre o princípio da motivação e a uniformização da jurisprudência no novo Código de Processo Civil à luz da análise econômica do Direito. *Revista de Processo*, v. 269, p. 422, jun. 2017. Disponível em: https://ssrn.com/abstract=2982136. Acesso em: 12 fev. 2021.

32. VALCANOVER, Fabiano. A objetivação do recurso extraordinário. Aspectos constitucionais controvertidos da inovação no sistema recursal brasileiro. *Revista do Instituto do Direito Brasileiro*, v. 1, n. 2, p. 1.183, 2012. Disponível em: http://www.cidp.pt/revistas/ridb/2012/02/2012_02_1175_1224.pdf. Acesso em: 12 fev. 2021.

33. As regras cogentes devem ser integralmente cumpridas, mesmo que as partes tenham argumentos contrários diante de um fato. Uma norma cogente é aquela que se torna obrigatória.

34. FUX, Luiz; BODART, Bruno. *Processo civil e análise econômica*. 2. ed. Rio de Janeiro: Forense, 2021, p. 163.

35. Ibidem, p. 112.

36. GICO JR., Ivo. A tragédia do Judiciário. *Revista de Direito Administrativo*, v. 267, p. 170, set./dez. 2014. Disponível em: http://bibliotecadigital.fgv.br/ojs/index.php/rda/article/view/46462/44453. Acesso em: 9 fev. 2021.

A judicialização da vida no Brasil: nem tudo pode ser resolvido nos tribunais – *Luís Roberto Barroso*

1. A sala de situação tem o objetivo de garantir a imprescindibilidade de diálogo intercultural, em toda questão que envolva os direitos de povos indígenas. Deve ser composta de membros indicados pela Secretaria Especial de Saúde Indígena do Ministério da Saúde e por indicados pela Fundação Nacional do Índio (Funai), podendo ser integrada também por colaboradores convidados, com a anuência conjunta de ambos os órgãos.

As indicações para o Supremo Tribunal Federal ontem, hoje e amanhã – *Felipe Recondo*

1. BARBOSA, Rui; NÉRI, Fernando. *Discursos parlamentares:* Câmara dos Deputados. Rio de Janeiro: Ministério da Educação e Saúde: Casa de Rui Barbosa, 1943.

2. VIANA Filho, Luís. *O governo Castelo Branco*, 2. ed. Rio de Janeiro: José Olympio, 1975, p. 358.

3. ALVES, José Carlos Moreira. *História oral do Supremo (1988-2013)*, v. 13. Rio de Janeiro: Escola de Direito do Rio de Janeiro da Fundação Getulio Vargas, 2016, p. 45.

4. Ibidem, p. 46.

5. Entrevista para o autor.

6. Ibidem.

Advocacia e jornalismo: duas profissões – *Heraldo Pereira*

1. arauto sm 1. ant. Oficial das monarquias medievais que era encarregado de missões secretas, de declarações de guerra ou de paz, de fazer anúncios solenes e de transmitir outras mensagens. 2. ant. Pessoa que transmitia mensagens; correio. 3. Pessoa que transmite mensagens ou notícias; emissário, mensageiro. 4. por ext. Pessoa que defende uma causa ou uma ideia; defensor, paladino. Fonte: https://michaelis.uol.com.br/moderno-portugues/busca/portugues-brasileiro/arauto. Acesso em: 22 out. 2021.

2. GINZBURG, Carlo. *Mitos, emblemas, sinais: morfologia e história.* São Paulo: Companhia das Letras, 1989, pp. 151-177.

3. O *Civil Law*, também chamado de sistema romano-germânico, é um **sistema jurídico** que tem a lei como **fonte de direitos**, isto é, que utiliza as normas como fundamento para a resolução de conflitos.

4. A *Common Law* é um sistema bastante antigo que foi criado e inicialmente utilizado na Inglaterra entre os séculos XII e XIII. Naquela época, as **decisões** eram baseadas na **apreciação de hábitos tradicionais e de costumes sociais. Atualmente, a fonte de direitos é a jurisprudência, isto é, as decisões dos tribunais.**

5. FERREIRA, Lígia Fonseca. *Com a palavra, Luiz Gama*. São Paulo: Imprensa Oficial, 2011, p. 76.

6. GAMA, Luiz. Aqueles aduladores. In: MARQUES, Astolfo. *O 13 de maio e outras estórias pós-abolição*. São Paulo: Fósforo, 2021, p. 194.

ENTRE INTENÇÃO E CONSEQUÊNCIA: OS EFEITOS ECONÔMICOS DO JUDICIÁRIO NO BRASIL – *MARCOS LISBOA, LUCIANA YEUNG E PAULO FURQUIM DE AZEVEDO*

1. CONSELHO NACIONAL DE JUSTIÇA. *Justiça em Números 2020*. Brasília: CNJ, 2020.

2. PALUMBO, Giuliana; GIUPPONI, Giulia; NUNZIATA, Luca; SANGUINETTI-MORA, Jean. Judicial Performance and Its Determinants: a Cross-country Perspective — A Going for Growth Report. OECD *Economic Policy Papers*, n. 5, Paris, jun. 2013, p. 8. (Tradução livre.)

3. Disponível em: https://www.clements.com/sites/default/files/resources/The-Most-Litigious-Countries-in-the-World.pdf. Acesso em: 12 mar. 2018.

4. RAMSEYER, J. Mark; RASMUSEN, Eric B. Are Americans More Litigious? Some Quantitative Evidence. *The American Illness*: Essays on the Rule of LaNew Haven: Yale University Press, 2013, pp. 43-68.

5. CONSELHO NACIONAL DE JUSTIÇA. *Justiça em Números 2020*. Brasília: CNJ, 2020.

6. BALLARD, Megan. The Clash Between Local Courts and Global Economics: The Politics of Judicial Reform in Brazil. *Berkeley Journal of International Law*, v. 17, pp. 230-276, 1999.

7. HAMMERGREN, Linn. *Envisioning Reform — Improving Judicial Performance in Latin America*. University Park: The Pennsylvania State University Press, 2007.

8. MARANHÃO, Juliano Souza de Albuquerque; AZEVEDO, Paulo Furquim de; FERRAZ JUNIOR, Tercio Sampaio. *Direito regulatório e concorrencial no Poder Judiciário*. São Paulo: Singular, 2014.

9. MOREIRA, Helena D. R. F. *Poder Judiciário no Brasil*: crise de eficiência. Curitiba: Juruá, 2004.

10. MACHADO, Hugo B. O processualismo e o desempenho do Poder Judiciário. In: MARTINS, Ives Gandra (coord.). *Desafios do século XXI*. São Paulo: Pioneira, 1997.

11. YEUNG, Luciana L. Bias, Insecurity and the Level of Trust in the Judiciary: the Case of Brazil. *Journal of Institutional Economics*, v. 15, n. 1, pp. 163-188, 2019.

12. MARANHÃO, Juliano Souza de Albuquerque; AZEVEDO, Paulo Furquim de; FERRAZ JUNIOR, Tercio Sampaio. *Direito regulatório e concorrencial no Poder Judiciário*. São Paulo: Singular, 2014.

13. MARANHÃO, Juliano Souza de Albuquerque; AZEVEDO, Paulo Furquim de; FERRAZ JUNIOR, Tercio Sampaio. *Direito regulatório e concorrencial no Poder Judiciário*. São Paulo: Singular, 2014.

14. BUCCI, Maria Paula Dallari; DUARTE, Clarice Seixas. *Judicialização da saúde:* a visão do Poder Executivo. São Paulo: Saraiva, 2017, pp. 35-37.

15. AZEVEDO, Paulo F. Juízes de jaleco: a judicialização da saúde no Brasil. *Revista de Análise Econômica do Direito*, v. 1, n. 1, 2021.

16. WANG D.; VASCONCELOS, Natália Pires de; POIRIER, Mathieu J. P. et al. Health Technology Assessment and Judicial Deference to Priority-setting Decisions in Healthcare: Quasi-experimental Analysis of Right-to-health Litigation in Brazil. *Social Science & Medicine*, v. 265, 2020.

17. DANT, Rajiv P.; PERRIGOT, Rozenn; CLIQUET, Gérard. A Cross-cultural Comparison of the Plural Forms in Franchise Networks: United States, France, and Brazil. *Journal of Small Business Management*, v. 46, n. 2, pp. 286-311, 2008.

18. MARTINS, Darcio G.; AZEVEDO, Paulo F. *Bitter Pills to Swallow: Enforcement Costs of Health Litigation*. São Paulo: Insper, 2021.

19. PONTICELLI, Jacopo; ALENCAR, Leonardo S. Court Enforcement, Bank Loans, and Firm Investment: Evidence from a Bankruptcy Reform in Brazil. In *The Quarterly Journal of Economics*, v. 131, n. 3, pp. 1.365-1.413, 2016.

20. AMONI, Pedro H. D. *Impacto do viés judicial sobre o mercado de crédito:* evidências para São Paulo. Dissertação de Mestrado. São Paulo: Departamento de Economia, USP, 2020.

21. SHERWOOD, Robert M. Judicial Performance: Its Economic Impact in Seven Countries. Artigo apresentado na 8ª Conferência Anual da Sociedade Internacional Para a Nova Economia (ISNIE), Tucson (EUA), 2004.

Justiça reinventativa e jornalismo sem eficácia comprovada contra a desinformação – *Márcio Chaer*

1. Disponível em: https://en.wikipedia.org/wiki/List_of_law_clerks_of_the_Supreme_Court_of_the_United_States_(Seat_9). Acesso em: 15 out. 2021.

Innovare: o exemplo do que dá certo – *Sérgio Renault e Raquel Khichfy*

1. www.premioinnovare.com.br
2. Prêmio Innovare, 2021. Disponível em: www.premioinnovare.com.br. Acesso em: 16 maio 2021.
3. *Aprendizagem acelerada — novos caminhos do conhecimento*. São Paulo: Madras Business, 1990.
4. Nos corredores do Tribunal: um estudo sobre novas arquiteturas judiciais. Dissertação de Mestrado. Universidade Federal Fluminense, 2009.

Advocacia e diversidade – *Sônia Rao e Dora Cavalcanti*

1. OYAMA, Érico; HELFSTEIN, Lucas. Mulheres representam 64% dos inscritos na OAB com até 25 anos. Apesar do aumento de mulheres na profissão, advogadas não são maioria das lideranças em escritórios e empresas. Portal *Jota,* 13, jan. 2020. Disponível em https://www.jota.info/carreira/mulheres-inscritos-oab-13012020. Acesso em: 2 jul. 2021.
2. Como está a diversidade de gênero nos escritórios de advocacia no Brasil? *Women in Law Mentoring Brazil*. Disponível em: http://wlm.org.br/como-esta-a-diversidade-de-genero-nos-escritorios-de-advocacia-no-brasil/. Acesso em: 2 jul. 2021.
3. Quadro da Advocacia. *Ordem dos Advogados do Brasil*. Disponível em https://www.oab.org.br/institucionalconselhofederal/quadroadvogados. Acesso em: 5 jul. 2021.
4. FERREIRA, Flávio; GALF, Renata. Datafolha: pesquisa inédita revela perfil econômico e de atuação da advocacia do país. *Folha de São Paulo*, 6 maio 2021. Disponível em https://www1.folha.uol.com.br/poder/2021/05/datafolha-pesquisa-inedita-revela-perfil-economico-e-de-atuacao-da-advocacia-do-pais.shtml. Acesso em: 5 jul. 2021.
5. Manifesto — Projeto Incluir Direito. *Cesa — Centro de Estudos das Sociedades de Advogados*. Disponível em: http://cesa.org.br/manifesto_-_projeto_incluir_direito.html . Acesso em: 2 jul. 2021.
6. Justiça em números — 2018. *Conselho Nacional de Justiça*. Disponível em: https://www.cnj.jus.br/cnj-apresenta-justica-em-numeros-2018-com-dados-dos-90-tribunais/. Acesso em: 2 jul. 2021.
7. BELLONI, Luiza. 61% dos LGBTs do país escondem sua orientação no trabalho. *Exame*, 4 fev. 2016. Disponível em: https://exame.com/brasil/61-dos-lgbt-brasileiros-escondem-sua-orientacao-no-trabalho/. Acesso em: 5 jul. 2021.

8. MOREIRA, Adilson José. *Tratado de direito antidiscriminatório*, v. I. São Paulo: Contracorrente, 2020. p. 51.

9. Arguição de Descumprimento de Preceito Fundamental (ADPF) 186.

10. Diversidade em escritórios de advocacia. *Revista Fórum Jurídico*, 30 maio 2021. Disponível em https://revistaforumjuridico.com/2021/05/30/diversidade-em-escritorios-de-advocacia/. Acesso em: 2 jul. 2021.

11. Por que faz bem investir em diversidade nos escritórios de advocacia. *Portal Migalhas*. Disponível em: https://www.migalhas.com.br/quentes/300731/por-que-faz-bem-investir-em-diversidade-nos-escritorios-de-advocacia. Acesso em: 5 jul. 2021.

este livro, composto na fonte Fairfield,
foi impresso em papel pólen soft 70g/m² na AR Fernandez,
São Paulo, novembro de 2021.